為何家會傷人

讓愛不再是負擔

武志紅 著

推薦序

真誠傾聽，才能讓孩子真正感覺被愛

一個孩子，在長大的過程，需要透過很多次的「分離」，才能完全的長大成人，如：脫離母體的「誕生」、幼兒進入學校的「學習」、青春期宣示主權的「叛逆」、結婚後離開原生家庭組建「新家庭」，最後面對父母離世的「告別」。

每一次「分離」的考驗，在生命旅途的孩子而言，都是性命攸關的時刻，意味著孩子要邁入另一個人生轉捩點。

我們可以因此得知，孩子長大的過程，必須透過一次又一次的「分離」，來學習個體的「獨立」與「完整」，那麼家庭裡的父母，究竟該扮演什麼樣的角色？

父母該在孩子成長的漫長之路上，給予什麼樣的協助才能真正幫助他們完成「分離」的任務？

答案昭然若揭，只有「愛」。

除了「愛」，沒有其他答案比這個答案更適合孩子了。

愛，是孩子面對一次又一次「分離」時，最強而有力的後盾，有了這個後盾，孩子才能面對分離時無所畏懼，因為他知道，自己並不孤單，他的身後有著父與母與整個家庭作為他的支柱。

然而什麼樣的「愛」才是真正的「愛」？

老來得子的父母，為了讓孩子快樂，盡自己所能的實現孩子所有的願望，無時無刻滿足孩子慾望，為孩子做最大的犧牲奉獻，作為愛展現，這是愛嗎？

擁有高學歷或過去吃盡苦頭的父母，希望孩子將來成材，於是給予孩子眾多的才藝與補習，花盡大筆積蓄，讓孩子在課業壓力的嚴厲考驗下鍛鍊心智，要求孩子達到理想標準，為了孩子將來有朝一日能出人頭地，這是愛嗎？

《為何家會傷人》解密了所有父母給予孩子的愛，只要缺少其中一項成分，父母的愛，都將成為揠苗助長的武器，讓孩子成為孤島上的無助者。

那個成分，叫做「傾聽」。

書中提及，父母常將幫孩子「做什麼」視為愛，但很多時候，父母「不做什麼」才是愛。文中更提到一個國二孩子拒絕上學，原因是英文分數考的很差，老師脾氣火爆，經常著全班人的面教訓他，讓他很沒面子，所以不想去上學。

當孩子將委屈告訴父母時，父母開口說的話卻是：老師罵你是為了你好！

孩子一聽到這句話，發了更大的脾氣，而且說什麼他都絕對不要再去學校。

這是父母習慣性的對話方式，聽到孩子不上學，就急於想解決問題，於是說出「老師罵你也是為你好」，孩子從這句話感受到的就是「媽媽比較重視老師，比較不重視我。」這就是父母在與孩子對話時，沒有做到傾聽。

看到這裡，父母可能腦子充滿困惑：難道孩子做錯事了都不用糾正嗎？

我長年學習薩提爾模式，薩提爾是個既有原則又全身充滿溫暖的女士，她曾說：當孩子有錯誤需要糾正時，充滿慈愛的父母通常會採取很坦然的辦法，那就是詢問原因，傾聽孩子的心聲，給予關懷和理解，同時體會孩子的感受。最後，才是利用恰當的時機，在孩子自然想傾聽時才給她們講道理。

《為何家會傷人》幫所有父母拆解家庭裡看起來是愛，實際上卻是傷害的種種行徑，並從愛的根源「夫妻關係」重新為家庭打造出愛的地基，家庭才有可能在上頭立足，也才能往上發出生機勃勃的枝芽。

父母都是愛的基礎，愛孩子並不需要傷人，只要父母轉個方向，傾聽孩子所想，放手讓他們學習「分離」，對孩子們而言，這便是真正的愛。

薩提爾教養．親子溝通專家　李儀婷

作者序

每一次分手都是心靈的修復

西元二〇〇七年五月，我在網路社群「天涯雜談」上發表了文章《謊言中的No.1：沒有父母不愛自己的孩子》，這篇文章迅速成為熱門。

西元二〇〇七年五月，我的第一本書《為何家會傷人》出版，也立即成為暢銷書，到現在已再刷二十餘次，銷量百萬本。社群網站「豆瓣」上，曾經驚世駭俗的社團「父母皆禍害」裡，一直到現在，我的文章《謊言中的No.1》都是他們置頂的第一篇文章。

有網友將《為何家會傷人》與魯迅的《狂人日記》相提並論，說我寫出了中國家庭也在吃人的真相。這種說法讓我受寵若驚，因為這本書主要是採訪別人而來，我沒有魯迅那種洞察力。不過，我的的確確將完成這樣一件事——從宏觀和細節上，來寫透中國（華人）家庭的傷人之處。

認識家庭傷人的全貌

先說說我的家庭。我沒挨過父母一次打，也沒挨過一次罵，要十元，給十五元，而我人生中的重大選擇，都是我自己做的，父母就算反對，也絕不干涉。

因為在這樣的家庭長大，我對家庭傷人的可怕之處，一開始的認識相當不足，直到西元二〇一四年的年初，才終於形成了一個全貌般的認識。

這個過程可以分成七個階段：

第一階段。剛開始在《廣州日報》撰寫心理專欄時；我的第一篇專欄文章就引起很大迴響，從此每天都會收到數十乃至數百封信，對於家庭的直觀認識，我是通過閱讀這些信件、採訪心理諮商師和分析媒體報導而來。雖然聽到的故事足夠可怕和變態，但我最初真覺得我的文章是寫給少數人的。

畢竟，《廣州日報》有一百多萬訂戶，讀者達數百萬，每天收到幾十幾百封信，實不足為道。

第二階段。開始於報社的一次活動，在廣州的某社區裡，我邀約了三十多個成年人講了半個小時的家庭心理學，很明顯，他們並不瞭解我，不是我的忠實讀者。不過，我的談話觸動了他們，其中七至八個家長想和我多聊會，於是我和他們集體聊了一個多小時。聊著聊著，我產生了一種錯覺：我覺得自己不是在正常的人世間，而像是在瘋人院。每個家長都在嚴重地傷害孩子，但絲毫沒覺得自己有問題，都認為錯在孩子。

於是，我第一次想，我的文章或許是應該寫給多數人的，可能多數的中國（華人）家庭都有很嚴重的問題。

不過，對於這些問題的嚴重程度，我仍然缺乏更多的認識。

第三階段。是在「上海海事大學女研究生楊元元自殺一事」之後。楊元元死於母親對她的病態寄生。這一事件，讓我覺得無以復加、不可思議。我就此事發了一篇部落格文章，一天內的回覆量讓我訝異。那是我的部落格在未被推薦下獲得的最高回覆量。

為什麼如此極端的事觸動了這麼多人呢？接著，多名網友告訴我，這種病態的母女共生關係，在他們的原生家庭中很常見。由此事，我開始想，也許家庭內隱蔽著更多的問題，情形之嚴重，根本不在我的預料之內。好吧！我保持開放的心，想看看它還能達到什麼地步。

開通微博後，這一認識迅速進化了。

第四階段。源自一則新聞，某女子養了一隻貓，和貓建立了非常親密的依戀關係，但一天她回家，發現貓不見了，原來是被她媽媽給賣了。自此，她努力賺錢，五年後賣了自己的房子，然後對記者說，她想找到那隻心愛的貓。

我在微博上隨手發了這一新聞，覺得這事也非常極端。那可是女兒心愛之物，母親怎麼可以這樣處理？再者，這是女兒養的，你就算想趕走，也得和女兒商量吧？

微博一發，迅速引來了幾百條回覆。然後，我這條微博成了一個可怕的微博，網友們嘩嘩地吐槽著更多更殘酷的故事。這巨大的震驚把我對家庭的認識帶入了第五個階段。

第六階段。是我在微博上展開的關於中國式（華人）家庭的探討。該系列微博在網友中迴響熱烈。發生在家庭內部的種種事件裡，雖然沒有直接的血腥味，但對個人精神的損害已是巔峰，什麼傳銷、洗腦、斯德哥爾摩綜合病徵，比起中國式大家庭對反抗者的手段，實在小兒科。我們真實地生活在這樣一個社會，外部的秩序固然不夠健全，而家庭裡面的黑暗，卻有過之而無不及。

我對家庭問題認識的第七階段，得益於從二〇〇七年開始的心理諮商。如果說前面提到的故事向我展現了家庭的殘酷外貌，而持續數年的心理諮商，則細緻入微地向我揭示出中國（華人）家庭的運行機理。

認識自己，改變自己和家庭的關係

從一不小心看到，進而關注這個領域開始，我幾乎日日與之廝磨，我為看到的這一切感到震驚、痛苦，情緒為之起伏，在思索與探求的道路上經歷黑暗與光明，到了二〇一四年上半年，我終於覺得，自己總算看到了家庭問題的基本面貌，捕捉到了一些關鍵。

這些關鍵的一端連結的是注定會成長於某個家裡的每一個人，他們的人格發展、莫名又持久的情結、難以大聲說出但深深受傷的心靈，另一端連結著的是中國（華人）社會問題乃至中國歷史文化。

為何家會傷人？未來，我將繼續寫作，將這些運行機理，淋漓盡致地描繪出來。

這本《為何家會傷人》算是這個系列的第一本，是對二〇〇七年版的一個修訂和升級。我修訂了一些文章，並新增加了最近這兩年來的思考文字。

其實，在我這個系列的框架設想中，這還是本很溫柔的書，它探討的是那些最基本的問題，容易看見的暗影。其實這本尚算溫柔的書，對於過度強調孝道和父母如何愛孩子的國度而言，也算是石破天驚了。

不過，想說一句：從我的行文可看出，我真的無心追求什麼石破天驚，我只是細緻地、如實地描繪而已。同時，更重要的是，藉助心理學的理論我們可以清晰地看到，家庭裡的那些機制，是如何運作又是如何傷人，而它又可以如何被改善甚至避免。

所以，這也是一本有用的書，可以幫助你認識你自己，改變你自己，以及改善你的家庭關係。

我以前和以後的書，都會具備這一功能。

武志紅

目錄

第1篇 夫妻關係是家庭的核心

第2篇

讓孩子成為她／他自己

目錄

第3篇

別把焦慮轉嫁給孩子

第4篇

面對你內在的小孩

第1篇

夫妻關係是家庭的核心

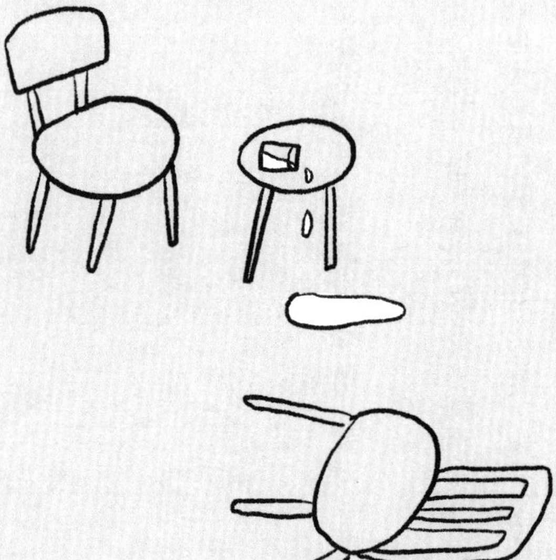

01

每一次分手都是心靈的修復

每個人至少要經歷兩次「誕生」。

第一次是從媽媽的子宮裡出生。子宮是嬰兒完美的居所，離開這個居所，是一個痛苦的分離過程。但這個痛苦卻換來了一個新生命。

第二次是戀愛。我們一生中會與許許多多人建立許多種關係，但戀愛是我們生命中能自主建立的最親密的關係。若論親密度，親子關係一點也不比戀愛關係遜色。但是，親子關係是天賜的，好父母也罷，壞父母也罷，我們沒法選擇，只能接受，而戀愛關係卻是我們自己選擇的。

尋找理想父母的戀愛關係

「正是因為可以選擇，我們的人生才有了意義。」心理諮商師榮偉玲（註1）說：「戀愛是一種特殊的選擇。其實，我們無意識中都將戀愛當作了治療，目的是為了修正我們童年的錯誤。其表現就是，戀人多數時候都是我們選中的理想父母。現實父母或多或少讓我們不滿意，我們心中都藏著一個理想父母的原型，它是我們選擇戀人的基石。」

如果治療獲得成功，不僅童年的錯誤得以修復，我們還會真正成為一個有獨立人格的人，這是人格成長最重要的一步，也是與家分離的最後一步。然而，不幸的是，很多戀愛治療沒有獲得成功，反而留下了更深的疤痕。之所以如此，主要原因是我們沒有處理好「愛與分離」相互矛盾的關係。

「戀愛，其主要意義不是讓我們找到一個能黏一輩子的伴侶，而是讓我們真正明白自己是一個獨立的人，伴侶是另外一個和自己一樣獨立、一樣重要的人。並且，我們還深深地懂得，這兩個相互獨立的人，又能無比親密地相處。」

戀愛關係，是童年經驗的復刻

「戀愛是親子關係的複製。」榮偉玲說，「如果童年幸福，我們更可能複製幸福，如果童年痛苦，我們更可能複製痛苦。」

當然，戀愛不是對親子關係的簡單複製。實際上，我們不會簡單地按照現實父母的原型去尋找戀人，我們其實是按照理想父母的原型去尋找戀人。

理想父母都有一個特點：能給予我們無條件的愛。我們自己需要這種無條件的愛，我們也知道戀人需要這種無條件的愛。所以，在戀愛前期，我們會積極地給予對方無條件的愛，或者用直白的方法，或者用狡猾的方法，總之都會讓對方感覺到：不論你做什麼，我都會一如既往地愛你，我的愛是沒有條件的。

獲得了足夠且無條件的愛之後，我們會變成孩子，戀人也會變成孩子，我們一起退行到童年。這時，我們互為對方的理想父母，又互為對方的孩子。這是戀愛的關鍵期，這個階段決定了我們是重複童年的錯誤，還是修正童年的錯誤。

戀愛不只是兩人現在的舞蹈，也是兩個家庭過去的舞蹈，因為我們的舞步是在童年時期學會的。

案例：我們經常重複著童年的錯誤

岳東（化名）是某電視台有名的花花公子，年過三十四歲的他，不知換了多少個女朋友。在二〇一二年的最後一天，他陷入了崩潰狀態。他想起了初戀女友阿靜，有一種說不出的感覺觸動了他，他關上門、拔掉電話、關上手機，從早上一直哭到晚上。

這一天對他有很重要的意義，十年前的這一天阿靜（化名）離開他。從十九歲開始談戀愛，他們兩人一直相愛了五年，最後阿靜因為受不了岳東的挑剔而離開了他。

此後，英俊的岳東開始了他的風流史，到現在已記不清有過多少女友了。「誰都比阿靜漂亮，誰都比她學歷高、能幹、收入高。」岳東常對朋友們說，「你們別誤會，我常提到她，並不是在乎她，我要感謝她主動離開我，讓我現在過得這麼精彩。」

不僅這麼說，岳東自己一開始也是這麼想的，因為阿靜與他後來的女友們相比，的確算不上優秀。只是在二〇一二年十二月三十一日那個晚上，他忽然夢到了和阿靜相處的日子。等凌晨從夢裡醒來時，岳東發現自己已泣不成聲。

她發誓要化解他心中的傷痛

他清晰地記得剛認識阿靜的那段日子。當時，十九歲的他剛上大一，在一所綜合性大學讀中文系，是系裡有名的「帥哥＋才子」，一次在與另外一個學校共同聯誼活動時認識了阿靜。阿靜不算漂亮，但很耐看，人很文靜，而且善解人意，岳東很喜歡去她的學校和她聊天。聊天的內容主要是半開玩笑的倒苦水。

岳東六歲時爸爸因病去世，十六歲時媽媽出車禍去世。他不留戀爸爸，因為爸爸在他心目中是一個「無能的暴君，自己沒本事，就愛拿我出氣」。他也不懷念媽媽，因為自爸爸去世後，她一直不斷地換男朋友，而且每一任男朋友似乎都比兒子更重要，她出車禍時，也是在去見男朋友的路上。「誰都不愛我，所以我只能靠自己。」他經常這樣對阿靜說。

岳東不僅才華橫溢，也頗有生意頭腦，早在高中時，就南下廣東從事販售電器的工作，賺了幾筆小錢，養活自己不成問題。

阿靜愛上了岳東。一九九七年十二月三十一日中午，她帶著麵皮、餃子餡和自己親手做的幾樣菜去岳東簡陋的家，和他一起包餃子過了這一年的最後一天。晚上，「一生中第一次感受到家的溫暖」的岳東懇求阿靜做他的女朋友，阿靜幸福地流著眼淚答應了，她發誓要好好照顧岳東，化解他心中的傷痛。

阿靜是這樣做的，在長達五年的戀愛中，她無微不至地照顧岳東。她很傳統，但當知道岳東晚上常做噩夢後，她主動要求和岳東住一起。此後，岳東很快胖起來，半年後，身高一百八十公分的他，體重從原來的六十公斤增加到了七十五公斤。細心的阿靜還把他的家收拾得乾淨溫馨，他冰冷的家終於有了生氣，岳東常對阿靜開玩笑說：「我現在終於知道什麼是蓬蓽生輝了，你讓我這個破家的每一個角落都有了光。」

你媽媽欠你，但我不欠你

但是，相處近一年後，岳東對阿靜變得越來越挑剔，而他自己也變得越來越邋遢。原本他經常和阿靜一起做家務，但現在全成了阿靜一個人的事情。相處近兩年後，他對阿靜的挑剔變成了嘲諷。三年後，嘲諷變成了惡言惡語的攻擊，他將自己在文學上的才華用來侮辱阿靜，嘲笑她笨、難看、土氣。總之，他能敏銳地捕捉到阿靜的每一個缺點，然後加以無情的嘲諷。他對阿靜與其他男性的交往也非常敏感，經常跟蹤阿靜，那些與阿靜交往比較頻繁的男同學，無一例外都遭到了他的仇視。

一開始，阿靜一直忍耐。到了最後兩年，她實在受不了了，幾次提出分手，但經不住岳東的懇求，又和他復合。直到二〇〇二年十二月三十一日，阿靜準備好和五年前一模一樣的餃子和菜，沉默不語地和岳東吃完「年夜飯」後，最後一次說了分手。岳東懂得她這一次的堅決，沒有糾纏，讓她離開了。

此後，他們再沒有聯繫過，岳東只是從朋友口裡知道，阿靜結婚了，生了個女兒，老公是一名碩士，長得普通，能力一般，但很愛阿靜。而岳東則開始了自己的風流史，他每三、四個月換一次女朋友，而上過床的女人更是不知有多少。

「她們每一個都比阿靜強，都比她漂亮。」岳東說。但是，他對女人卻越來越討厭，他說女人無一例外都是勢利眼，「女人都是靠男人養活，都不知廉恥，你見過有像男人一樣工作賣力又講義氣的女人嗎？」

但是，岳東內心深處知道，起碼有一個例外，那就是阿靜。在長達十年的日子裡，他幾乎從來沒有夢見過阿靜，但就在那天晚上，他夢見阿靜第一次拎著一個籃子，帶著那一堆熱氣騰騰的飯盒來到他家時的情景，只是阿靜走的時候卻變成了二〇〇二年十二月三十一日和他決絕分手時的樣子，她平靜地對他說：「你媽媽欠你太多，但我什麼都不欠你的。我喜歡你，仍然愛你。我知道你想找一個理想的媽媽，我也試著去扮演這個角色。我盡力了，但是抱歉，我做不到。」

說完這句話，她轉身離去，夢中的情形和當時一模一樣。但轉身之後，阿靜的背影看起來那麼像他的媽媽，他在夢裡彷彿又聽到汽車刺耳的聲音——那是媽媽出車禍後經常折磨他的聲音。然後，他從噩夢中醒來，發現自己的枕頭已被淚水浸透。

從理想父母到現實父母

戀愛到深處，我們都會變成孩子。

這就彷彿是在做心理治療的時候，一旦心理醫生給足病人無條件的積極關注，病人的心態就會退行到孩童時代。許多心理問題都是在孩童時代造成的，這些源頭就彷彿是一個膿包，我們把那個傷痕包起來，眼不見心不煩。要治療這個問題，就必須去碰觸這個膿包。但是，我們知道，有人會出於惡意去碰我們的膿包，目的是為了讓我們疼。只有特別信任一個人的時候，我們才會讓他去碰觸這個膿包。只有心理醫生給予病人無條件的積極關注，病人才會相信心理醫生，不去製造任何障礙，讓他去碰觸它。

生理上的膿包很容易碰觸，但心理上的膿包卻很難。心理醫生要想搞明白膿包的位置和狀況，病人就必須退行到受傷害時的狀態。如果是童年受的傷，就必須退行到孩子時的樣子。

戀愛是同樣的道理。「無意識中，我們都將戀愛當成了治療，希望戀人能扮演理想父母的角色，將我們治好。」榮偉玲說。我們將這個願望投射到戀人的身上，如果戀人很在乎我們，他就會主動去滿足我們這個來自無意識的願望，去扮演理想父母的角色。一旦我們覺得戀人的確符合自己理想父母的形象了，我們就會變成孩子。

但問題是，有好孩子，也有壞孩子，而且必然是，健康家庭會養出好孩子，糟糕的家庭會養出壞孩子。

重複錯誤是因為渴望被治療

岳東和阿靜的戀愛過程正是如此。

阿靜在一個相對健康的家庭長大，她的父母都很愛她，她小時候和所有的孩子一樣將父親當作偶像來崇拜，但長大了一些之後，她發現父親其實非常平凡，他相貌普通，能力一般，並不很受人尊重，而且也缺乏一些精彩。這些發現讓阿靜感到失望，她心中逐漸產生了一個「理想父親」的原型：才華橫溢、英俊瀟灑。而岳東正好符合這個原型，所以她第一次見到岳東就愛上了他。

阿靜正好也符合岳東「理想媽媽」的原型。岳東對媽媽非常失望，她雖然漂亮、能幹、富有才華，但怠忽母職，而且他覺得她一點都不關心自己，他的「理想媽媽」應能給他溫暖、安全和無條件的愛。

阿靜也正是這樣，她非常愛岳東，所以一開始就扮演起了岳東理想媽媽的角色，無微不至地照顧他，無論他怎樣對她，她仍一如既往地愛他。等她給足了岳東無條件的愛之後，岳東很快退行到了孩童時代，變成了一個「小孩子」。

但問題是，對於阿靜來說，這個小孩子實在太糟糕。

「現實媽媽」欠他太多，他現在要「理想媽媽」來還債；「現實媽媽」感情不專一，他現在也懷疑「理想媽媽」會一樣；他對「現實媽媽」懷有很多憤怒的情緒，現在他將它們發洩到了「理想媽媽」身上。

在心理治療中，這種現象被稱為「移情」（註2），即病人將親子關係的模式轉移到他和醫生的關係上來。移情是心理治療的契機，有經驗的心理醫生會利用這個契機將病人拉出無意識的陰影，將他帶入光明。如果阿靜是一名心理醫生，她就會知道，岳東將自己的膿包呈現在她面前了，她可以對這個膿包下手術刀了。但是，只有經過專業訓練的人才懂得這一點，才知道怎樣下手術刀，而阿靜不是。最後，她只好退卻。

「我們之所以會在戀愛中重複童年的錯誤，是因為我們無意識中想得到治療，」榮偉玲治療師說，「只是，如果病得又重又缺乏改變的動機，我們就不是好的病人，再優秀的心理醫生對此也無能為力。」

岳東的童年太過悲慘，他病得太重。最主要問題的是，他缺乏改變的動機。阿靜是他最理想的戀人了，他以後那些數不清的戀人沒有一個能像阿靜這樣愛他，沒有一個肯去扮演他理想中的媽媽。本來，在這麼好的條件下，如果他也試著去反省自己的人生，去主動改變他的行為模式，那麼這會是他被拯救的關鍵機會。但是，他不想改變，他認為父母應該對他的人生負責任，而他沒有責任，他常說：「我的人生太不幸了，我成為這個樣子不是我的錯。」

「在心理治療中，只有當病人有強烈改變的動機後，心理醫生才可能發揮作用。」榮偉玲說，「在戀愛中也一樣。」

案例：修正童年時的錯誤

二十四歲的張莉在廣州一家外商公司工作，她愛上了大她三歲的同事王江，因為王江符合她理想中的男人形象。

張莉在廣州長大，三歲時，她爸爸跟另外一個女人離家出走，直到她十六歲時才回家重新與媽媽復合。因此，張莉恨爸爸，她發誓一定要找一個和爸爸完全不同的人，「不能再讓孩子重複我童年的災難」。王江剛好符合張莉的設定：張莉的爸爸風流倜儻、能言善辯，而王江則穩重誠實，不善言辭，但很聰明能幹。

王江在農村長大，雖然過去的日子艱苦，但爸爸媽媽愛他，他也愛爸爸媽媽，一家人也其樂融融。

戀愛第一年，兩人相處很好，張莉將王江的生活照顧得井井有條，對王江的父母也很尊敬。王江對張莉也非常在乎，雖然在農村長大，但他非常浪漫，每一個節日他都會給張莉製造意想不到的驚喜，無論去哪裡出差，都記得給她帶回她喜歡的禮物。

擔心爸爸的故事在自己身上重演

但到了第二年後，兩人有了一些麻煩。張莉經常為一些小事情和王江吵架，也慢慢地對王江越來越不放心，開始查王江的電話和電子郵件，甚至他的行蹤。王江一開始比較寬容，但這些事情多了以後，他也逐漸地失去了耐心。年底，兩人終於在家裡狠狠地吵了一架。吵到最後，張莉坐在地上傷心地哭了起來，就像一個小孩子那樣。

就在這一刻，王江彷彿明白了什麼，他問張莉：「你是不是怕我和你爸爸一樣，所以才跟蹤我，不相信我？」這一句話擊中張莉的傷心處，她抱住王江，嚎啕大哭起來，彷彿要將童年的那些傷心都哭出來一樣。王江明白了什麼，他一句話不說，只是緊緊地抱著張莉。

等張莉平靜下之來後，王江和她談了很久。最後，張莉明白，她跟蹤王江其實是在重複童年的錯誤，經常為一些小事和王江吵架也是在重複童年的傷害。

原來，張莉媽媽的工作非常繁忙，她經常早起晚歸，把小張莉一個人丟在家裡，而且回家後也常忙自己的工作而忘記了張莉。這時候，張莉只有用吵架的方式贏取媽媽的注意，並且，一且她生起氣來，媽媽就會過來關心她。這樣一來，吵架就成了張莉贏取親人注意力的方式。現在，她之所以老和王江吵架，也是因為在潛意識中，張莉以為，她可以用吵架的方式贏得王江的關注。

但是，經過這一次深談，張莉終於明白，王江不是她爸爸，也不是她媽媽。他是她最親的親人，但是，他是一個全新的親人，與她以往的親人都不同，她不需要用對待爸爸媽媽的方式來對待他。

等明白這一點之後，張莉不再查王江的行蹤，也盡量控制自己不和王江吵架。另一方面，王江也懂得了張莉「不合理行為」背後的意義，對張莉更多了一些寬容。

心理師這樣說

「符合」不是「等於」

戀愛的蜜月期，戀人會扮演彼此的理想父母，因為我們潛意識中都會知道對方需要什麼。

但是，等蜜月期過後，兩個人的距離近到不能再近時，我們就會將戀人當作現實父母，以前對現實父母的那些不滿，現在會轉嫁到戀人的頭上。而且，在轉嫁時，我們就是一個蠻不講理的孩子。戀人越愛我們，我們越不講道理。

這是考驗一場戀愛的關鍵時期。這個時候，我們很容易產生不耐煩的情緒，從而不願意繼續給予戀人無條件的愛。要想超越這個艱難時期，最好的情形是，一方面，我們要明白自己的很多不良情緒，不是因為現在的戀人才產生的，而是過去所造成的。另一方面，戀人繼續給予我們無條件的愛。張莉和王江正是這樣做的。

在那一場激烈的爭吵中，王江突然領悟到，張莉不是在查他的行蹤，也不是在生他的氣，而是在查她父親的行蹤，在生她媽媽的氣。並且，他將這個頓悟告訴張莉後，張莉也立即就明白了這一點，並由此產生了改變的動力。同時，王江一如既往地給予張莉無條件的愛，而不是將這個發現當作攻擊張莉的武器。這些因素綜合起來，張莉童年時的錯誤最後終於得到了修正。

不要將戀人當作愛的工具

「符合」不是「等於」，熱戀中的人必須要明白這一點。你對戀人有一種期待，戀人對你也有一種期待。很可能，你既符合她的期待，她也符合你的期待。但是，這種相互的符合只是一種運氣，你們彼此並不真正懂得對方的期待。

戀人不管多像你的理想父母，那也只是你的投射、你的看法，來自於你童年的期待。但實際上，你的戀人有另外一種生命體驗，他是另外一個人。如果你只覺得戀人是你的理想父母，那就等於你只是將戀人當作了一個愛的工具或對象，而沒有將戀人當作一個獨立的個體來看待、理解與尊重。

婚姻之所以容易成為愛情的墳墓，很重要的原因是，婚姻只是我們過去家庭模式的複製。戀愛過程沒有完成前，我們彼此將對方當作自己理想中的父母，我們也彼此努力去扮演對方理想父母的形象。但結婚儀式完成後，理想父母回歸到了現實，我們不再扮演彼此理想父母的形象，不願意再給予無條件的積極關注。

我們總是在循環，但只要你去努力，就有機會打破這個循環。前面提到的岳東，如果他停止對父母的抱怨，開始努力，不只是索取，也去給予，那麼阿靜不會離開他，就算離開，他也會找到他生命中的其他拯救者。其實，即便在這種情況下，阿靜已是他很重要的拯救者。如果沒有阿靜，岳東可能早已經產生了其他更嚴重的問題，譬如精神分裂症、自殺等等。

戀愛：與家的最後一步分離

少數時候，一場戀愛會自動拯救一個人，這是愛情為什麼被奉為偉大的深層原因。但是，如果特別想得救，我們就必須自己去努力。

榮偉玲治療師說：「好的父母是天賜的運氣，可以讓我們有一個好的心理基礎。但是，生命之所以有價值，就在於我們能做選擇。而戀愛，是我們可以選擇的機會。如果我們不把自己全交給潛意識去指揮，努力去救自己救戀人，那麼我們每一次戀愛都可以成為一個好的治療機會。」

要想達到這一點，除了要學習無條件的愛，也要學習「分離」。

戀愛是與家庭分離的最後一步。並且，因為是對親子關係的深刻複製，所以，戀愛關係也尤其難以「分離」，戀人分手帶來的痛不亞於童年時父母與我們的分離。

分手一開始注定是痛苦的，因為我們有很多分離的痛苦記憶。小時候，媽媽或爸爸經常會狠心離開我們，部分是合理的，如工作、就學；部分是不合理的，如父母離婚，或他們根本就不愛我們等等。不管合理還是不合理，我們都會受傷，因為嬰兒期的我們，一開始不會分辨「分離」的合理性。

戀愛的分離一樣具備殺傷力。雖然我們現在懂得了合理與不合理，但是，因為戀愛首先是對親子關係的複製，我們在情感上和童年一樣不想理會合理與不合理，我們只看到了一點：「他不要我了，像爸爸一樣」或者「她不要我了，像媽媽一樣」。

「關係」是不可預測的

童年，我們渴望穩定，渴望父母時時刻刻都守在自己身邊。現在，我們一樣渴望穩定，渴望戀人時時刻刻守在自己身邊。但是，如果爸爸媽媽不與我們分離，那麼，我們就不能成長。如果戀人不與我們分離，我們也一樣不能繼續成長。兩人總是黏在一起，這並不是生命的自然與健康狀態。

建立穩定的關係是非常不容易的，因為你永遠無法完全左右另一個人。既然親密關係如此難建立，一些人，尤其是男性，乾脆就放棄親密關係，只沉浸在某個特殊領域，終成為這個領域的泰斗，譬如牛頓、康德和梵谷等人。

康德彷彿很享受他的孤獨，但對梵谷來說，孤獨是一件可怕的事情，他一生都渴望擁有一個親密的異性關係，只是一直都沒有學會怎樣去建立。

「建立關係很難，因為另一個人不可控制；發展理論很容易，因為這完全是你一個人的事情。你知道，只要付出了就會有結果。你對未來可以預測，但關係卻是不可預測的。」榮偉玲說。

再親密的人也是另外一個人

「生命是一個過程，戀愛也尤其是一個過程。」榮偉玲說，「如果只將戀愛視為一個結果，我就是要佔有我的愛人，那麼一定會遭遇挫敗。」

更重要的是，戀愛不僅是一種治療，也是一種嘗試。我們在嘗試尋找符合自己理想父母形象的對象，我們也在嘗試是否與戀人真的合適。不分青紅皂白地非要黏在一起，只會增加生命的痛苦，只會讓我們不斷重複童年的錯誤。

對於很多人來說，過去的生命中充滿錯誤，而戀愛是一個修正的機會。以前有一個不愛自己的爸爸，那麼，我一定要找到一個和爸爸類似的男人，讓他愛上我；以前有一個愛自己的媽媽，那麼，我一定要找一個和媽媽類似的女人，她會好好愛我。

我們心裡都埋藏著一個夢想：重複童年的幸福，修正童年的不幸。但問題是，無論我們選中的是怎樣一個理想父母，那只是我們的投射。或許，對方真的非常符合自己理想中的父母形象。但是，對方有過完全不同的生活經歷，他也有一套屬於他自己的理想父母形象，而你卻未必符合。

即便一開始以為彼此符合，我們也必定會發現，對方不是我們想像中的人，而是完全不同的另外一個人。這是生命中最大的教訓之一，它告訴我們：你再親密的人也是另外一個人，是和我們一樣重要、一樣獨立的人。

如果學習到這一點，我們就會真正明白，整個世界都是由和自己一模一樣獨立個體組成的，每個人都同等重要。

心理師這樣說

我們心裡都埋藏著一個夢想：重複童年的幸福，修正童年的不幸。所以我們是按照理想父母的原型去尋找戀人。但問題是，無論我們選中的是怎樣一個理想父母，那都只是我們的投射。或許對方真的非常符合自己理想中的父母形象。但是對方有過完全不同的生活經歷，他也有一套屬於他自己的理想父母形象，而你卻未必符合。

註1　榮偉玲。心理治療師，歷任重慶榮格心理諮詢所心理諮商技術總督導，四川成都心理諮商中心主任、成都心理諮商師聯合會會長、廣州白雲心理醫院諮商師等。

註2　心理分析裡的「移情作用」，是指患者在童年時對一個客體（尤指父母）的情感，在治療過程中轉移到另一個客體或人的身上，通常這個人是病人的心理分析師。

02

父母是我們愛情的原型

林黛玉初進榮國府，賈寶玉便說：「這個妹妹我見過。」眾人笑他的痴語，賈寶玉就又接了一句：「林妹妹的神情，我好像熟悉得很。」

這是典型的一見鍾情，也是戀愛中人最喜歡說的「緣份」。一見鍾情是什麼？緣份是什麼？

「前世的孽緣」、「幾輩子修來的福份」；這是我們用來解釋「緣份」的常用說法。

對於緣份，心理學也有獨特的解釋：緣份的確是在過去種下的，但過去不是前世，而是在我們的童年時期，主要是在與父母的關係中種下的。

心理學家佛洛伊德認為，一個人的人格在五歲前就已經塑造成型。不只人格，我們的情感基礎也常是在童年時期形成的。

如果爸爸媽媽給了我們足夠的愛與安全感，我們就會在潛意識中將爸爸媽媽當作愛情的原型，並按照這個原型去尋找戀人；如果爸爸媽媽給我們的愛很少，我們一樣也會輕易的按照這個原型去尋找戀人，只是情形更加複雜。然而，戀人和父母的原型往往會有所差異，因此就會產生許多幻滅的愛情。

案例：阿蓮愛上「好爸爸」

阿蓮決定與劉凱結婚的時候，她身邊的朋友們非常吃驚。

阿蓮性格外向，漂亮迷人，不乏有一整排的男人在追求她，有高官子弟，年輕有為的IT公司副總……每個男人看上去都比劉凱的條件要好。阿蓮在戀愛中的手腕也堪稱高明，她將追求者們玩得團團轉，自己卻很少動情。

劉凱則看上去木訥老實，工作努力，在公司裡是好員工；待人誠懇，在朋友們眼裡是個好人。只是，劉凱屬於不解風情的那種男人，也少一點生活情趣，和阿蓮談戀愛的過程中，幾乎從不買花，也很少甜言蜜語，很少表達情感。

當時三十一歲的劉凱自己也不明白，阿蓮為什麼喜歡他。他雖然名校畢業，收入也不差，但以前從來沒有吸引過漂亮女孩。所以，當阿蓮主動追求他時，他一開始都不敢相信，還以為狡黠的阿蓮是在開他這個老實人的玩笑呢。

當時二十六歲的阿蓮也是名校畢業，她喜歡他的踏實、他的木訥。在和別的男人談戀愛時，她很在乎對方浪不浪漫，有沒有生活情趣。但很奇怪，對劉凱，她從不提這些要求，她覺得兩個人單單在一起就已經讓她很滿足了。

他們認識半年後就結婚了，在婚禮上，阿蓮動情地說，她對劉凱是一見鍾情。但阿蓮的一些追求者在婚禮上發現了這個緣份中的端倪：劉凱和阿蓮的爸爸特別像，不僅長相，還有動作和性格，看上去非常合拍。

在劉凱面前，她變回了小女孩

顯然，阿蓮在潛意識中將劉凱當成了爸爸。按照佛洛伊德的說法，男孩子有戀母情結，女孩子則有戀父情結。如果爸爸非常愛自己，女孩的童年過得非常幸福，那麼，等長大後，她就會希望找一個和爸爸比較像的男人，重複她童年時的快樂。我們常說，在戀愛中，男人女人都會變成了小孩子。何種狀況下最容易變成小孩子呢？

對阿蓮來說，最簡單的辦法，就是找到一個「新爸爸」，在他面前，她輕易回到了孩童狀態。許多追求者條件更好，更浪漫，但在他們面前，阿蓮自己找不到孩童的純真。只有在劉凱面前，她會自然地變回孩子，重溫童年。她的童年是幸福的，所以和劉凱在一起，她的幸福感覺也很容易被喚起。

所謂緣份，在心理學看來，可以歸納為一個等式：緣分＝戀上爸爸或愛上媽媽。

結婚前，阿蓮對劉凱一樣「沒有任何挑剔」。但結婚以後，她對劉凱越來越失望。婚前，劉凱對她百依百順，把她照顧得無微不至。但婚後，劉凱「鬆懈了下來」，不再像以前那麼用心地關心她。以前，她從不在乎劉凱的社經地位，但婚後，她開始挑剔，倆口子一吵架的時候，她會忍不住挖苦他，說她隨便嫁給任何一位追求者都比嫁給他強。更要命的是，她的一些追求者，好像並不在乎她已經結婚的事實，仍然鍥而不捨地大獻殷勤，像對待公主一樣照顧她。

阿蓮的心理逐漸失衡了，結婚後不到半年，她開始了一場婚外情。內心非常傳統的阿蓮產生了強烈的罪惡感，於是，她想用一種新的努力來保護她和劉凱的愛情，那就是——生孩子。

然而，和想像的完全相反，女兒的出生不僅沒有保護愛情，反而成了他們愛情的「掘墓人」。女兒出生後，阿蓮發現，她根本沒有做好當媽媽的準備，很少有做媽媽的喜悅，只覺得有無止盡的負擔。

相反，劉凱全心投入到女兒身上。阿蓮發現，劉凱對待女兒的模式就像是以前對待她一樣，女兒的一顰一笑都牽動著劉凱的心，他從不會對女兒生氣，無條件地愛女兒。

對此，阿蓮一開始有些感動，但她慢慢地發現，女兒和丈夫之間似乎建立了一個聯盟，如果她生丈夫的氣，女兒一歲多時就會生她的氣。她覺得自己被孤立了，成了一個局外人。最後，她接受了一個追求者，做了他的情人。

他們在春天結的婚，第二年秋天生了女兒，但卻在結婚第三年的春天離婚了。阿蓮主動放棄了女兒的撫養權。

心理師這樣說

劉凱做不了一輩子的「好爸爸」

阿蓮和劉凱之間到底發生了什麼，讓這場一開始非常美滿的愛情觸了礁？很簡單，因為，阿蓮將劉凱當作了爸爸，但劉凱不是爸爸。

在戀愛期間，劉凱不明白阿蓮為什麼會愛上自己，他覺得自己不配阿蓮。為了贏得她的愛，他對她百依百順，無條件地付出，無微不至地照顧她。所以，他不僅形象、氣質和性格上像阿蓮的爸爸，實質上也扮演了這樣一個角色，所以才喚起了阿蓮對他強烈的依戀。

但這種關係不平衡。阿蓮舒舒服服地做起了小女孩，但戀愛中的劉凱其實也有一顆想做小男孩的心。他們的戀愛期只有不到半年時間，兢兢業業地做半年的爸爸還可以的，但劉凱不可能會心甘情願地做阿蓮一輩子的爸爸。一旦他放棄「好爸爸」的角色，阿蓮對他的依戀也就結束了，她會發現，自己找到了一個「假爸爸」。這個基礎消失後，她就會開始拿他和其他追求者比較，於是發現，他根本沒有自己想像中美好。

這是一種時間上的錯位。戀愛中，阿蓮變回了小女孩，所以愛上了劉凱這個「好爸爸」。但實際上，她已長大，和童年相比，她的世界觀已經發生了巨大變化。她可以短暫地回到童年，享受做小女孩的感覺，但她畢竟活在成年世界裡，這是很多一見鍾情觸礁的原因。戀愛中，我們似乎回到了童年；但其實，我們是活在一個新世界裡。

案例：岳東迷上「壞媽媽」

如果說，阿蓮是找了一個「好爸爸」，那麼，下面案例中的岳東就是找到了一個「壞媽媽」。

幾年前，岳東美商公司的宴會上，和來自澳洲的同事芭芭拉一見鍾情，認識一星期後兩人就決定結婚。當時，岳東三十四歲，而芭芭拉三十六歲。

岳東的朋友和同事們都對他們閃電結婚驚訝不已。岳東是出了名的花花公子，高大帥氣又不負責任的他，不知有多少風流韻事了，公司高層一直對他「兔子常吃窩邊草」的行為不滿，但因為他的工作能力實在出色，所以一直沒有拿他開刀，但也因此很少提拔他。金髮碧眼的芭芭拉年輕時很漂亮，現年三十六歲的她年華不再。儘管已工作十幾年，她現在仍只是公司一名基層的職員，還有過三次失敗的婚姻。

過去，岳東對女性出了名的挑剔。但這一次，他說「百分百地滿意」，因為他「百分百地愛她」，而真正的愛情裡，沒有挑剔。

他們的確非常「合適」。在結婚前的一個月裡，他們白天經常吵架，但一到了晚上又立即和好。岳東對朋友們形容說「一天不吵架，渾身都沒力氣」，芭芭拉也是如此。但「君子動口不動手」，兩人無論吵得多麼激烈，也從不動手。

然而，結婚以後，形勢急劇惡化。岳東後來說，他們兩人都陷入了「歇斯底里的狀態」。譬如，芭芭拉要求換一個沙發套，岳東答應了但沒有按時換，芭芭拉就會「連說至少一百遍，你換不換，你什麼時候換，快點去換，你不換就是不愛我……」。

岳東也迅速從「百分百地滿意」變成了「近乎百分百地不滿意」，他挑剔芭芭拉的一切，嘲笑她的髮型、服飾、舉止等，最讓芭芭拉憤怒的是，他經常會說「你這個老女人」。

她最在乎年齡，每次岳東一說到這個話題，她就會立即失控。岳東知道這一點，但控制不住自己，芭芭拉的年齡成了他最愛說的話題，有時會當著同事的面譏諷她。

終於，結婚後的第五天，衝突全面升級，芭芭拉打了岳東一耳光，而岳東則按著她的頭往牆上撞。芭芭拉跑出去報了警，並在警察的「保護」下連夜收拾了所有東西。第二天，她飛回了澳洲，這場異國婚姻就此「遊戲結束」。

他們是怎麼回事？為什麼婚前百分百地滿意，在婚後變成了百分百地挑剔？

因為，他們都是在重複過去的模式。岳東潛意識中將芭芭拉當作了媽媽，而芭芭拉將岳東視為了爸爸。但是，岳東與媽媽、芭芭拉與爸爸的關係都是一場災難。他們這場短暫的婚姻不過是在重複童年的災難。

恨媽媽變成恨所有女人

岳東六歲時，爸爸遭遇車禍去世。此後，他一直與媽媽相依為命。

但在他十四歲之前，媽媽一直想找一個丈夫，但沒找到滿意的。其間，她經常晚上去談戀愛，整晚不回來，讓岳東一個人過夜。而且有時一出去就是幾天，將岳東托付給鄰居照顧。岳東十六歲的時候，媽媽也遭遇車禍死去。

恨媽媽，所以恨所有女性。

岳東常對朋友們說，他能長成現在這個樣子實在是個奇蹟，只是這個成長過程實在太痛苦，如果讓他重新選擇，他寧願去死也不想再重新來過。

誰導致了這些痛苦，岳東認為，是媽媽。他恨媽媽，認為媽媽經常「背叛」他。對於媽媽的死，他甚至沒有一點同情，他認為如果媽媽不是去會男友，就不會出車禍。

並且，岳東將對媽媽的恨慢慢地蔓延到了所有女性身上。他之所以在一次又一次的戀愛中，折磨並背叛對方，只不過是他潛意識中對媽媽的報復而已。

但是恨源自於愛。當碰見芭芭拉後，因為芭芭拉像極了他媽媽，他一下子愛上了芭芭拉。和他媽媽一樣，芭芭拉極其情緒化，容易發怒；但高興起來又非常有感染力，儘管芭芭拉習慣說英文，但她和岳東的媽媽一樣，說起話來像機關槍一樣，語速極快。

為什麼岳東會挑剔所有女性，卻唯獨一開始「百分百滿意」芭芭拉呢？這是因為，岳東的愛埋在心底，一般的女性難以喚起。只有碰見像媽媽的女性，他這種埋在心底的愛才會被喚起。只是，他的愛是孩子對媽媽的期望，是要求遠多於給予的愛，媽媽沒有給他的，他希望從芭芭拉的身上獲得。更可怕的是，他心裡同時埋藏著對媽媽強烈的恨，結婚是一個儀式，讓他百分百地將芭芭拉認同為媽媽，此後，他將對媽媽的恨宣洩到了芭芭拉的身上。

恨爸爸，所以恨所有男人

芭芭拉也一樣，她和爸爸的關係也是一場災難。她爸爸的童年和岳東有些類似，他對女性也有著強烈的恨。他恨媽媽，恨妻子，等芭芭拉出生後，他將這種恨也轉移到她身上。媽媽或妻子的力量和他基本勢均力敵，但幼小的芭芭拉不一樣，他可以對她為所欲為，而自己不需要付出什麼代價。

但是既然芭芭拉恨爸爸，但為什麼會對岳東一見鍾情呢？因為幼小的她其實渴望贏得爸爸的愛，她相信爸爸不愛她是一個錯誤。長大後，這種渴望成為一個潛意識，促使她愛上和爸爸相似的人，並努力去贏得他的愛，以此證明，她能夠糾正童年的「這個錯誤」。同樣，岳東也是如此，他在潛意識中也希望找到這樣一個機會，去糾正童年的錯誤。

但同時，他們也渴望找到這樣一個人，去恨他（她），去折磨他（她），這就等於是報復「壞爸爸」或「壞媽媽」。童年的時候，幼小的他們是沒有力量去報復的，但現在他們有了這個力量。

此外，在缺少愛的環境下長大，岳東和芭芭拉都沒有學會愛的能力，單靠他們自己是沒有能力去糾正童年錯誤的。

「一見鍾情」的兩種形式

「一見鍾情」經常是，我們從父母身上發展出戀人的原型，這個原型就像一個模子，我們拿著這個模子去套，套中了，就一見鍾情了。

在戀愛中，假設女人心目中的戀人原型是A1，男人心目中的戀人原型是B1。但實際上，這個男人是A2，而這個女人是B2。由此，一見鍾情就會有以下幾種形式：

一、完美的一見鍾情

女人以為，她找到了A1，並且A2等於A1。男人也以為，他找到了B1，而B2也等於B1。一方對另一方的期待和對方基本相符，完美的一見鍾情就會產生。如果他們的童年比較幸福，這種一見鍾情就看上去很完美；如果他們的童年比較不幸，這種完美的一見鍾情就會成為一場災難。

岳東和芭芭拉其實就是完美的一見鍾情，岳東在尋找一個「壞媽媽」，而芭芭拉就是「壞媽媽」；芭芭拉在尋找「壞爸爸」，而岳東恰恰是「壞爸爸」。於是，他們強烈地相互吸引，產生了深深的迷戀和依戀。只是，他們都是對方壞的迷戀和依戀對象。

二、虛幻的一見鍾情

更常見的一見鍾情是，女人按照一個模子套中了一個男人，而且以為找到了自己理想中的戀人，但實際上這是一種似是而非，即男友只是像她的戀人原型，但骨子裡卻不是。男人也按照一個模子套中了一個女人，也以為找到了理想戀人，但女友骨子裡其實是另外一種人。

王剛對Lily一見鍾情。Lily性格外向開朗，朋友們以為他喜歡的是Lily的性格。但王剛卻說，第一次看到Lily時，從她的臉上看到了一絲「聖潔的憂鬱」，所以無可救藥地愛上了她。但Lily覺得自己一點都不憂鬱，她喜歡王剛，但一直討厭王剛對她的這個形容。

其實，是他媽媽的氣質非常憂鬱。媽媽很愛他，但告訴他，以後別找像她這麼憂鬱的，一定要找一個活潑開朗的。王剛也是這樣找的，所以找到了Lily。但Lily第一次真正打動他的，不是Lily的開朗，而是像他媽媽一樣的「聖潔的憂鬱」。

過去的力量是很強大的。很多時候，我們刻意去尋找與父母不同的人。但實際上，戀人真正打動我們的地方，卻常常還是他（她）與父母相似的地方。

另外很常見的一見鍾情是，你將對方當作A1，於是無可救藥的愛上對方。但對方沒有將你當作B2所以沒有愛上你。這樣一來，就會發生單相思，這也是虛幻的一見鍾情。

找「好戀人」，做「好戀人」

一見鍾情是不可靠的，但一見鍾情又是可靠的。

之所以說不可靠，是因為我們容易執著於源自父母的戀人原型。我們拿著這個模子到處去套，套中了一名異性，就一見鍾情了。但對方和你的過去經常大不一樣，你以為他是你的戀人原型，但這不過是你自己潛意識中對父母的執著而已。

之所以說可靠，是因為我們的確難以擺脫過去，源自父母的戀人原型在我們潛意識中深深扎下了根，這一點很難擺脫。但比這一切更重要的，是自己要做一個「好的戀人」，也要去找一個「好的戀人」。

幼兒心中，只有「我」是唯一的主體，而將媽媽和爸爸視為客體。

如果爸爸媽媽愛他、接受他，就是「好的客體」，他最終會懂得，爸爸媽媽和他一樣，都是主體。於是，他不僅學會了愛自己，也學會了愛父母，並最終學會了愛其他人。從此，他對於別人，也是一個「好的客體」了。

在戀愛中，如果你找到一個「好的客體」，而自己也做了「好的客體」，那麼雙方就會進一步成長，真正從孩子變成成人，從對父母原型的執著化為對情侶的愛。

阿蓮其實找到了一個「好的客體」，但她自己沒有去做「好的客體」。岳東也有過一次機會，從對「壞媽媽」的執著中擺脫出來。前面提到過的他的初戀女友阿靜，在一個健康的家庭長大，愛他，對他的照顧也無微不至。他們相戀了五年，岳東也感覺到，自己對女性的敵意正一點點被阿靜化解。

但岳東不是「好的客體」。他像幼兒依戀媽媽一樣，依戀阿靜。同時，他也不斷將對媽媽的敵意轉移到阿靜的身上，從言語上攻擊她。阿靜懂得岳東攻擊的理由，她一開始努力讓自己包容他，但最終，她告訴岳東，她不想做他的媽媽，然後逃離了他。

不妨說，對「壞媽媽」的執著是岳東的一個魔咒，這個魔咒解不開，他就會一直對女性充滿敵意。遇見一個「好媽媽」可以部分化解他這個魔咒，但他自己也必須學會做一個「好的客體」。

03

別拿自己的尺去測量對方

每個人的生命體驗最後構成了一個現象場（註1），它就像是一個人認識世界的坐標體系。親人間的理解之所以很難，關鍵原因在於，我們習慣從自己的坐標體系出發，去推測、揣摩、評價甚至抨擊另一個人，卻完全忘了，對方也有一個現象場，有一個與自己完全不同的坐標體系。

同一件事情，因為坐標體系不同，不同的人就有不同的認識。家庭裡主要處理的是感覺，理解和接受彼此的感受是核心。如果，你渴望理解對方，就必須學會放下你的坐標體系，嘗試著進入對方的坐標體系，這是抵達理解的唯一途徑。

理解對方的感受

很多人抱怨：「我無法理解我的老公／老婆到底是怎麼一回事」，這是我在做婚姻諮商中最常碰到的問題，廣州的黃家良諮商師對我說，「之所以出現這種局面，是因為當事人總是無法做到『如其所是』地去理解對方。」

「什麼叫如其所是呢？就是『對方怎麼感受的』，這才是事實，我們要按照對方的感受去理解他。」黃家良說，「但是，很多人習慣上認為，重要的是發生了什麼事實。但是，他卻不知道，這只是他眼中的事實，而不是對方的事實。」

黃家良諮商師說，每個人都想理解配偶，但因為幾個常見的錯誤，我們常常很難讓配偶感覺被理解。

錯誤一：揣測

我們以為，作為最親密的伴侶，我們非常瞭解另一半。有人說：「他一張嘴我就知道他想說什麼。」這是真的，但是，我們常常只知道配偶會「說什麼」，但卻根本不理解配偶說這些話時的感受。很多時候，配偶的情緒再明確不過了，但我們仍執著於自己的坐標體系，用這個體系去揣測他的意思。

錯誤二：評價

在坐標體系中，我們位於中心，是唯一的主體，其他人都被放在坐標體系上，是我們的分析對象。其他人都是「外來物」，要保持這個體系的平衡和穩定，我們必須去評價一個人，否則就覺得不安全。誇獎和批評都是我們的工具，目的是為了控制對方。對於親密關係來講，這是最糟糕的事情了。

錯誤三：亂出主意

對方一說到「問題」，我們就急著去出主意、提建議，忙著為對方「解決問題」。但實際上，對方多數時候只是為了藉「問題」宣洩情緒，根本不需要我們的建議。並且，我們是從自己的坐標體系出發為對方出主意的，這會嚴重地妨礙理解的達成。

懷疑丈夫有外遇

「聽說成功男人四十歲離婚已是定律，我的丈夫是不是也這個樣子？」徐太太給我寫信問道。徐先生現在是一家外商公司的副總經理，徐太太是公務員。徐太太已結婚十五年。前十年，他們兩地分居，她在江西，丈夫在廣州。分居雖然痛苦，但她和丈夫相互支持，相互鼓勵，關係一直不錯，很少爭執，也很少吵架。五年前，她調到廣州，但沒想到相聚不如不聚。這五年，倆口子不斷發生爭執，激烈爭吵已經不下二十次了。徐先生不只一次提到「我們早晚要離婚的」。

「他是不是想找碴鬧離婚？」徐太太問，「我自問自己沒有任何問題，每次都是他挑起頭吵架。」

「你們為什麼常常吵架？」我問她。

「每次都一樣，」徐太太說，「都是因為我要見男同學或男同事。」徐太太舉了最近一個例子：兩個月前，她一個男同學來廣州出差。

在調動工作時，這個同學幫了不少忙，徐太太決定款待他。和往常一樣，徐先生極力反對，但徐太太執意要去，兩個人因此吵得天翻地覆。「他為什麼這麼不近情理？」徐太太問，「人家幫過我們大忙。」

「他為什麼這樣做？」為瞭解開心中的疑惑，徐太太請教了很多同性朋友，「成功男人四十歲換太太」這種說法其實是女性閨蜜間的談話。她們紛紛建議她留意一下，看看徐先生是不是在外面有了女人。雖然沒找到任何跡象證明丈夫有外遇，但徐太太認為「這是唯一能解釋他整天找碴的原因」。

「他不讓你和男同事、男同學交往，那他自己呢？」我問。

「他對自己的要求也一樣，倒不是針對我有兩套標準。」徐太太說，除了必須的公事來往，丈夫從來不去單獨見女同學或女同事，他常以此為標準要求她也這樣做。

「但我問心無愧，我絕對不會做背叛家庭的事。」徐太太激動地說，「為什麼要聽他的？他的要求太沒有道理。」

「你覺得委屈，覺得他不理解你？」

「是的，他根本不理解我，我這麼傳統的女人，這麼愛家又愛他的女人，怎麼可能紅杏出牆？」

你理解你的另一半嗎？

「你理解他嗎？」我問，「你有沒有嘗試去理解，你的丈夫為什麼會提這麼不合常理的要求？」

我提醒說：「任何看似荒誕的事情背後，都有它最真切的原因。如果你覺得它荒誕，那很可能是因為你不理解它。」

這一句話給了她很大觸動，在電話那頭，她沈默了好久。她回憶說，大概一年前，因為她要見男同事而發生一次爭吵後，丈夫對她說：「或許，對你來說，這樣的事情沒什麼。但你知不知道，對我來說，這就是拿刀子割我的心。」

這句話當時讓徐太太深為震驚，她根本沒有想到，丈夫會有這樣的感受。只不過，這種震驚過後，她還是覺得丈夫「不可理喻」。

「你不相信這是丈夫生氣的真正原因？」我問她，「所以你還是去尋找『可以理喻』的原因？譬如成功男人四十歲換太太這個社會定律？」

「好像是這樣」她若有所思地說，「我錯了嗎?但事實是，我問心無愧啊，他也說他知道我忠誠。」「什麼是事實呢？」我說，「你所談到的事實只是你眼中的事實。而對他來講，事實是『拿刀子割我的心』。」徐太太在電話那頭再一次沈默。

「到底發生了什麼有時候並不重要，重要的是：一個人內心的感受。」我繼續說下去，「感受遠比所謂的事實更重要，而在家庭中，理解並接受彼此的感受是最重要的。」

要相信對方的感受

我建議徐太太不要再從外面尋找答案，而應該從內在尋找答案。或許，「成功男人四十歲換太太」是一種社會常態，但並一定會發生。相對於「拿刀子割我的心」這種感受才是更重要的、更真實貼切，這才是她真正要找的答案。

我建議她最好嘗試著去溝通，去理解丈夫的這種感受，如果理解了，她可能會發現，丈夫也會回報以理解，不再向她提出不能見男同學或男同事這種要求。如果無法做到這一點，最好去尋求心理醫生的幫助。

徐太太的案例在生活中非常容易見到。每次吵架都是同一個原因，這是導致他們關係問題最真實的原因。但徐太太不去看，卻去外面尋找原因，而答案其實已擺在她面前，丈夫已向她表達了最真切的感受。這種發自肺腑的聲音都不能讓徐太太重視起來，之所以如此，是她太執著於自己的坐標體系，認為事實比感受更真實。如果找不到事實，她就去揣測出一個事實。

記住，要相信對方的感受，與其花九牛二虎之力去揣測「真正的原因」，不如坐下來聆聽對方的感受。

批評，往往是致命傷

評價包括誇獎和抨擊，目的都是為了控制對方，都是在用自己的坐標體系去評估對方。自己是唯一的主體，對方是客體。在親密關係中，沒有人喜歡這種評價。

張太太三十二歲，丈夫三十四歲，兩人結婚五年，有一個四歲的兒子。現在，兩夫妻陷入了冷戰，丈夫沒有和她說話的興趣，妻子則拒絕和丈夫做愛，這種情況已經持續一年多了。張先生說，他每次一講話，妻子就會打斷他，對他妄加評論，這讓他很難受。譬如，約半年前，公司準備提拔幾名中階經理，他也在列。當天一回到家，他就告訴妻子這件事情。但妻子還沒聽完就打斷他說：「得了吧，你人緣那麼差，那麼不會處理人際關係，你能被提拔才怪了。」

「你神經病啊！」張先生憤怒地回擊太太說，「你怎麼知道我人緣不好？」說完這句話，張先生扭頭回到自己房間，重重地關上了門。

張太太意猶未盡，「他罵我，我決不能饒他。」她想跟進去房裡繼續吵，但丈夫把門反鎖上了，於是，她在門外面罵了好久。

在諮商室裡，張先生說：「每次談話都這樣，我還沒說兩句，她就亂插話。」

「這個時候，你有什麼感受？」

「鬱悶、惱火，覺得她不理解我，不可理喻。最後乾脆就不和她說話。」

「用不說話懲罰太太？」

「是的，我知道這是一種冷虐待。」

「不說話，但是你很有情緒。」

「是的。」張先生說，「我很憤怒。每次她打斷我的講話，我都感到憤怒。」

「知道我為什麼打斷他嗎？」聽到這裡，張太太激動地說，「他說話總是又幼稚又不成熟。等他把廢話說完，哪有這種道理？」

「我常給他講做人的道理。但他都當耳邊風，然後在工作上得到教訓，」她說，「你說，我多著急？」

我只是想和你分享開心的感覺

「你瞭解我嗎？你怎麼知道我就升不了職？」張先生問。

「你和我都處不來，你的人緣能好嗎？」

張太太說，作為妻子，她對丈夫太瞭解了，他一張嘴，她就知道他要說什麼。至於他的優點和缺點，她更是一目瞭然，所以她有資格斷定丈夫升不了職。並且，「我的學歷比你高，職位也比你高，我肯定比你懂得多，我指點你也是理所應當的。」

「但你知不知道？」張先生說，「我三個月前就升了，全部門就我一個人。」

「啊……」張太太瞠目結舌，「那……那你為什麼不告訴我？」

「我一開始就知道升職機會很高。」張先生說，「我回家告訴你，只是為了和你一起分享開心的感覺。但你的指責讓我覺得像是吃了一隻蒼蠅。」

「丈夫把你晾在外面的時候，你是什麼感覺？」黃家良問張太太。「我一心想給他好建議，他不接受，這讓我很惱火。我是關心他才這樣對待他的，我怎麼不去給別人提建議，」張太太憋了一肚子的委屈說，「他從不考慮我的好意，我忍不住要罵他。」

張先生用不說話的方式給妻子「冷虐待」，張太太也有自己的反擊方式：她拒絕和丈夫過性生活，「不同他做愛，不給他」。

「但一年多沒過性生活了，又是需求最旺盛的時候，你怎麼解決自己的需要？」

「衝個涼，就壓下去了。」她回答說。

「這是讓我最惱火的地方。」張先生說。他一開始以為妻子是沒有衝動，後來才發現妻子是在「懲罰」他，兩個人為此沒少吵架，但張太太一直拒絕妥協。

「你怎麼解決自己的性需要？」黃家良問張先生。

「自慰……我不是沒有想過其他的方式，但我不想破壞這個家，」張先生說，「但對這個家的留戀越來越少，現在能過一天算一天。」張先生的說法讓妻子感到很驚訝。

張太太說，他們從不交流性的感受，她根本不知道丈夫會通過這種方式疏導性衝動。本來她揣測丈夫一定是在外面有女人，而且一想到這一點，她就特生氣，「我總以為他在外面有女人，更加不想給他了。」

心理師這樣說

批評，讓他們失去了溝通

其實張太太犯了一個最明顯的錯誤：她太愛批評。評價是阻斷交流的最常見原因，丈夫想和她分享喜悅，但她一評價，丈夫覺得受到了傷害，就失去了溝通的興趣。

一些人之所以喜歡評價，是因為他們學來了父母對自己的交流方式。父母要指點孩子，告訴孩子什麼地方做得對，什麼地方做得不對。但是，這是一種「我行，你不行」的關係模式，如果一個喜歡「我行，你不行」的人正好碰上「我不行，你行」的配偶，兩個人的關係就會絲絲入扣，也會達成一種平衡。但是，如果對方不認為「我不行」，那麼這種關係就會觸礁。

急於評價的人著眼點也是「解決問題」，而不是「溝通感受」。張太太說，她是好意。什麼好意呢？就是指點丈夫，提高他的社會競爭能力，這是「解決問題」的思路。但是，其實「溝通感受」才是配偶、密友等親密關係進行絕大多數溝通的目的。

亂出主意：阻止了對方倒苦水

當配偶訴苦時，我們也容易出主意，因為我們容易認為，配偶遇到了問題，需要我們幫助。但實際上，配偶是想要抒發感受。這種思維上的錯位也會惹出很多不愉快。心理學家徐浩淵博士在《我們都有心理傷痕》一書中說到這樣的例子：

妻：累死我了，一下午談了三批客戶，最後那個女的，挑三揀四，不懂裝懂，煩死人了。

夫：別理她，跟那種人生氣，不值得。（提建議）

妻：不行啊！顧客是上帝，是我的衣食父母！（覺得丈夫不理解她，煩躁）

夫：那就不要做了！（又接著提建議）

妻：你說得倒容易，現在找份工作多難啊！不管如何，每個月我還能拿錢回家。都像你的工作，是輕鬆，可是每個月那點薪水，夠誰花呀？眼看兒子就要上大學了，還要負擔大學的學費呢？！（覺得委屈，丈夫不理解，還說風涼話，開始抱怨）

夫：嘿，你這個人怎麼不識好歹？我只是想幫幫你，怎麼衝我來了？（也動氣了）

妻：幫我？你要是有本事，像隔壁小萍老公，年薪佰萬就真的幫我了。

夫：就羨慕別人，那你去跟她老公好了！不就是那幾個臭錢嗎？有什麼了不起？

這是一次糟糕的溝通，妻子只是想倒倒苦水，但丈夫把「苦水」當成問題，急著出主意「解決問題」去了。如果他放棄這種意識，而是只傾聽，那就是另外一種情形。

妻：累死我了，一下午談了三批客戶，最後那個女的，挑三揀四，不懂裝懂，煩死人了。

夫：大熱天的，再遇上個不懂事的顧客真的會生氣。快坐下來喝口水吧（把她平日愛喝的冰鎮酸梅湯遞過去）。（對感受表示理解）

妻：唉，工作真的不容易，為了兒子今年上大學，我還得咬牙幹下去。（感到了丈夫的理解和關切，繼續倒苦水）

夫：是啊，你真是不容易，這些年，家裡主要靠你賺錢撐著。我這個拿死薪水的人，最多只能分攤房貸。（表示接受）

妻：話不能這麼說，濤濤的功課、人品，沒有你督促，哪能有今天的模樣？唉，我們都不容易。（感受到了接受，也回報接受。）哎，廚房裡燒什麼，這麼香？

夫：紅燒獅子頭。（得意地笑）濤濤，吃飯！你媽回來了。

前面的例子是「錯位的溝通」，妻子說的是「感受」，想宣洩煩惱，丈夫卻想「解決問題」，結果互相產生誤解。後面的例子則是「絲絲入扣的交流」，妻子的鬱悶得到了丈夫的理解和接受，她也回報以對丈夫的接受，工作上的怨氣在這短短幾分鐘的對話中就消除了。

案例：「你的事實不是我的事實」

王珂結婚剛一年就吵著要離婚，理由是丈夫劉亮「不忠」。兩個月前，王珂的閨蜜說，她看到劉亮在大街上和一個年輕女子摟摟抱抱，看起來「非常親密」。此後，王珂的幾個女性朋友說，她們都看到過劉亮有這種行為。

王珂坐不住了，她開始查劉亮的電話、訊息、社群的聊天記錄。一個月後，她向丈夫攤牌了：

某天某時某刻，你收到了什麼樣的曖昧短信；

某天某時某刻，你和一個女人在大街上勾肩搭背；

……

「你在查我？」劉亮勃然大怒，「你這個女人太恐怖了。如果你認為別人說什麼就是什麼，我們離婚。」

「離就離，你這個沒良心的。」王珂哭了。實際上誰都不想離婚，他們最後決定來找心理醫生諮商。

在瞭解了基本情況後，黃家良問王珂：「你想過沒有，什麼是事實？」接著，他給她列舉了幾種「事實」：

一、她的朋友A說，她看到劉亮摟著一個女人在大街上。

二、她的朋友B說，她也看到劉亮摟著一個女人在大街上。

三、王珂自己查到了一些曖昧短信……

但是，黃家良問王珂，這些都是圍繞著一個女人的嗎？聽到這個問話，王珂愣住無言。劉亮則解釋說，不是一個女人。他說，他正在上一個培訓班，班上的氣氛很好，到了最後，跨越了性別界線，同性也罷，異性也罷，經常以擁抱的方式相互鼓勵，在大街上走起來也很親密。他說：「她們見到的不是事實，她們只是看到『我和一個女人很親密』。但是，每次的女人都不一樣，這才是事實。別人看到什麼，那是別人的事情。但在我看來，好朋友之間沒有性別。」

「我多次要你和我一起去參加這個培訓，」劉亮對王珂說，「如果我和她們有什麼，我可能向你提這個要求嗎？」「老公，對不起。」王珂知道自己錯了。

很多人看到了同樣的事情，這難道不是事實嗎？這是王珂的推理，但是，她最缺乏的是丈夫的說法，這就導致她的推理是基於部分事實之上的，誤解因此而發生。要避免這種情況，王珂應在產生情緒的一開始就與丈夫進行溝通，瞭解他的感受和他的事實。

人們看見的表象，不等於就是事實

黃家良說，我們看別人的事情，經常只是看到了表象，而不是事實。要想知道事實，就必須去瞭解對方的感受，這是最重要的事實。

有一對剛結婚三個月的小倆口。結婚前，丈夫常陪妻子買內衣甚至衛生棉，對妻子喜歡的內褲的品牌、尺寸、號碼也都瞭如指掌。妻子經常就這一點在自己的閨蜜間誇耀，說找到了一個又愛她又細膩的丈夫。但剛結婚，問題就出來了。

某一天，妻子打電話叮囑丈夫幫她買內衣。電話裡，丈夫答應了。但回家後，他沒買回來。當妻子問起來，他就說「對不起，忘了」。第一天如此，第二天、第三天還是如此。最後，妻子憤怒地對丈夫說：「如果你總記不住，我自己去買好了。」「那你就自己去買。」丈夫說。

當天晚上，妻子非常生氣和懊惱，她說：「不想買就早說，害得我浪費精力。」「為什麼非要我幫你呢？」「我以前的內衣都是你買的啊！」「但你想過沒？我一個大男人，真的喜歡買嗎？你記得我哪次是很高興地、主動地去買呢？」

「的確沒有，都是我讓你買的。」妻子覺得非常震驚，她問道，「既然不想買，為什麼不告訴我？」

「我怕你不高興，怕你生氣。」黃家良說，這個案例非常經典地詮釋了「什麼是事實」。男朋友幫女朋友買了幾年的內衣，女孩就自動歸納成「他喜歡這麼做」。但真正的事實只是男孩子是「怕她不高興」。「重要的不是發生了什麼，而是對方是怎麼感受的，」黃家良說，「我們要永遠記住，感受的溝通在親密關係中是最重要的。」

心理師這樣說

時代改變了，我們愛的方式卻沒有改變。以前，物質很匱乏，所以愛的主要內容是保證對方的物質需求。但現在，物質需求已經不再那麼重要，心理需求的重要性則日益突出。鑒於此，我們應該進化我們愛的方式，重視配偶或其他親人的心理需求。

記住：主要不是去在意發生什麼事，而是要注意彼此的感受。心理需求的核心是感受，親密關係的一個重要價值就在於溝通並相互理解，以及接受彼此的感受。

註1　現象場是指一個人的內心世界，或是他曾經歷過的經驗世界。

04

不要把權力規則帶回家

一個人的關係可以分成兩部分：個人領域和社會領域。個人領域包括配偶、親人、知己，最典型的是家；社會領域包括同事、同學、同鄉等，最典型的是工作。

工作中的規則是權力，其運作機制是競爭與合作、控制與征服。家中的規則是珍惜，能抵達珍惜的途徑是理解和接受。如果不明白工作與家的分野，而將權力規則帶回家，那就形成一種「權力的污染」，會引發很多問題。並且，這種污染在現代社會很容易發生，因為我們的社會流行成功崇拜，而走向成功的重要途徑就是掌握權力規則。

在這種崇拜之下，無論成功人士還是普通人，都很容易忽視珍惜的規則，而只在乎權力規則，將其視為解開人生的主要，甚至是唯一的一把鑰匙。

在某種程度上講，嫻熟地掌握並果斷地使用權力規則，會讓一個人在成功的路上奔跑得更加迅速，但一旦它滲透到一個人的個人領域，那勢必會讓這個人付出代價——他的親密關係必然會變得一塌糊塗。所以，如果我們珍惜家，就不要把權力規則帶回家。

「家不是工作的延續，也不是工作的補充。」諮商師黃家良說，「家是一個完全不同的地方，需要特別對待。如果你工作處理得很好，千萬不要想當然地以為，運用工作的那一套方法，你在家中就一樣會處理得很好。」

「如果你這樣以為，這樣去做，你就會把權力規則帶回家，」黃家良說，「結果就是，你只會納悶，為什麼你的家如此冰冷，如此糟糕！」

他總結說，把權力規則帶回家分以下幾種：

一、以為家裡的規則和工作規則是一回事，而在家中有意使用權力規則。

二、知道兩者不一樣，但不懂家的規則。

三、澈底拋棄家的規則。

四、習慣了權力規則，在家中放不下，就像是權力強迫症。

在家中也使用權力的女強人

四十五歲的白麗在廣州有一家房地產公司，與年長她兩歲的丈夫張安共有一家科研公司，十五歲的兒子張義在一所貴族學校讀高中，聰明伶俐，學習成績非常優秀。

按常理說，這是一個令人羨慕的家庭。但白麗對黃家良說，她和丈夫的關係問題延續很多年了，以前還能勉強維持，現在，火山在任何時刻都會爆發，她感覺非常惶恐。到底發生了什麼事呢？白麗苦笑著說，主要原因是：她太能幹了。

張安是謙謙君子，做學問沒問題，但做生意是勉為其難。兩年前，他的公司到了破產的邊緣，兩人決定玩「蛇吞象」的遊戲，張安的小公司併吞了白麗的大公司。

公司合併後，張安做總經理，白麗做副總。但真正打理公司的還是白麗，公司業績很快有了改善，一年後就成為業界數一數二的企業。就在這個時候，兩人的家庭戰爭卻上升到了新頂點，張安幾次大發雷霆，對著白麗歇斯底里地吼叫：「這是我的公司，我的地盤，妳給我滾出去！滾出去！」

說到這裡，白麗的眼淚流了下來，她說：「你知不知道，我有多累。公司裡，他不會做事，我必須張羅一切。回到家，他是撒手掌櫃，還得我張羅一切。我是女強人，但我一樣想小鳥依人，想得到男人的呵護。但他真的能讓我依靠嗎？」

白麗說，她知道丈夫惱怒的是她讓他顯得「很窩囊」。她說：「但他如果真有本事，就改變一下窩囊的形象啊！」她說，「每次一回到家，他就鑽進書房誰都不理。家裡這樣就算了，但在公司他還是這樣。堂堂的總經理，總是躲在辦公室裡，不和人說話，不出來應酬。沒出息，要不是我打理一切，公司早就垮了。」

我的世界被併吞了

但張安對家庭衝突有不同的說法。當黃家良讓張安描述一下他對家的感覺時，他不假思索地回答說：「冷，冰冷。」

他承認，妻子很能幹，把家裡的一切都打點得很好。但他並不欣慰，反而覺得很受排擠。家務是妻子說了算，兒子教育也是妻子說了算，他什麼都辯不過白麗，最後乾脆一回家就把自己關在書房裡，「這是我在家中唯一能說了算，屬於自己的地盤」。

以前各有自己的公司，倒是沒問題，張安說：「工作是我唯一的舞台」，但公司合併後，他說「這個舞台也被她佔領了。」

兩人常就公司業務進行爭論，每次的結果都是白麗強行接管一切，和客戶聯繫，打點社會關係，指揮下屬，經營整個公司。明顯的，公司很快就煥發了新的生命力。

張安說，妻子這麼能幹，他一方面很欽佩，另一方面讓他覺得很難受。「就像在家裡的感覺一樣，」張安說，「什麼都不需要我，妻子一眨眼把什麼都處理好了，這讓我覺得自己一點價值都沒有。」

張安多次向妻子表達過這種感覺。一開始，白麗會注意一下，但很快又忍不住「把一切都搞定了」。最後，張安就只能用像歇斯底里的吼叫這種方式向她表達憤怒。「看上去，妻子不過是併吞了我的公司。但內心中，我覺得是我的世界被併吞了，」張安說，「我一退再退，一退再退，但現在已經沒有地方可以再退了。」

在三個多小時的談話中，張安很多次講到「我說什麼都沒用」，這彷彿成了他的口頭禪。

她很可愛，也很可恨

兒子張義則說：「我只感覺到有媽媽，爸爸的門總關著。從小到大，他帶我出去玩的次數不超過五次，爸爸就像是教科書上的科學家，讓我尊敬，但離我很遠。」

對於媽媽，張義總結說：「她是很好的老闆，很差的妻子，獨裁的媽媽。她很可愛，也很可恨。可愛的是，她讓我有依靠。可恨的是，我沒有自由。」張義說，「從小媽媽就已經把我的一切從頭到尾都安排好了。」

現在，張義讀貴族高中後，是寄宿，週末才回家。一開始，白麗讓司機接張義回家，但後來改成自己接，並主動在路上和兒子談心。白麗對黃醫生說，兒子是她最大的安慰，「他上進又聽話，是個乖孩子……我們沒有代溝」。

至於孩子的未來，白麗說：「由他自己選擇，但我已經幫他把路鋪好了。」不過，張義說，他對媽媽這句話的理解是「我（指白麗）很民主，但你要聽我的……你只能接受，沒有選擇。」

張義說：「感謝媽媽，她操心太多了，把我的一切都安排好了。」但說著說著，他皺起眉頭說：「媽媽很強勢，我的地盤不斷被她侵佔，留給我的空間越來越少。」

對白麗而言，沒有女人願意做女強人，她也不例外。實際上，她的理想是「做一個普通女人，也想小鳥依人，什麼都不用自己操心，丈夫又疼她，多好啊」。因為這一次不是正式的諮商，在離開北京前，黃家良接受了白麗的餞行，和她在北京一家著名的飯店午餐，也切實領略到了白麗的行事風格。他們剛坐下，白麗就立即叫來了服務生，一眨眼就把菜全點好了，沒有徵求他的意見。顯然，菜都比較昂貴，也是餐廳的特色菜，但多數都是在廣州長大的黃家良不愛吃的。

黃家良說，這一刻，他覺得自己深切地體會到了張安父子的感覺：白麗為他們安排好了一切，但這常常是他們不想要的。為什麼會這樣呢？黃家良說，這是因為，白麗還有一句座右銘「我不理會感覺，我只解決問題」。這種方式在公司裡可以「快刀斬亂麻」，並且，工作上的核心是利益，只要利益上處理得好，感覺的確不是特別重要。

但在家裡卻完全不同。家裡講感覺，理解並接受彼此的感受是最重要的，利益已退居次要位置。但白麗沒有意識到這種分野，她想用工作中處理利益的方法來處理家裡的問題，結果反而造成一系列的問題。公司中需要強有力的領導，只要能帶來利益就是好的管理者；但家中需要的是愛，是理解與接受，白麗將自己不自覺地擺在「家庭管理者」的位置上，控制丈夫和兒子，為他們安排好一切，這就是將權力規則帶回了家。

不懂家是什麼，他只會用錢表達愛

作為「女強人」的白麗「知道」在家裡應該怎麼做，只是做的方法錯了。但作為「男強人」，五十歲的趙飛對家庭問題也是束手無策。

趙飛是北方人，在廣州有厚實的家業，但婚姻一直不順，已離了兩次婚。今年，他又結了第三次婚，妻子阿燕只有二十二歲。但結婚三個月後，阿燕就和他鬧離婚了。

以前兩次失敗的婚姻給趙飛留下了很重的心理陰影，見到黃家良諮商師後，他第一句話就是：「你說，難道是我有心理問題嗎？」

趙飛其實很愛阿燕。她三年前來廣州打工時，他就認識了她，覺得她非常有勇氣，很欣賞她，前前後後幫了她不少忙。今年，出於報恩心理的阿燕主動向他求婚。趙飛說，他相信阿燕不是為他的錢而來。

婚後第一次衝突是很小的事。阿燕要他陪她逛街，他拒絕了，因為「一個膀大腰圓的大男人陪女孩子去挑襪子、買內褲什麼的，實在不對勁」。他給了阿燕一張信用卡，要她自己逛。結果，阿燕把信用卡摔在地上，哭著說：「我才不要你的臭錢。」

阿燕說廣州不安全，但他已在番禺買了一棟別墅，小區管理很好，兩人多數時間住在那裡。

但阿燕還是哭鬧，要他賣掉工廠，跟她回老家，「一起做小生意，我養你」。

對此，趙飛感到非常苦惱，他問：「她到底要什麼呢？錢也不要，這麼好的條件也不要，她到底要什麼？」

黃家良問趙飛，除了用「錢和條件」，他還會用什麼方式表達愛？趙飛若有所思地回答說，這一點的確是問題。譬如，阿燕把家裡佈置得又漂亮又溫馨，他滿意極了，但什麼話也沒說，只是「嗯」、「嗯」地點了點頭，什麼話也沒說。黃家良問：「如果你是她，你會有什麼感受？」趙飛回答說：「挺失落的，挺挫敗的。」

既然理解阿燕的感受，為什麼不試著學習一下新的表達方式呢？對此，趙飛回答說：「我知道應該表達感覺，但我不會呀！而且我沒有感覺，假如我那麼婆婆媽媽，我就不可能做生意了。」黃家良說，這最後一句話暴露了趙飛的問題。顯然，在他的意識中，他也是將家和工作混在一起。在工作中，他如何做，在家中，他也那樣去做。做生意不能「婆婆媽媽」，在家裡也不能「婆婆媽媽」。

但家就是「婆婆媽媽」的地方。家之所以溫暖，主要就是因為家裡的成員「婆婆媽媽」，能理解並體貼彼此那些瑣細的感受。

對於多數人來講，無論把工作看得多重要，他們仍意識到家的重要。白麗和趙飛就是如此。他們的問題只是不懂得將家和工作分開，不懂得怎麼在家裡做到珍惜。要解決這個問題，解決的辦法就是將家庭和工作分開對待，在家裡奉行「珍惜規則」，在工作中奉行「權力規則」，這是解開生命中兩大主題的兩把鑰匙。

但是，同時奉行兩套人生規則是很累的。於是，極少數人乾脆放棄珍惜，在所有地方都執行權力規則，從而變得無比冷酷。

認為家庭是利益的結合，衝突不斷發生

三十五歲的羅勝在一家台商企業做廣東區總經理，他充滿了危機感，「一旦發現任何人對我構成威脅，我都會先發制人」。他身邊的副總就像走馬燈一樣換來換去，而他一直不動如山。

總部雖然知道他好鬥而且不擇手段，但礙於他的業績好，一直容許著他這樣做。這也造成他的價值觀基礎：「利益是根本。天下熙熙，皆為利來；天下攘攘，皆為利往。利益是根繩，你用得好的話，就可以把所有人牢牢掌握在自己手中。」

羅勝也將這套利益觀帶回了家中。他四年前結婚，認為和漂亮妻子是「利益的結合。如果我沒這麼成功，她才不會嫁給我」。現在，這個「利益的結合」正瀕臨崩潰，妻子說：「這個家是地獄，我再也不想待下去。」而他們三歲的兒子好像天性中繼承了羅勝的「鬥志」，根本無法和其他孩子一起玩，一會兒就會和其他孩子起衝突打架。

離婚就離婚，羅勝對妻子並沒有什麼留戀，他說：「我才不會婆婆媽媽，任何人都不能傷害我。」但他堅決要求兒子歸自己養，因為他對於兒子天生的鬥志非常洋洋自得，認為兒子天生就是做大事的料。

但這更可能是羅勝的一種「想當然」，因為缺乏溫暖、學不會珍惜的孩子很容易染上嚴重的心理問題，從而「心理夭折」。

以上兩個案例都是極端的情況，更多的人是想有一個溫暖的家，只是無意中將權力規則帶回家。做政府高官的老爸，在政府部門裡習慣了頤指氣使，回到家也一副官派氣勢，這是最常見的「把權力規則帶回家」。

權力強迫症，也是一種家庭問題

一名老將軍，戰功顯赫，他把家當作了戰場。他將以前用的地圖、望遠鏡等物品搬到家裡，閒著的時候就和這些事物打交道，沒事了就對妻子兒女頤指氣使，吵不過就以老將軍的身份壓制他們。他經常說：「這是組織的命令，我是軍人，就以軍人的標準做事，你們是軍人的妻子和兒女，所以只有服從、服從、再服從！」

將軍的兒子是個很倔強的人，從小就和父親一樣喜歡控制和影響別人。將軍堅決不讓他大學考試，讓他參了軍。兒子當兵後，將軍又給他安排最低最差最沒出息的崗位，並嚴格考核他，讓他吃盡了處分、降職等苦頭。將軍的美好願望是磨練出兒子鋼鐵般的意志，殊不知兒子最終恨起了老爸，最後與父親斷絕了父子關係。

這是一種很常見的「家庭問題」，家成了將軍戰場的補充和延續，他在戰場上執行什麼規則，在家裡也照樣執行，最終把親密關係搞得一場糊塗。

男人很容易將權力規則帶回家

不是只有成功人士才會把權力規則帶回家，在公司內總是被控制、挨罵受氣的人，自己又特別在乎權力，那麼，回家以後，就容易把氣出在老婆和孩子身上，並有可能顯示出更極端的控制欲望，這是一種典型的心理補償作用，在生活中處處可見。

還有一種常見的問題：男人不能容忍女人比自己「強」。黃家良說，多數的婚姻關係中都存在著「婚姻戰爭」，雙方無論在戀愛階段多麼愛對方，一結婚後就會有意無意地去搶佔家中的「制高點」，控制對方並怕被對方控制。

最近參加一個情感議題的工作坊上，在座的一位男士說，他認為做家務主要是老婆的事情，因為男人比女人更能幹，他給家帶來更高的價值，老婆多做些家務是一種價值補償。

我請他設想，丈夫月入二十萬元，但工作輕鬆；妻子月入二千元，但工作緊張，兩人都愛自己的工作。那麼，誰應該多做點家務？這位男士一開始回答說，男人應該多做一些。但接著又說，這種情況不可能發生，因為「兩人的價值太不平衡了」。在聽到這「太不平衡」的實際例子後，他說，反正他是不會找一個「比他強」的妻子。

在我看來，這也是一種輕微但普遍的「把權力規則帶回家」。並且，這種情況普遍發生在男人身上，因為男人更渴望成功，成功也成為衡量他們價值的標準，而這種衡量勢必要與他人作比較。在外面不斷與別人作比較已經很累了，難道還在家裡與妻子作比較？

解決之道：讓珍惜成主旋律

如何避免將權力規則帶回家呢？

- 第一：要有明確的意識，將工作和家分開。告訴自己，這是兩個不同的世界，需要用不同的方式去對待。
- 第二：不要把工作作風帶回家。可以在家繼續工作，但不要將工作的氣氛帶回家。
- 第三：保持整個家庭系統的平等。在工作中，必然會有主管。但在現代家庭中，解決問題溝通時，應該相互尊重。
- 第四：讓「珍惜」成為家庭主旋律。工作中，處理的主要是「利益」，目標是解決問題；家庭中，處理的主要是「感受」，目的是相互理解與接受。

對於另一半多一分理解，多一分接受，就多一分溫暖，家就更像一個家。

05

孩子不該是你的最愛

愛與分離，都是生命中兩個永恆的主題。健康的家庭，充盈著愛，也要懂得分離。健康家庭的父母，深愛孩子，將他養大，不是為了自己分享成果，不是為了永遠與孩子黏在一起，而是要將他推出家門，推到一個更寬廣的世界，讓他去過獨立而自主的生活。

而他，也或許會找到一個伴侶，也會有自己的孩子。等他的孩子長大後，他也會向父母學習，把他的孩子推向更寬廣的世界。愛，就在這樣的循環中不斷地傳遞，從我們的原生家庭傳遞到我們的新生家庭。

家庭是傳遞愛的載體，從父母傳給孩子，再由孩子向下傳遞。不過，家庭中居第一位的，不應是親子關係，而是夫妻關係。對此，知名的心理學家曾奇峰形容說，夫妻關係是「家庭的定海神針」，在有公婆、夫妻和孩子的「三世同堂」的家庭中，如果夫妻關係是家庭核心，擁有第一發言權，那麼這個家庭就會穩如磐石。

相反，如果親子關係（包括公婆與丈夫、丈夫與孩子、妻子與孩子）凌駕於夫妻關係之上，就會產生最常見的兩個問題：

一、糟糕的婆媳關係

二、嚴重的戀子情結

這兩點是相輔相成的。其實，在新家庭中，如果有一個糟糕的婆媳關係，那麼一般可以推斷，在婆婆的「新家庭」中，也曾有一個糟糕的婆媳關係。而那個糟糕的婆媳關係，讓婆婆與其兒子建立了非常密切的關係。對這個婆婆而言，兒子，而不是丈夫，是她最親密的人，是她最割捨不下的人。

於是，當兒子要分離，去找一個愛人，並建立一個自己的新家庭時，作為婆婆，她會多麼難過。她會覺得，自己失去了生命中最重要的人，所以，她會有意無意地阻止兒子與媳婦建立最密切的關係。

而兒子，他以前就知道，他是母親心目中最重要的人，對於母親而言，他比爸爸還要重要。以前，他為此而高興，現在，他要「回報」母親。於是，他也不忍心「背叛」母親而與妻子建立最親密的關係。

這是很多婆媳難以相處的心理祕密。

相反，如果婆婆心目中最重要的人一直是丈夫而不是兒子，那麼與兒子的分離就不是那麼難受。相反，她會欣喜地看到，兒子找到了他最愛的人，他可以擁有他的家庭、他的人生了。這時，這個婆婆會祝福媳婦，祝福媳婦和兒子即將走上她和丈夫曾經走過的幸福之路。

不健康的模式（一）：煩丈夫，愛兒子

前不久，我在北京大學心理系的一個研究生同學路過廣州來拜訪。他兩個月前剛結婚，話題談到了婆媳關係上。

同樣，他也遇到了這方面的麻煩。他在老家舉行了婚禮，之後在家裡待了數天，他媽媽和他妻子數次發生爭執，起因都是很小很小的事情。

但心理學系的他，明白這到底是怎麼回事：「妻子認為我最愛她，而媽媽也一直把我當成她生命中最重要的人，現在當然受不了。於是，兩人免不了要戰爭，誰勝了，我就是戰利品。」

當然，他不會讓戰爭繼續下去，方法是玩「失蹤」。他會對媽媽和妻子說，你們就好好吵吧，我出去一會兒。「她們的目標是我，我一走了，她們當然就吵不下去了。」他說。

他知道吵架的主要動力來自他的母親。從小到大，他一直是媽媽的心頭肉，「對媽媽來說，我絕對比爸爸重要」。這種被媽媽重視的感覺曾讓他感到喜悅，但是慢慢長大之後，他發現這逐漸成了一種壓力。譬如，媽媽不願意與他分離，考大學的時候，她強迫他一定不能去外地讀書，他起先同意了，但最後報志願的時候，卻一狠心報了外地的一所大學。

「正確的選擇。」我說。

「當時並不知道是為什麼，只是隱隱約約覺得，我一定得要去外地。」他說。

木已成舟，他媽媽也只好認了，但要求他經常給家裡（其實是給她）打電話。現在，他已經

在北京買房子，媽媽也多次要求和他一起住。「我堅決不同意，但我會很溫柔地勸媽媽。」他說。「夫妻關係是家庭中的第一順位，這是家庭中的唯一定律，我現在真正明白了這一點，」他說，「如果一開始，媽媽愛爸爸勝過愛我，那麼，她就不會那麼離不開我，也不會現在和我老婆過不去。」

不健康的模式（二）：沒丈夫，愛兒子

這位同學，他媽媽本來就比較強勢，因丈夫個性老實，一直對丈夫不太滿意，於是將主要情感傾注在兒子身上，難以割捨兒子走出家門，最終不免吃起兒媳婦的醋來。

這是婆媳關係中比較常見的一種糟糕的模式，另一種最常見的模式是，現在的婆婆以前做媳婦的時候，因為受到了她婆婆的嚴重排擠，一直無法融入她以前的家庭。她和丈夫的關係退居第二位、第三位，甚至家庭中的最末位，這讓她備感孤獨。等兒子出生後，她發現兒子是她唯一的依靠，於是，她自然而然地與兒子建立起了最為親密的關係，丈夫在她心目中甚至只是一個可有可無的人。這種情況下，她更加不能接受與兒子的分離。

我一個朋友阿衝，在有了小孩後，把媽媽接過來帶小孩，但不料本來還尚可的婆媳關係卻迅速惡化。阿衝向我描述了衝突的具體情況。顯然他、太太和媽媽的關係，有很強的「三角戀」意味。

譬如，當阿衡和太太去社區中庭散步時，媽媽會要求一起去。一次、兩次就罷了，但次次都是如此，自從婆婆入住後，阿衡和太太就再也沒有單獨散步的機會了。

還有，一起看電視的時候，如果看到媳婦和阿衡一起坐在沙發上，他媽媽也會坐過來，並且必然是阿衡坐中間，太太和媽媽坐兩邊。

除了這些特殊情況外，阿衡家也存在婆媳關係的最普遍的問題，譬如經常為雞毛蒜皮的小事吵個不停。每當這個時候，阿衡就覺得特別痛苦，一邊是最親的太太，一邊是最敬愛的媽媽，他夾在中間左右為難。

原來，阿衡的老家非常傳統，男尊女卑的情況很嚴重。媽媽嫁到他家後，當時是一大家子住在一起。從地位上講，一直是最卑微的，丈夫敬父母，遠勝過敬她。大家對她倒是客氣，不會欺負她，但都不夠重視她，她一直覺得自己非常孤獨。

她對阿衡說，直到有了他以後，她才不再覺得孤單，並覺得自己有了繼續活下去的念頭。後來，她的小家庭從大家庭中脫離出來，開始單獨生活，丈夫從此以後對她越來越好，但她想起當年受的很多委屈，對丈夫滿是怨恨，兩人的關係一直沒有得到改善，她心目中最重要的，一直還是兒子。

談到最後，阿衡問我：「有什麼辦法可以改善她們兩個人的關係？」我反問他：「改善她們兩個人的關係，而不是你們三個人的關係？」

我解釋說，絕大多數婆媳關係的核心不是婆媳關係，而正是那個被夾在中間的兒子和丈夫。

這個夾在中間的人，總想著讓妻子對老人家敬一些，或是讓婆婆對媳婦疼一些，問題就解決了。但他卻很少想，解決問題的關鍵，就在他自己的身上。要想很好地處理婆媳關係，這個人必須承擔起責任來，努力去協調這個三角關係。

「並且，絕對沒有靈丹妙藥，也沒有那種一點就靈、一說就通的絕招，你必須用頭腦和智慧去解決這個難題。」我說。

不健康的模式（三）：太愚孝，輕妻子

忽略被夾在中間的那個男人，而把焦點集中在「婆媳」兩個字上，是我們面對婆媳關係時最常犯的錯誤。

社交媒體的論壇一個署名叫「無奈今年」的網友發表了一篇名為「老婆和父母不和，最終導致要離婚，鬱悶中」的貼文，細緻地描繪了發生在他身上的難題。

他很愛太太，但同時認為年輕人要敬父母，所以，當太太和家人（主要是母親）發生衝突時，他不知道該怎麼處理。這篇文章發表後，短短兩個月內點擊率就超過一百萬，網友的回覆更是達七十多頁，擁有極高的討論聲量。

不過，幾乎所有的貼文回覆都在抨擊「無奈今年」及其家人。從無奈今年描述的事實看，他的家人的確有問題，這些細節隨便都可以挑出許多。譬如：

一、根據傳統禮俗，男方通常結婚前會給女方聘禮，而且無奈今年結婚前每月的薪水都交給了父母，但父母卻不想給聘禮。

二、舉行婚禮的當天，無奈今年的媽媽說想要收禮金，但是被拒絕後當場被「氣暈」。

三、新婚當天，無奈今年的父母回家要一個小時，於是他妹妹說路太遠要父母住在新房。

在長達六萬字的文章中，這樣的例子不勝枚舉。從事實上看，顯然是無奈今年的家人態度不當，但是描述完事實後，無奈今年都會加一句「為什麼年輕人就不能敬老人呢？」結果這種事實和評論的反差，令無數網友感到氣憤。

這是一種「分裂」，即無奈今年的潛意識和意識產生了分裂。評論的時候，發揮作用的是意識，這一方面，他站在父母的一邊，認為妻子應該無條件地敬老人；描述的時候，用的是潛意識，這一方面，他站在妻子的一邊，認為受委屈的是妻子，而錯的是父母。

也就是說，他其實心裡清楚，妻子受了太多委屈。但因為愚孝的觀念，他卻不敢對父母說「不」。所以，即便潛意識裡知道真相是父母不當，但他無法挑戰父母，並希望妻子也這樣做。但是妻子從小生活在民主氛圍濃厚的家庭，受盡了百般寵愛，自然不會接受他這套邏輯。

並且，這篇長文也顯示，無奈今年想當然地覺得，這是妻子和他家人之間的矛盾，他被夾在中間左右為難。於是，他的做法就是，在家人面前，覺得妻子的確不對；但在妻子面前，又覺得家人的確過分。

至於他，則是什麼都做不了。

其實，他是連結妻子和家人的樞紐，他也是妻子和家人爭奪的對象，他才是化解這場衝突的根本所在。當他只是一味逃避責任，希望做好好先生並盡可能滿足雙方要求的時候，這場衝突當然會繼續下去。

夫妻關係，才應該是家庭第一順位

無奈今年的案例，不是最經典的婆媳關係模式。因為，如此看來，他不是母親最割捨不下的人，母親所做的一切，好像是在為他的妹妹爭取更多的利益。同樣，母親顯然也不是他最割捨不下的人，他只是因為愚孝和不敢負責任，才導致衝突不斷繼續。

我的同學和阿衡的案例，倒是最經典的模式。如果說，無奈今年的案例中隱藏著利益的糾紛，我的同學和阿衡的案例，可以說純粹是愛的競爭，就是婆婆和媳婦一起在爭奪同一個男人的愛。但這裡面，還有明顯的不同，我同學的媽媽，因為覺得丈夫不強，才把愛傾注在兒子身上，而阿衡的媽媽，是因為不得已才把兒子當成了自己生命中最重要的心靈寄託。

但這三個案例，都違反了健康家庭的第一定律——夫妻關係，才應該是家中的第一順位。

如果無奈今年懂得這條規律，他就會明白，在他的原生家庭，他的父母是最重要的，他們最有發言權，但在他的新家庭，他和妻子才是最重要的，他的父母不該有太多的發言權。他不懂得這一點，聽任父母在他的新家庭裡為所欲為，像生孩子、裝修房子等事情，他都遵照父母的旨意，而不是和妻子好好協商，這樣做讓妻子沒有「擁有一個家」的感覺。最後，妻子只好結束與他的婚姻關係。

我同學的媽媽則主動背離了這個規律，因為對丈夫的能力不滿，於是把兒子當成了她心目中最割捨不下的人。但是，兒子終究有一天要離開她，要去過屬於他自己的生活。對她來講，這意味著要失去最重要的寄託，她當然會難以忍受，於是，她又忍不住想干涉兒子的新家庭，讓兒子和兒媳的關係退居第二，而她與兒子的關係仍然是第一順位。

阿衡的媽媽則是被迫背離了這個規律。既然丈夫重視父母勝過重視她，既然她在丈夫的大家庭總是被忽視，那麼她難免要從其他渠道找她的最愛，而作為媽媽，兒子當然是她選擇的第一人。但這是不長久的，兒子終究要建立自己的小家庭，她終究要失去自己的最愛。她無法忍受，於是才做出了那些不合情理的古怪舉動。

不讓兒子和兒媳單獨散步，這遠不是最古怪的。幾年前，媒體報導過一個更古怪的新聞，兒子的新婚夜，他母親幾次闖進洞房，最後兒子和兒媳只好陪著她乾坐到凌晨三點。這種古怪的關係持續十年後，兒媳提出離婚，兒子則跑到報社訴苦。

心理師這樣說

另一半才是陪伴你一生的人

要想營造一個健康的家庭系統，必須將夫妻關係放在家庭中最重要的位置。不過，我們的文化傳統的確有這樣的傾向：重親子關係而不重夫妻關係。就彷彿是，夫妻關係只是完成傳宗接代的工具，只是給長輩和晚輩服務的載體。

但是，不管你多麼敬愛父母，你終究是得要離開他們，去過你自己的生活。不管你多麼愛兒女，他們也終究要離開你，去過他們自己的生活。而另一半，才是那個真正陪伴你一生的人。

並且，為了父母的健康，我們不要太依戀父母的某一方，認為自己與他（她）的關係勝於他們的關係。為了兒女的健康，我們也不要太依戀他們，認為自己愛他們勝於愛配偶。因為，最愛的，我們都必然最難割捨。所以，遲早有一天勢必得割捨的，不要讓它成為你的最愛。

當然，這並不是說，我們要把最多的資源留給配偶。相反，當老人和孩子需要照顧時，我們必須要把更多的資源給他們。但是，我們一定要懂得，另一半才是真正陪伴我們一生的伴侶，才是我們最重要的寄託。

如果是兒子，你就要對自己説，爸爸才是媽媽最愛的人，自己不是；如果是女兒，就要對自己説，媽媽才是爸爸最愛的人，自己不是；如果是父親，就要對女兒説，我愛你，但媽媽才是能陪伴我一生的；如果是母親，就要對兒子説，我愛你，但爸爸才是能陪伴我一生的。這才是健康家庭之道。

第2篇

讓孩子成為她／他自己

01

母親，是孩子們的鏡子

世間的萬事萬物，都是我們的鏡子。你看著它們時，你也在它們的鏡面上留下了鏡像，由此，你也可以看到自己。

反之也一樣，你看著一個事物的那一刻，那個事物也因你的注視而得以存在。

母親，是我們生命中的第一面鏡子。生命的最早期，媽媽注視著孩子，孩子就從這面鏡子裡看到了自己的存在。

若母親的注視一直在，孩子就會感覺自己一直存在。若注視時，媽媽與孩子有共鳴，且帶著接納與喜悅，孩子就會感覺自己的存在是有價值的。好媽媽的鏡子從不吝於對嬰兒打開。

有時候，媽媽這面鏡子總是沒有光的，它不能注視嬰兒，於是，嬰兒就覺得，自己是不存在的。若這面鏡子偶爾才會打開一下，孩子會在這一刻形成一定的自我存在感，但這種自我感是破碎的。在做「碰觸你的內在孩子」這個練習時，有人會說，他看不到一個完整的孩子，原因在此。

心理師這樣說

碰觸你內在的孩子

安靜，閉上眼睛，花五分鐘感受身體，足夠放鬆後，想像有一個孩子在你身邊，他會在哪個位置？他是什麼樣子？什麼神情？看著他，他會和你構建一個什麼樣的關係？他，便是你內在的孩子，是孩提時的你，在你內心中的影子。

母親這面鏡子若是打開得很少，而且打開時都是孩子在極力討好魔鏡，就易導致一個結果：對別人的反應極度在意。

日本小說家太宰治在小說《人間失格》中寫道：「別人寥寥數語的責備，對我卻如晴天霹靂。」一有受訪者說，別人隨便一個批評，他都覺得自己瞬間破碎。另一位受訪者的意象是，一個小球在追著一個大球轉，小球一刻都不敢放鬆，生怕一不留意，大球就不見了。大球就是他的媽媽，而小球就是他自己。

一個人之所以對別人的反應極度在意，都是因為對方好的反應會讓他有短暫的存在感；而對方壞的反應，會讓他的存在感瞬間崩毀。

你存在，所以我存在

一個人太脆弱，很少是寵出來的，而多數時是幼時沒被看見。當有壞孩子出現，我們社會最容易找到的理由是，這個孩子被寵壞了，他的父母對他太溺愛了。可真實的理由卻常常是，父母根本看不到他。

在中國有個常見情形是，媽媽這面魔鏡是否打開，關鍵是在是孩子能否讓魔鏡高興，因為普遍中國的母親都缺乏尊重孩子感受的意識，第二即便有這一意識，但因與自己的感受缺乏連結，而難以給孩子的感受予以確認。這一確認，必須是身體對身體，心對心，而不是頭腦對頭腦，語言對語言。

孩子願做一切努力去討好媽媽的魔鏡，因這面魔鏡打開，他才存在，所以這值得付出一切。中國歷史上多名天才在幾歲時就悟到了孝道是大道，原因或許僅僅是，他們知道自己這個人的存在感有賴於討媽媽這面魔鏡高興，讓魔鏡打開，這種體驗讓他們推論出，所有人的存在感都有賴於討魔鏡高興，並讓魔鏡打開。

所以，若是一位媽媽想讓你的孩子心理健康，在他嬰幼兒時，多和他互動，看到他，並帶著喜悅，是至關重要的。

不過，與孝道形成的悖論是，一旦孩子得到的愛足夠了，形成了一個健康的自我，他就不會去順著父母的意思了。順父母意的最佳前提是，孩子缺乏存在感，他的價值感都有賴於父母乃至社會的認可。

相反，有健康自我的人，他會很愛父母，但他做事情，首先是從自己的感受出發，而不是服從父母的語言。假如一心希望孩子孝順，最好是做一面冷漠乃至殘酷的魔鏡。

「我們是鏡子，也是鏡中的容顏。」波斯詩人魯米（Rumi，1207－1273，著作《在春天走進果園》）他的意思是，我這面鏡子照見了你，那一刻，我也是你。太多哲學家重複過這樣的觀點：你存在，所以我存在。

魯米是我最愛的詩人，他在另一首詩中寫道：

我體內有個原型。
它是一面鏡子，你的鏡子。
你快樂，我也會快樂。
你愁苦，我也會愁苦。
我像綠茵地上柏樹的影子，
與柏樹不可須臾離。
我像玫瑰的影子，
永遠守在玫瑰近旁。

在親子關係中，或者在任何關係中，我的感受能被感受到，這一刻，我存在，你也存在。這一刻，就是愛。

案例：丈夫與自己的經驗連結

一位女士，她很容易被無助感侵襲。原因很簡單，在她的原生家庭中，不僅母親，其他親人也很少看見她，所以她沒有勇氣與任何人抗爭。她來找我做諮商，原因是，她覺得在現在的家庭中，也不能堅持自己的正確意見，老公和婆婆等家人都很固執，會強力打壓她的意見。

她的丈夫，其實內心也一直被一種無助感侵襲，但是一直裝得像一個極權的大男子主義者。她知道他的無助，但一直不願意去感受他的無助。因為她所感受的痛苦遠勝於他，所以，她覺得這些事情居然讓丈夫表現得如此無助，她瞧不起也不理解。

諮商中，她認識並體認到自己對丈夫的反感。隔天，她放下了這種心態，深切地體會了老公的無助，對老公有了深深的理解和接納。後來，她迅速變得強大起來，非常有力量地與老公、婆婆和其他婆家的人抗爭。以前，她的任何一個抗爭都會導致婆家人聯手打擊，但現在，首先是丈夫不再裝弱，轉而依賴她，而其他婆家人也常在爭辯一、兩個回合後，就放棄自己錯誤的意見，逐漸開始學會尊重她。

這個故事說明，當她碰觸丈夫的無助時，她其實也正碰觸了自己的無助。如此一來，她不僅與自己內心有了連結，與丈夫也有了連結。與自己的連結，讓她強大起來。與丈夫的連結，讓他們之間有了愛與理解。

看見你，也就看見了我

還有一個更美的故事。一位年輕的媽媽，她一歲半的女兒有三天時間不願意洗澡。她說本來女兒洗澡時都很乖，但是那三天，她簡直是拚死掙扎，不讓爺爺奶奶給她洗澡。對此，爺爺奶奶認為，都是媽媽太慣著小孩，所以導致小孩子很難管教。但這位媽媽懷疑一定是另有原因，而公公婆婆的態度卻讓她懷疑起，孩子是不是在爺爺奶奶家受到了虐待。

到了第三天晚上，看到孩子堅決不洗澡的樣子，她非常痛苦。那一刻，她覺得自己感受到了女兒的痛苦，一個聲音從她心底冒出：肯定是哪兒不對，該不是女兒生病了吧。

第四天，她帶女兒去醫院，一檢查，果真是病了。很有意思的是，當她從醫生手裡拿到診斷書的那一剎那，女兒一下子不哭了，變得非常安靜。看著女兒的眼睛，年輕的媽媽忽然明白，女兒的哭鬧，是要讓媽媽或其他大人知道，她病了。這一刻，她覺得和女兒間建立了一種奇妙的連結。

第五天，她去上班。原本已經有很長一段時間，只要她一去上班，女兒就會哭鬧得厲害，每一次都像是要生離死別般。她很擔心，這一次女兒會再次哭泣，但孰料女兒卻像大人一樣地對她說：媽媽掰掰。聽到女兒乾脆的道別，她眼淚差一點落下來，她覺得，女兒原是懂她的。

她先懂得了女兒，女兒隨即也還給了她一個「懂得」，這也是我們專業上所說的「共情」。同情心有兩種。一種是對弱者的可憐，但內心同時有一種我很好很強大的自戀。另一種是共情，即，我深深地碰觸到了你的感受，進入到了你的世界，感你所感，想你所想。

共情能力的構建，就源自於能彼此碰觸的母嬰關係，而它的基礎，是媽媽能看到孩子的感受。

「我們是鏡子，也是鏡中的容顏」，將詩人魯米的境界延伸，還可以說：世界在你眼中，而世界在你眼裡的投影，絕非僅是世界本身，更是你自身。

譬如方舟子（註1），他偏執打假時，構成的那幅畫面，不僅是我們社會的反映，更是方舟子的一幅自畫像。

要有「你即鏡子，你即鏡像」的這一意識，你才能看到別人乃至你自己的全貌。

你如何看待萬事萬物，這是你最深的存在。

心理師這樣說

好媽媽與壞媽媽，好孩子與壞孩子

心理學家佛洛伊德最有影響力的女弟子英國心理學家梅蘭妮・克萊恩（MelanieKlein）（註2）認為嬰兒在三個月大以前處在偏執分裂期。

她認為，三個月前的嬰兒沒有能力處理一種矛盾：媽媽一會兒好，一會兒壞。能敏感地捕捉到他的感受、滿足他並與他互動的媽媽，是好的；不能滿足他、忽視他甚至虐待他的媽媽，是壞的。

那麼，他們怎麼辦？他們會使用分裂的方法。即，將媽媽形象一分為二，一個是好媽媽，一個是壞媽媽。好媽媽，是那個真實照顧他的人，而壞媽媽，則一開始被嬰兒處理為鬼怪形象。並且，好媽媽與壞媽媽絕對不可以並存，好媽媽是絕對的好，壞媽媽是絕對的壞。

白雪公主與灰姑娘等童話故事，典型地反映了這種分裂，一個完美的好媽媽去世了，後母和她的親生女兒們很可怕，而且絕對的壞。

至於女主角，則是絕對的好。孩子們愛聽這些童話故事，不是因為這些童話故事多麼美好——其實仔細想想就會知道，這並不美好。而是因為，這些童話故事反映了他們的內心，通過去聽這些童話故事，他們得以向外投射自己的內心，並不斷修正。

若得到很好的照料，並與媽媽有很好互動，也即，好媽媽的部分足夠多，三個月後，嬰兒就有了初步的整合能力，他雖然傷感，但仍然可以接受一個基本的事實：他真實的媽媽有好有壞。

這種整合，是寬容的開始。

同時，因為媽媽的鏡子功能，孩子自身也會進行分裂，分裂成一個好孩子和一個壞孩子。好孩子絕對的好，壞孩子絕對的壞。好孩子絕對愛媽媽，而壞孩子對媽媽有可怕的攻擊，媽媽絕對不會接受。

若媽媽對嬰兒的攻擊，如咬乳頭、抓頭髮等，不給予反擊，而只是簡單的制止，並且一如既往地愛嬰兒，那麼嬰兒就會覺得，壞孩子也是被接納的。於是，好孩子和壞孩子也走向整合。

有一網友在我的微博上留言說，她在黑暗的房間哄兒子入睡，兒子喃喃自語：「這個阿啟在床上，還有一個生氣的阿啟在地上。」

這個躺在床上、和媽媽在一起的阿啟，就是好孩子，而那個生氣的，就是壞孩子。

從這一段文字還可以看到一點：我們的習慣性認知——三歲前的孩子什麼都不

懂，所以怎麼對待他們都可以，是大錯特錯的。相反，孩子越小，越需要大人特別是媽媽的細心呵護與關注。

註1　方是民，筆名方舟子，美國密西根州立大學生物化學博士學位、二〇〇〇年創辦中國第一個學術打假網站「立此存照」，揭露學術造假、批判科學、宗教、中醫、食品、醫療等，引發社會話題，備受爭議，相關著作有：《你在吃補還是吃毒？》（八方出版）。

註2　梅蘭妮·克萊恩（MelanieKlein），西元1882—1960年，生於奧地利，英國精神分析學家，兒童精神分析研究的先驅。被譽為繼弗洛伊德後對精神分析理論發展最具貢獻的領導人物之一。

02

父母不是孩子的答案

成為你自己！

幫讀者簽名時，我也常給他們留下這句話：「成為你自己」。美國心理學家馬斯洛所說的「自我實現者」，他發現他們具有許多優點，如：

寬容而又嫉惡如仇；
悅納自己的一切體驗；
以問題為中心，而不是以情緒為中心；
超然獨立的性格，不迷信權威；
沒有審美疲勞；
能容忍模糊狀態，有高度的創造力；

……………………

那麼，一個孩子能不能成為自己呢？舉辦講座時，我常講一個主題為「父母不是孩子的答案」，其核心觀點就是，父母不要試圖扮演孩子的決定者，而應該給予孩子獨立探索的自由，那麼即便是幼小的孩子也一樣可以「成為自己的人」。

「成為自己的孩子會是什麼樣子？」。我和一個朋友聊起了她有趣至極的兒子，這個八歲的小傢伙，當之無愧地被稱為是「成為自己的人」。

先講幾個故事吧。

故事一

前不久，他跟媽媽去參加一個聚會。吃飯時，一個叔叔逗他說：「小孩，你喝酒嗎？」他回答說：「讓小孩喝酒是犯法的，小心我告你，你就會被抓進監獄，判好幾天的監禁。」

故事二

去年，一次在麥當勞吃東西時，旁邊桌上的一位媽媽先是催自己的兒子：「快點吃！你慢得像豬一樣！我們上課要晚了！」她兒子顯然有了情緒說：「不吃了！我們走吧！」這句話一下子令他的媽媽陷入歇斯底里的狀態，她暴跳如雷地訓兒子，嘴裡嘟囔出了一大堆別人聽不清的難聽的話。

我這位朋友的兒子看不下去了，只有七歲的他站出來對那位阿姨說：「怎麼會有你這樣的媽媽！」這句話令那位媽媽驚訝得呆住了，等稍一醒過神來後，二話不說就拽著兒子的胳膊向外衝了出去。

故事三

當這孩子還只有三、四歲，話還說得不流利，媽媽帶著他在社區散步，迎面一條狗走了過來。似乎是一條流浪狗，髒兮兮的，好多天沒有人管了。媽媽本能地說了一句：「這條狗真醜！」

這句話被兒子抓住了把柄，常被媽媽教育講禮貌的他對媽媽說：「你對狗怎麼這麼沒禮貌！狗有狗的模樣，你用自己的眼光看，覺得牠醜，狗狗們可不一定這麼看。」

她講完第三個故事後，我先是震驚得一瞬間不知道說什麼，接著和她一起大笑起來，笑完後，對她說：「你兒子真了不起，這麼小就有大哲學家風範，已能站在動物的立場上設身處地地為牠們著想了。」

我這是真心話。她也說，當時她完全被這孩子給震驚了，她本來認為自己夠有同情心了，但和兒子天然的「眾生平等」相比，實在相差太遠。

她說完這句話後，我感慨說：「你兒子不是你教的。」

她聽過我「父母不是孩子的答案」的講座，明白我這句話中的意思，一樣感慨說：「的確不是我教的，是他自己長成了這樣子，我一教，他就會被毀掉。」

也就是說，這孩子雖然年紀很小，但他已是「成為自己的人」了。

讓孩子走他想走的路

其實，所有的孩子一開始都是「成為自己的人」，但長輩們非得按照自己的意志去塑造孩子，於是孩子的自我意志就被壓制了，最終在不同程度上丟失了自己。

在摩門教的神話故事中，上帝要撒旦交一份「養育孩子的計劃書」。很多父母在塑造孩子上，也都在扮演「行使賞罰的天使」這個角色，他們要求自己的孩子達到某個條件，如果達到了，就獎勵他，如果沒達到，就懲罰他，於是孩子離自己的內心越來越遠，而逐漸變成了父母意志的產物。

結果，在家中，他們很容易被父母的意志所左右，在學校，也很容易被「行使賞罰」的老師所左右。

我有個朋友講述，兒子小學一年級時，班裡競選班長。絕大多數孩子的競選講稿都是父母或其他親人所寫，但她沒有替兒子準備這件事，而是對有點感到焦慮的兒子說：你自己想說什麼就說什麼。

第一次競選班長，他自然是什麼都不會說，所以他要求最後一個發言，這樣可以先好好聽聽看別的同學怎麼說。等所有同學依序「念」完大人幫忙寫的，看似精彩但其實又臭又長的競選講稿後，他上去就說了三句話：「我叫×××，我希望大家支持我做班長，我會為大家提供最好的服務。」

結果，他以高票當選班長。但有趣的是，當了一年班長後，他覺得他不想做班長了，於是又去找班導師，說他不想當班長了。老師驚訝至極，她教了這麼多年書，這是頭一次遇到有不願意當班長的孩子，而且這個孩子都不和家長商量就辭職不幹了，這簡直匪夷所思。

不過，老師們普遍不喜歡他。因為，老師們的賞罰手段對這孩子幾乎無效，他們誇獎他沒用，懲罰他也沒用，這個孩子不會輕易偏離自己的軌道。

但同時，他也絕不會成為一個問題兒童，因為他的內心自然會指引他，走在自己所渴望的道路上，而這樣的道路很少是不對的。

孩子不該是受父母意志左右的作品

很多父母都發現，他們的孩子有一個問題：喜歡一個老師，就喜歡一門課；討厭一個老師，就討厭一門課。但像這孩子，是不會有這個毛病的，因為他熱愛一門課是自己的選擇，而不是老師行使獎勵的結果，他不喜歡一門課也是他自己的選擇，而不是老師行使懲罰的結果。所以，熱愛一門課是忠於自己的選擇，而不是忠於老師的選擇。其他孩子熱愛一門課則是對老師表示忠心，但若老師令他討厭，他就對這門課失去興趣了。

這讓我想起自己讀小學時的故事。記憶中，我沒逃過一次課，也從來都沒討厭過上學，甚至連逃課的想法都沒產生過，而且儘管有多個老師令我不大喜歡，但我所有科目都學得不錯。那時的具體心境已記不得了，但可以說，驅動我學習的動力決不是父母和老師的獎勵，而是掌握知識、滿足好奇心所帶來的天然快樂。

不過，有趣的是，儘管我的成績從來都排在前五名（只有一次最差到了第十四名），也很少惹事，但我卻沒成為少先隊員（中國少年先鋒隊隊員），對於像我這種學習成績的孩子而言，這是絕無僅有的事。

現在回想當時的狀況這就很容易理解了，少先隊員是老師們用來獎懲孩子們的工具，但我對於獲得別人的獎勵興趣很低，所以自己也不努力去表現，而老師們也討厭我這種人，雖然學習好，雖然不惹事，但卻怎麼都掌控不了，所以他們不會將這種獎勵浪費在我身上。

喜歡使用獎懲手段的父母和老師，都渴望控制自己的孩子，讓孩子按照自己的意志成長變化，孩子就是他們意志的結果，就是他們的作品。

但依照摩門教的教義來說，這就是「行使撒旦之事」。

知名幼兒教育專家孫瑞雪寫了《愛和自由》一書，大致的觀點是，父母的職責是用愛給孩子提供一個安全的環境，但至於如何探索世界，那是孩子的自由。

愛與自由缺一不可，而如果他既獲得了充分的愛，又獲得了充分的自由，他一開始就會是一個「成為自己的人」，而最終也勢必會成為一個自我實現者。

心理師這樣說

每個孩子都有一個精神胚胎

義大利幼兒教育專家瑪麗亞・蒙特梭利（Maria Montessori，西元1870—1952年）認為，每個孩子一出生，本身就有一個精神胚胎。

依照這一觀點，嬰兒不是白紙，不是空瓶子。父母或成人可以扭曲孩子，讓孩子成為一棵歪歪扭扭的樹，但不能決定孩子是成為一棵楊樹，還是柳樹。

家長最多只是將本是楊樹的孩子修剪成柳樹，但孩子內心總是渴望成為他自己的樣子。

精神胚胎的發育，不是別的，就是孩子的感覺。感覺，是孩子碰觸任一事物時，在建立關係那一剎那的產物。這份感覺，會滋養他的胚胎發育。

請注意，不是「知識」，不是「教導」，而是「感覺」。蘋果電腦創辦人賈伯斯（SteveJobs，西元 1955 — 2011 年）在史丹福大學發表演講時說道，不要讓他人的觀點所發出的噪音淹沒你內心的聲音。

最為重要的是，要有遵從你的內心和直覺的勇氣，它們可能已知道你想成為一個什麼樣的人。其他事物都是次要的。

這也是蒙特梭利的觀點，精神胚胎「已知道你想成為一個什麼樣的人」。也就是說，每個孩子先天有他們的使命，而若父母想決定孩子的命運，他們就是破壞了孩子的命運。

03

「分離」是生命中永恆的主題

我們的一生，就是不斷分離的一生。

一個初生嬰兒從呱呱墜地的那一瞬間前，就已經遭遇了第一個無比痛苦的分離——離開了媽媽舒服的子宮，從狹窄的陰道裡被擠到這個世界上，冰冷的風、嘈雜的聲音，還有剛剛體驗的痛苦，讓他放聲痛哭。

但嬰兒一開始仍以為媽媽和自己是一體的，餓了，媽媽會給他吃的，冷了，媽媽會把他緊緊抱在懷裡，盡職的媽媽無比敏感，真正能感他所感，想他所想，他需要什麼，媽媽就在第一時間滿足他。但很快嬰兒意識到自己與媽媽是兩個人，這個心理上的分離比分娩過程還要痛苦。幼兒們發現，自己無法指揮這個世界，甚至也無法指揮媽媽，於是不斷地哇哇大哭。

慢慢地，他們開始接受「媽媽是媽媽，我是我」的概念。但是，他們仍然無法接受媽媽會離開自己，去工作、去學習等這些事實。與媽媽和其他重要親人的分離都是痛苦的，每一次都讓幼兒們擔心自己被拋棄。

接下來，他們不得不在沒有媽媽和親人陪伴的情況下獨自闖世界了，這是一個漫長而痛苦的過程。幼兒園小班開學時，第一次澈底離開家的孩子們，總是哭成一片。哭是因為心疼，因為分離帶來的實實在在的疼。

再接下來，還有小學、初中、高中、大學，最後，我們澈底離開家。再以後，開始建立自己的家。再以後，有了自己的孩子，我們要親自教他們體驗分離、學會分離。

無論分離有多疼，我們必須這樣做，因為「分離」和「愛」同等重要，它們是生命中最重要的兩個主題，它們一起作用，讓一個人成長，讓一個人成為他自己。

「拒絕分離，就等於拒絕成長」諮商師榮偉玲說，「再親密的兩個人，也是兩個人。如果不懂分離，那麼，兩個關係親密的人就會黏在一起，而這是很多人生悲劇的深層原因。」

美國心理學家史考特．派克（ScottPeck）（註1）則主張，懂得分離的愛才是「真愛」。因為父母必須主動與孩子分離，這樣才能促進孩子的人格成長，並讓他最終成為一個有獨立人格的人。親子關係如此，師生關係、情侶關係等親密關係也莫不如此。如果拒絕分離，愛就是「假愛」。不懂得分離的兩個人黏在一起，你干涉我的空間，我侵佔你的空間，兩個人都不能很好地成長。「分離是一生的主題，」榮偉玲說，「在人生每個階段，我們都會遇到重要的分離。」

她說，在處理分離上，會出現三種結果：

第一，成熟分離。一邊給予愛，一邊堅定地告訴孩子或親人，你是你，我是我。這樣一來，關係仍然親密，但關係中的兩個人都擁有獨立而健康的人格。

第二，拒絕分離。這樣的關係不一定親密，可能還非常惡劣，但關係中的兩個人必然會黏在一起，彷彿在上演愛與恨的雙簧戲碼。

第三，單純分離。雖然名義上是親人，但拒絕愛與親密。如果兩人都是成人，這種關係很難維繫，如果是親子關係，那麼孩子會遭到難以挽回的傷害。沒有分離，孩子不能成人，沒有愛，孩子一樣不能長大。

第一個分離：分娩

出生，是一個人遭遇的第一個重大的分離。

「想像一下吧！」榮偉玲描繪說，「媽媽的子宮多麼舒服。它是溫暖的搖籃，是營養的搖籃，是什麼都不需要擔心、沒有痛苦的搖籃。但現在，你要被趕出這個完美的搖籃，你相當龐大的身軀被趕進一個狹窄的通道，要有很長時間，這個痛苦的過程才能結束。最後，你還有一個糟糕的結果——你赤裸著來到一個冰冷、嘈雜、陌生而且自己完全無能為力的世界上。還有比這個更糟的結果嗎？但是，這卻是你生命歷程的開始。」

分娩，不僅對孩子痛苦，對媽媽也是一個非常痛苦的過程。於是，為了減少這個雙重的痛苦，現代人越來越流行剖腹產。一開始，人們以為，剖腹產帶來的都是好處，媽媽腹部肌肉的彈力不會遭到破壞，也不必遭受分娩之痛的折磨，而孩子的頭部因沒有遭受擠壓，形狀更漂亮，應該也更聰明。但是，越來越多的學者開始質疑這一非自然的過程。有研究發現，相對於自然分娩的孩子，剖腹產的孩子挫折忍受度明顯偏低，難以承受挫折。

心理學家則稱，自然分娩的疼痛是母子之愛的一種高峰。如果沒有經歷這個疼痛，媽媽的生命知覺會產生斷裂，她會恍惚覺得，孩子像是醫生創造出來的。不少採取剖腹產的媽媽在產後會陷入孤獨、沮喪的情緒中，甚至懷疑自己做母親的能力，不情願甚至拒絕承擔做媽媽的責任。這樣一來，母子關係在一開始就出現了斷裂。

當然，在特殊的情況下，如果自然分娩很危險，剖腹產就是一種必要之選。但是，「我們不能僅僅因為痛苦而拒絕自然分娩，就像不能因為痛苦而拒絕分離一樣。」榮偉玲說。

心理師這樣說

分娩的三種分離

◎**成熟分離：**自然分娩的過程，在結束那一瞬間，當媽媽將新生兒擁在懷裡時，愛意會達到一種頂峰。雖然這一刻是一個人變成了兩個人，但經歷痛苦的折磨後，在甜蜜的愛意中，兩個人彷彿又變回一個人。並且，因為一開始就遭遇過痛苦，自然分娩的孩子挫折忍受度更高。

◎**拒絕分離：**難產是拒絕分離，當然也是沒有誰期待的拒絕分離。不過，哪吒在媽媽肚子裡待了三年零六個月才出世，這一傳說的寓意就好像是，在媽媽完美的子宮裡多待上一段時間，會讓我們更強大。這千古流傳的經典故事似乎代表了我們的願望：拒絕與媽媽的子宮分離。

◎**單純分離：**為求一個好日子，一些媽媽甚至會提前採取剖腹產的方式讓孩子早點出生，這種分離方式對嬰兒會造成傷害。此外，出於種種原因，一些媽媽並不愛肚子裡的小生命，而分娩就意味著懷孕這個痛苦過程的結束。

第二個分離：與媽媽「分手」

與媽媽的心理分離，是一生中最關鍵的分離。這個分離，如果處理好了，可以為孩子學會成熟分離——享受親密，同時享受距離打下堅實的基礎。而每一個懼怕親密或懼怕距離的成年人，他們的問題幾乎百分百地可以回溯到與媽媽心理分離的問題上。

著名心理學家瑪格麗特・馬勒（MargaretS.Mahler）（註2）經過大量細緻的觀察，將三歲前的新生兒分成了三個階段：

一、正常自閉期。從出生到一個月，這個階段的嬰兒大部分時間用來睡覺，他需要撫摸和照顧，但彷彿只沈浸在自己的簡單世界裡。

二、正常共生期。二個月到六個月大，這個階段的嬰兒將媽媽和自己視為一體。

三、分離期。六個月到三十六個月大，嬰兒逐漸意識到，媽媽是媽媽，自己是自己。

孩子從自信到矛盾性的依賴

分離期是一個微妙、複雜而多變的心理過程。馬勒又將它分為四個次階段：身體分化期、實踐期、和解期和個性化期。

・身體分化期（六～十個月）：嬰兒從身體上意識到，媽媽是另一個人。

・實踐期（十～十六個月）：嬰兒會走了，他熱情地探索周圍世界，開始愛上自己，覺得自己非常強大，對媽媽好像不再那麼依戀，這像是一個背叛期，嬰兒「背叛」了與媽媽的親密關係。

・和解期（十六～二十四個月）：實踐期最後讓幼兒（嬰兒一般指不到一歲的孩子，而幼兒指二～四歲的孩子）備受挫折，他明白了自己的弱小，於是重新依戀媽媽，比以前更依戀。相比第二個階段，這個階段的幼兒膽子更小，以前無所畏懼的他們現在變得什麼都怕，怕陌生人、怕探索、怕……而媽媽是他們的偶像，因為媽媽在他們眼裡是那麼強大。他們越來越明白，媽媽是另外一個人，但同時又發現，沒有媽媽他們無法獨立，這是最基本的矛盾，馬勒稱之為「和解期的衝突」。

分離，是因為要迎接挑戰

因為這種心理衝突，這個階段幼兒很容易受傷。如果媽媽無條件地愛他，能夠分享他的每一個新獲得的技能和體驗，能夠發自內心地理解他、接受他，那麼，幼兒在實踐期的受挫感會漸漸消失，他會重新變得自信起來。「理想媽媽」的作用就像是一個安全島，心裡有了這個安全島，幼兒會放心地四處探索，因為他們深信，當自己遭到新的挫折時，強大的媽媽會及時地出現在他身邊。

但同時，幼兒的自主感也在成長，他越來越喜歡自己做主，他要通過對媽媽大大小小的反抗，來保護自主性。譬如，他會尾隨媽媽，不停地注視著媽媽的行為，但又會突然離開媽媽，希望媽媽來追他，將他再度抱在懷裡。這種常見的模式同時體現了愛與分離。

這個階段，媽媽需要關注並保護孩子，但又不要替他們完成任務。這種程度的把握是非常微妙的。這個階段的幼兒知道但又不願意承認自己還不能獨立地應付環境。因為這種矛盾心理，幼兒很容易受傷。這時媽媽對幼兒的情感的敏銳捕捉就變得非常重要，這種捕捉是一種理解，它會讓幼兒感受到，媽媽既愛自己，又理解自己的自主性。

這樣一來，幼兒就會認同並模仿媽媽的行為。不過，即便如此，幼兒也常常冒出一些短暫的分離需要，這意味著他要學習新的內容並在新的領域挑戰自己。

幼時的「我」，是對媽媽的內化

在這個階段，如果媽媽不理會幼兒，而聽任其自己探索，那麼幼兒勢必會遭受太多的打擊，並最終形成「我不行，而且沒有人愛我」這樣一種意識。如果媽媽太害怕幼兒受傷，什麼都替他完成，那麼幼兒的自主性就會受到傷害，並最終形成種種不良意識，如「什麼都會有人替我解決」、「媽媽太能幹了，但我什麼都做不好」等等。

個體化期（二十四～三十六個月）。如果媽媽尊重幼兒自己探索的需要，而且一直保持這個形象，那麼，幼兒就會認同媽媽，他心中就會有一個「積極媽媽」。這時，雖然孩子從心理上已經與媽媽分離，他澈底意識到「媽媽是媽媽，我是我」，媽媽與「我」之間有一個清晰的界限。但實際上，他心中的「我」是對媽媽的內化。

可以這樣說，媽媽的愛讓幼兒找到自己。但是，只有分離才能讓幼兒成為自己。

接下來，還有對爸爸的愛與分離，對爸爸、媽媽的其他替代者——爺爺、奶奶、外公、外婆等重要親人的愛與分離。誰最愛他，誰的愛與分離就越重要。但最關鍵的，仍是與媽媽和爸爸的愛與分離。與爸爸的分離一樣非常複雜，本文暫不論述。

心理師這樣說

幼兒與媽媽的三種心理分離

- **成熟分離：**幼兒內化了媽媽的形象，有了自己。但幼兒有了自主性，他形成了主動、積極探索的特質。
- **拒絕分離：**如果媽媽不願意與幼兒分離，或不管他犯了什麼錯都替他承擔，就會阻礙了這個心理上的分離過程，那麼，幼兒就會形成依賴症，現在，他特別依賴媽媽，以後，他特別依賴爸爸或其他親人。等長大後，他會依賴別人。
- **單純分離：**媽媽不理解甚至根本缺乏理解幼兒的意願，也拒絕與幼兒分享他探索世界的情感和體驗，那麼，幼兒就會陷入孤獨症。他可能會極度自戀，也可能會患上孤獨症。

第三個分離：與家的分離

這一過程從幼兒園開始直到我們成人才結束。

「與家的分離是一個漫長的過程」，榮偉玲說，「它從進入幼兒園開始，一直到變成成人才基本結束。當然，有些人一輩子都完不成這個過程。」

在這個過程中，初期親子關係造成的模式開始發揮威力。

我在北京做電話心理諮商時認識的一個上班族。他上國中時仍每天晚上回家和媽媽睡在一張床上。那時學校全是住宿生，唯獨他例外。他的家離學校二．五公里，每天晚上他都要步行回家，一早又步行去學校。因老被同學笑話，他最後退學了。

直到他成年後，媽媽才拒絕和他睡一張床，但這未免太晚了，他對媽媽的依賴已嚴重到病態，因為想媽媽，他每天都要哭，每個星期都要給媽媽打三次以上的電話。在他的傾訴中，他說媽媽並不情願和他睡一張床，不知有多少次趕他了，但他一死皮賴臉地求媽媽，媽媽就會心軟下來。

這是孩子不想與媽媽分離，但也有另一種情形，媽媽無法完成與孩子的分離。她甚至會主動破壞這種分離。

史考特・派克（ScottPeck）在他的著作《說謊之徒：真實面對謊言的本質》中講到了一個故事：安吉拉的媽媽不能接受安吉拉有任何的自主性，她的寢室永遠不能關門，媽媽任何時候都有權利走進她的房間。她十一歲，媽媽心血來潮，想把安吉拉的頭髮染成金黃色，但安吉拉喜歡自己烏黑的頭髮，而不喜歡金黃色的頭髮。

結果，無論安吉拉怎麼反抗都沒有用，媽媽最後還是將她的頭髮染成了金黃色。安吉拉講話的時候，媽媽說不定什麼時候就會命令她閉嘴。但一旦心血來潮，媽媽又會拼命去挖掘安吉拉的內心世界，問她想什麼。

結果，到了三十歲的時候，安吉拉不能說話了。她是一名教師，本來可以流暢地講課，但忽然有一天，她說不出話來了。

派克分析說，與媽媽的關係讓安吉拉形成一種潛意識的模式：關係越親密，她就越沒有自己的空間，而她維護自己空間的唯一方式就是不說話。因為無論媽媽怎麼侵佔她的個人空間，她只要不開口，媽媽就一點辦法都沒有。在這種潛意識模式的影響下，安吉拉生活中的任何一個關係，當從疏遠變成親密時，她就會「失語」。這種「失語」只是為了捍衛她的隱私空間。

像這樣的父母並非少數。派克說，一些父母之所以如此，是因為他們將孩子當作了一個「物」，而不是人。他們認為自己有權力去支配這個自己生養的「物」。在這種情況下，無論父母傾注的是善意還是惡意，這個孩子的自主性都不會得到尊重。

不過，無論父母怎麼樣，孩子都不可能再像小時候那樣黏父母。

因為，父母在孩子心中已從「無所不能的神」還原為有很多缺點的普通人。這時，孩子需要新的「神」。他們需要找到新的偶像去認同，從偶像的人格中汲取養份以成為自己。這些偶像可能是老師、同學等身邊的人，也可能是遙不可及的明星、科學家、政治家等大人物。

這時，有拒絕分離模式的孩子很容易受到傷害，因為他們遇到的認同對象經常與他們是不一樣的。如果認同對象是單純分離模式，那麼對象會主動遠離他。如果認同對象是拒絕分離模式，那麼兩個人會膩在一起，但這並不甜蜜，因為兩個人的成長速度都會因為親密而慢下來，新的親密關係不僅沒有促進他成長，反而會成了累贅。

心理師這樣說

與家的三種分離模式

- 成熟分離：愛家，但又喜歡獨立。
- 拒絕分離：戀家，無法獨立。
- 單純分離：逃離家庭，拒絕與家庭繼續保持聯繫。

溫暖的過客：我們的拯救者

也有可能，在與家分離的漫長過程中，我們會有幸能碰上這樣一種人——你認為他們很重要，他們也喜歡你，無條件地尊重你，但同時又不與你黏在一起。那麼，這樣的人哪怕只是我們生命中的一個瞬間，他也會對我們起到治療作用，他們會驅散我們生命中的一些錯誤，將我們拉向成熟分離模式。

我國中的時候，班裡來了一位代課老師。當年，她大學考試發揮失常，沒有考上理想的大學，於是來我們學校當一段時間的數學輔導老師。國二上學期的一次模擬考試，我正飛快地寫答案時，她悄悄走過我身邊，對我說：「細心點啊，我都看到好幾個錯誤了。」

等考試結束後，我問她為什麼對我這樣說，這好像違反了考試紀律的。她回答說：「你是最好的學生，我不忍心看你犯錯誤。」我很感激，但也很納悶，接著問：「可我只在班裡排第七、八名啊。」

「我相信你是最好的，」她回答說，「雖然現在還不是。」她這句話讓我感動極了，她從此成為我的一個偶像。後來，我沒辜負她，果真成了成績最好的學生。

這位老師不久離開了我們學校，並沒有教我多長時間。可以說，她和我的關係，看起來非常不起眼，但我知道，這是我生命中最重要的瞬間之一。現在，我知道，在這個瞬間，這個老師給我的就是無條件的愛，她沒有因為我成績好而明顯喜歡我，也沒有因為我成績差而明顯疏遠我。

這是一種無緣無故的愛，這種愛就彷彿是我們生命中的燭光。一般時候，我們會忽視這種燭光的存在。但是，當到了一些黑暗的時候，到了我們消極、絕望的時候，這種燭光會變得非常亮，非常溫暖。

並且，點燃這燭光的人，卻絲毫不企圖在你心中佔據重要地位，也絲毫不想控制你。他們來了，點燃了燭光，又走了，就彷彿是你生命中的一個過客。這樣的過客，會給你留下溫暖，會讓你更相信自己，同時也更相信別人。讓你對關係更有信心，也讓你對自己更有信心。

這樣的過客，我稱之為我們生命的拯救者。如果我們本來溫暖，他們會讓我們更溫暖。如果我們本來冰冷，這樣的溫暖便會融化我們心中的冰山。

註1　史考特·派克（ScottPeck，1936—2005），美國心理治療師、暢銷書作家。第一本書《心靈地圖》（TheRoadLessTraveled），創下千萬本的銷售量，另出版《說謊之徒：真實面對謊言的本質》（PeopleoftheLie:TheHopeforHealingHumanEvil）、《超越心靈地圖》（TheRoadLessTraveledandBeyond）等。

註2　瑪格麗特·馬勒（MargaretS.Mahler，1897—1985），精神分析學的核心人物之一。出生於匈牙利，在奧地利取得行醫執照，後期在美國紐約從事兒童精神分析研究。提出了兒童心理發展的獨立和個體化理論。

04

寵愛自己——溺愛的心理真相

表面上看，溺愛彷彿有那麼一點偉大的味道，因為從現象上看，溺愛孩子的父母通常是透過犧牲自己來滿足孩子的需要。

但實際上，溺愛源自於父母本身的自戀，溺愛孩子的父母無視於孩子真實的成長需要，而是將孩子當作自己的另一個「我」，給予過度滿足。可以說，無限制地給予「孩子」其實是在無限制地給予「自己」。

諮商師榮偉玲說：「每個人內心中都藏著兩個『我』。一個是『內在的父母』，其內容是我們對自己的現實父母和自己理想父母的內化，當我們做父母時，這個『內在的父母』就是我們自己。另一個是『內在的小孩』，就是我們對自己童年體驗的記憶和自己理想童年的內化」。

「溺愛有很多種原因，其中最重要的一個原因，就是父母『內在的小孩』向外的投射。溺愛的父母將自己『內在的小孩』投射到現實中的孩子身上，他們無節制地給予孩子，其實是在無節制地滿足自己。」

心理治療師的蛋糕究竟為誰而買？

榮偉玲心理師自覺，剛發生的兩件事情讓她醒悟到，如果她做了媽媽，只怕也會是一個溺愛孩子的媽媽。有一次，她在一家咖啡店接受媒體採訪，等待記者時，她買了一個比較昂貴的小糕點。但買了之後，她覺得這個糕點不是買給自己的，而是買給另一個人的，但另一個人是誰呢？她略微思考了一下，找到了一個答案：是同事九歲大的兒子。

當時還沒有孩子的榮偉玲很喜歡這個小傢伙，她在家裡有一個禮盒，裡面總放著一些誘人的糕點，但她從來不吃，總是留給這個小傢伙或其他孩子。最近幾個星期，因為工作太辛苦，一天晚上下班後，她想縱容自己一下，於是打開了這個禮盒，但剎那間，她的腦海中突然出現了一句話：「我吃這麼好的糕點，太浪費了吧。」最後，她就去了醫院的小吃店隨便買了一個甜點犒賞一下自己。

「那些糕點為他而留，咖啡店的這個糕點也是為他而買。」她說：「但我突然問問自己，那個小傢伙喜歡吃咖啡店的糕點嗎？答案是，不知道。但我知道，這個糕點的口味是我最喜歡的。就在這一瞬間，我明白了，我其實是為我『內在的小孩』而買。」

領悟到這一點後，榮偉玲知道該縱容自己一下了，於是她消滅了這個小糕點，但心中仍然隱隱地有一點負罪感。

「這個負罪感是我『內在的父母』在說話，他說，你這麼一個大人了，不該這樣慣著自己，」

榮偉玲說，「那些溺愛的父母也一樣，他們『內在的父母』也告訴他們，愛自己不對。既然如此，他們就只好去拼命愛孩子。」

這聽起來很好，但問題就在於，當父母溺愛孩子的時候，他們很容易會忽視孩子自身的需要，尤其是成長需要。溺愛的父母恨不得自己的孩子永遠都不要長大，一輩子都做他們「內在的小孩」的投射對象，否則就會感覺到失落，就像是失去了什麼似的。

榮偉玲說，之前她無數次憧憬過，要是她有個女兒，一定會經常帶她去糖果店、糕點店……讓她吃遍自己喜歡吃的所有糕點，而自己看著她吃就非常滿意了，「這其實是我『內在的小孩』的滿足」。

她感慨說：「雖然我自認是優秀的心理諮商師，雖然我理智上知道溺愛不好，我也一次次地給別人做過諮商，但如果沒有這些領悟，我一樣會成為一個控制不住溺愛行為的媽媽。」

包辦型溺愛：讓子女為父母而活

諮商師袁榮親認為，溺愛是一種懶惰的、不負責任的愛。與溺愛相對應的是真愛，真愛是尊重孩子獨立的愛，真愛的父母懂得在孩子不同成長階段滿足他不同的成長需要。真愛的父母懂得放手，接受並樂於看到孩子的自我獨立和自我成長。

「這是一個挑戰，父母得先承認一個事實：孩子是一個獨立的人，不是『我』的附屬品，」

袁榮親說，「要做到這一點，並不容易，所以很多父母選擇了偷懶的溺愛。」

袁榮親總結說，溺愛有兩種：「包辦型」的溺愛和「縱容型」的溺愛。包辦型溺愛的父母把孩子的一切都安排好了，孩子不動手就可以得到一切，他們不鼓勵甚至不喜歡孩子自己去解決問題。縱容型溺愛的父母，孩子要什麼就給什麼，不管多麼小、多麼不合理的要求，他們都會拿出全部力氣去滿足。

十八歲之前，我們一直在致力於探索一個問題：我是誰？這個探索過程從剛出生不久就開始，但到了一歲半至三歲會達到第一個高峰期。在這一階段，如果父母鼓勵孩子自我探索，那麼他就會形成他自己的感覺，他自己的能力，他自己的思想……而這一切最終融合在一起，讓他知道「我是誰」。

美國心理學家派翠西亞．伊凡斯（PatriciaEvans）（註 1）在她的著作《不要用愛控制我》中寫道，她一個朋友早在二歲時就第一次「看清楚了自己」。當時，他媽媽把他和姐姐單獨留下來幾個小時，就在那個時候，他「感到一種安全感，並看清了自己……從那時開始，大多數時候他都能感覺到自我的存在」。

他能有這種感覺，那一定是他父母中的至少一人或兩人都尊重他的獨立性，尊重他的自我感覺，而不是把他們「內在的小孩」強加到他頭上。

這樣的人是幸運的，他們在很小的時候就有了明確的自我意識，而長大後，他們會發現自己擁有鮮明的個性、強烈的好奇心和高度的創造力，像愛因斯坦、牛頓、尼采等所謂的天才莫不如此。

我們只有透過自主的探索，才能形成自我，知道自己是誰，知道自己在這個社會上最適合的位置。由此，我們還會有強烈的責任心，因為這一切是我們自己選擇的。

但是，如果碰上包辦型溺愛的父母，他們就會剝奪孩子自我探索的機會，他們太重視塑造，刻意按照他們的意圖來塑造孩子，而不懂得尊重孩子的獨立人格。那麼，無論他們的安排多麼完美，他們的孩子都會有一種感覺，他們好像不是為自己而活。

譬如，一名二十八歲的女鋼琴家，她在彈了二十三年鋼琴、拿了多個大獎之後，有一天突然醒悟，她從來都是為別人而彈琴，她從來沒有為自己而彈。這讓她產生了崩潰的感覺，因為她覺得自己的人生好像都白活了。

這種例子比比皆是，部分包辦型溺愛型下的孩子成功了，和這位女鋼琴師一樣領悟，覺得沒有為自己活過；大量包辦型的孩子是失敗的，他們一生都無法離開父母而獨立生活。

案例：媽媽對我這麼好，我怎麼能生媽媽的氣呢!?

在華人社會，包辦型的高度溺愛通常都伴隨著對孩子高標的要求：「好成績」。也就是說，包辦型溺愛是交換性的，父母替孩子安排好一切，但孩子要回報好的學習成績。

二十五歲的廣州女孩文文就是這樣長大的，她雖然工作成績出色，主管賞識她，公司企業文化也很自由，但她總是擔心自己做不好，並因此來看心理醫生。

文文有兩個哥哥，她是家中最小的孩子，從小就是父母的掌上明珠，她的所有要求只要一提出來，會立即獲得父母的滿足。不僅如此，身為知識分子的父母為她安排了從幼兒園到找工作的所有人生歷程，對她只有一個要求：成績優異，名列前矛。

文文很爭氣，從最好的幼兒園、明星小學、中學，到頂尖大學最吃香的金融科系，她一直是成績最優秀的乖學生。她大學畢業後，在父母的要求下，又回到廣州進入一家歐洲外資企業。她的工作也很出色，三年裡已多次被提拔。

在前幾次的諮商中，她對袁榮親說，她的唯一問題就是容易緊張，至於父母，「我沒有一點怨言，他們可是完美的父母」。

只有在談到戀愛時，她才開始對媽媽出現了一點怨言。因為畢業後的三年來，媽媽一直在張羅她的婚姻大事，給她介紹了不少男朋友，「他們條件都很好，但我一個都不喜歡……我知道，他們都挺棒的，但我就是討厭他們，或許是我討厭父母的安排吧。」媽媽怎麼勸文文都沒用，現在一說起文文的婚姻大事來就唉聲嘆氣，甚至幾次當著親戚的面哭了起來。

文文說，媽媽第一次哭的時候，她有點惱火，但立即想到：「媽媽對我這麼好，我怎麼能生媽媽的氣呢!?」

袁榮親知道，「我怎麼能生媽媽的氣呢」，這是一種反射思維，它會扭曲一個人的真實體驗。於是，他試著讓文文學習放下這種反射思維，重新體驗一下她的真實感受。「媽媽第一次哭的時候比較久遠了，就在諮商室裡重演一下媽媽最近一次哭的情境吧！」

袁榮親在諮商擺了兩張椅子，椅子A代表媽媽，椅子B代表她自己。文文先坐在椅子A上，想像自己是媽媽，對著椅子B哭訴，說她是多麼擔心女兒嫁不出去。然後，文文坐在椅子B上，以自己真實的角色，對著椅子A說話。並且，要去除腦子裡那句反射思維「我怎麼能生媽媽的氣呢」。

結果，文文對媽媽的憤怒情緒爆發了。她大聲哭喊著對「媽媽」說：「我討厭你和爸爸的安排！我要自己做主，我就是要自己做主！你們什麼時候才能在乎我的感受，你們讓我窒息！妳讓我窒息！」

這次情緒爆發讓文文久久不能平靜，她哭了好久，最後說：「父母過度的愛，是窒息的感覺。我現在才明白，我一直是為父母而活著，我從來沒有為自己而活。」

每個人只有為自己而活的時候，才是最有力量的。文文的父母為女兒「完美」地安排好了一切，但這不是文文自己想要的，所以是僵化的。其實，文文內心深處一開始就不喜歡為父母而活，她無數次產生過叛逆的衝動。但是，既然父母那麼愛她，他們那麼富有犧牲精神，她怎麼能夠反抗呢？

所以，她只好把這種需要自主的衝動壓抑下去了。但是，這種衝動不可能永遠被壓抑。她在工作中緊張，其實是因為公司「以人為本」的管理風格喚起了她內心深處「為自己做主」的衝動，但她發展出的種種不良反射思維，如「怎麼能生媽媽的氣」，「怎麼能不聽父母的話」等等，令她無法接受這種衝動。

諮商到最後，文文明白，她現在要做的，就是釋放自己需要獨立自主的意志，從現在起為自己而活。

溺愛：是一個非常溫柔的陷阱

文文是幸運的，她沒有被包辦型溺愛摧毀。袁榮親說，這是因為她一直學習很好，所以在父母的高溺愛和高要求之間一直保持著平衡，但很多孩子就沒有這麼幸運，他們最終成了包辦型溺愛的犧牲品。譬如，美國心理學家沃勒斯．華萊士在他的著作《父母手記：教育好孩子的101種方法》中提到了這樣一個例子：

一位母親為她的孩子傷透了心，她不得不去找心理專家。

專家問，孩子第一次繫鞋帶的時候，打了個死結，從此以後，你是不是不再給他買有鞋帶的鞋子了？

夫人點了點頭。

專家又問，孩子第一次洗碗的時候，打碎了一只碗，從此以後，你是不是不再讓他走近洗碗槽了？

夫人稱是。

專家接著說，孩子第一次整理自己的床鋪，整整用了兩個小時的時間，你嫌他笨手笨腳了，對嗎？

這位母親驚愕地看了專家一眼。

專家又說道，孩子大學畢業去找工作，你又動用了自己的關係和權力，為他謀得了一個令人羨慕的職位。

這位母親更驚愕了，從椅子上站了起來，湊近專家問：您怎麼知道的？

專家說：從繫鞋帶開始知道的。

夫人問，以後我該怎麼辦？專家說，當他生病的時候，你最好帶他去醫院；他要結婚的時候，你最好給他準備好房子；他沒有錢時，你最好給他送錢去。這是你今後最好的選擇。別的，我也無能為力。

追星：幻想更全知全能的新「父母」

很多孩子都有過追星的經驗，有的甚至很極端，比如曾經瘋狂追劉德華的「楊麗娟」（註2）就是典型的案例。

楊麗娟很可能就是包辦型溺愛的犧牲品。她可能在學校或生活中遇到了一些挫折，自己不能解決，而父母也不能再像以往那樣幫她解決。於是，她就躲在幻想和白日夢中，以逃避探索世界的樂趣、責任與挫折。

袁榮親說，〇至一歲半的孩子，最重要的是建立安全感；一歲半至三歲的孩子，最重要的是培養他們的自主能力。但可惜的是，許多包辦型溺愛的父母，他們養成了在孩子〇至一歲半歲時為孩子解決一切問題的習慣，現在也為孩子包辦一切。譬如，孩子要去拿一個十公尺外的玩具，他們不忍看著孩子蹣跚學步的樣子，於是自己大步走過去，把玩具拿來遞給孩子。看起來，他們做了件愛孩子的好事，但實際上，他們剝奪了孩子自主探索的機會。

華萊士將「溺愛」稱為孩子成長道路上的「一個非常溫柔的陷阱」。他描述說：「這是過分庇護孩子的父母辛辛苦苦親手挖掘的。掉進陷阱裡的孩子，由於被剝奪了犯錯誤和改正錯誤的權利，也失去了長大成人的機會。」

對於一歲半至三歲間的孩子來說，父母彷彿是全知全能的，孩子有什麼需要，他們彷彿都可以輕鬆滿足。但是，對於十六歲的女孩，她的需要，父母就很難再滿足了。父母不能替她學習，不能替她處理班級的人際關係，也不能替她發展創新能力；這個時候，受慣溺愛的女孩就會驚恐地發現，原來有太多的問題她不能處理。於是，她陷入無法面對自己的自卑中。

這個時候，她可能就會幻想一個更「全知全能」的新「父母」，期望他能溺愛自己，並化解她現在所有生活的難題，就像原來的父母在一歲半至三歲時幫她化解一切難題一樣。這可能也是楊麗娟迷戀劉德華十二年的心理機制。

以愛之名摧毀孩子的感受

包辦型溺愛的父母不只剝奪了孩子自我探索的機會，實際上，他們對孩子的真實感受也常視而不見。他們習慣把自己的感受投射到孩子的身上，卻以為那就是孩子的真實感受。他們這樣做，會導致孩子嚴重不信任自己的感覺，令他們不從自己的身上認識自己，而是從別人對自己的定義中尋找答案。結果就是，他們迷失了自己。

「背叛自我就是背叛天性」派翠西亞．伊凡斯在《不要用愛控制我》一書中寫道：「如果我們總『接受』別人對自己的定義，就會相信他們的評價更真實。透過別人的觀點來認識自我，這種從外在因素認識自我的逆向方式，只能使對自我的認識更加模糊。」

伊凡斯在書中提到了這樣一個例子：

有一天，我和朋友正在一家咖啡館喝咖啡。貝蒂女士和她七歲左右的女兒蘇茜一起走了進來。她們看著玻璃櫃裡的各種冰淇淋。

「你要哪種冰淇淋？」貝蒂問女兒。

「我想要香草的。」蘇茜說。

『有巧克力的。』貝蒂說。

「不，我要香草的。」

『我覺得巧克力的更好一點。』

「不，我就要香草的。」

『你不應該要香草的。我知道你喜歡巧克力的東西。』

「我現在就想吃香草的。」

『你怎麼這麼倔，真夠怪的。』貝蒂說。

在這個對話過程中，媽媽一直試圖否認女兒的感受、女兒的判斷，而試圖將她自己的判斷強加在女兒頭上。她這樣做，無疑是在告訴女兒，你內心的想法，你自己的選擇，你自己的判斷，是錯的。她所謂「倔」的意思是：你不知道你的感受，我才知道，但你居然不承認。

媽媽這樣做，其實是在將她自己的「內在的小孩」投射到女兒身上。看起來，她是在溺愛女兒——讓她吃冰淇淋，實際上，她對女兒的真實感受視而不見。有誰能比我們更清楚自己的感受呢？

在前面說的例子中，榮偉玲心理師的也是這樣對待同事的兒子的，她雖然問過他喜歡吃什麼，但每次買糕點的時候，她還是傾向於買自己喜歡吃的。至於那個帶著女兒逛冰淇淋店的媽媽，更是典型的投射心理——看著女兒吃媽媽喜歡的糕點和糖果，媽媽就感到滿足了，實際是上這個虛構的女兒就是的「內在的小孩」，也就是她自己。

這樣的例子比比皆是。有溺愛行為的父母，其實並沒有真正站在孩子的立場上，他們不懂得孩子真正需要什麼，也並不真正關注孩子的成長需要，甚至都沒有興趣去瞭解孩子的真實感覺、真實想法，他們只想把孩子塑造成他們心目中小孩的形象，而這會讓真實的孩子喪失自我。對於這樣的孩子而言，愛是一種令人窒息的枷鎖，文文的案例證實了這一點。

在前面那個「買冰淇淋」的例子中，女兒一直在堅持自己，她之所以能這樣做，很可能是她身邊有一個人，可能是爸爸，也可能是其他重要的親人，能看到並接受她自己的真實感受，而且鼓勵她堅持自己的判斷。否則，她早早就放棄了真實的自我，接受媽媽給她的安排了，也就是，放棄香草冰淇淋，而選擇媽媽提議的巧克力冰淇淋。

不是自己的真實感受卻要被別人說成是自己的感受，這不是很荒唐嗎？有誰能比我們自己更清楚自己的感受呢？然而，在習慣了包辦型溺愛的父母看來，他們才知道孩子的感受是什麼，而孩子自己卻不知道。譬如，媽媽堅持讓女兒學了十年鋼琴。但是，上高中後女兒放棄了，不再彈鋼琴了，而且告訴媽媽，她不喜歡彈鋼琴，也不喜歡她的老師。

但這個媽媽卻認為，女兒肯定喜歡彈鋼琴，要不怎麼能彈十年呢？而且，她也一定喜歡老師，要不老師憑什麼會喜歡她。這是很多家庭一個習慣性的悖論：好像除了孩子自己，別人都知道你是誰，而你自己卻不知道你是誰。

心理師這樣說

真愛與溺愛

一個人的成長過程就是他成為他自己的過程，「愛」是這一過程中最重要的因素。我們給孩子提供什麼樣的愛，孩子就以適應這種愛的方式成長。

真愛以孩子的成長需要為核心，在孩子不同的發展階段給予他不同方式的愛，〇至一歲半期間，給予孩子無條件的愛；一歲半至三歲期間，尊重孩子自主的探索，但又在孩子需要幫助時出現在他面前。這種以孩子的成長需要為中心的真愛會讓孩子成為自愛、愛別人、有鮮明的自我意識、有健康的自主人格和高度創造力的人。

與真愛對應的是溺愛。這看似是自我犧牲的愛，其實是懶惰的愛。〇至一歲半期間，父母以孩子為中心，他們怎麼愛幾乎都不會犯錯。但到了一歲半至三歲，他們仍然這樣做，甚至直到孩子成人了，他們也仍然一成不變地以這種方式去愛他。最終，這會導致毀滅性的結果。要麼溺愛下長大的孩子缺乏自我，他們只是包辦式父母的簡陋複製品；要麼他們的自我無限膨脹，內心中只有自己，沒有別人，並最終成為別人的噩夢。

特別重要的一點是，溺愛常常是父母將自己的意志強加到孩子頭上，並將之視為愛。孩子感覺到被「否定」，但父母卻無法清晰地意識到這一點，因為父母和別人都覺得這是愛。譬如，孩子說，我吃飽了，大人會說，你正在發育，多吃點。吃飽的感覺很好，但吃撐的感覺就很不好。我們整個社會都將溺愛說成愛太多，孩子需要很強的自我才能意識到，他其實是被傷害了。

所以說，溺愛是陷阱，實際上，溺愛的父母是在滿足自己的需要，但它卻披著「一切為了孩子」的外衣，而變得彷彿不可指責。

註1 派翠西亞·伊凡斯（PatriciaEvans），加拿大「伊凡斯人際關係機構」創始人，國際知名的人際溝通專家，暢銷書作家、心理諮商顧問，舉辦工作坊及訓練課程，宣導面對言語暴力的觀念與應對方式。

註2 楊麗娟事件。中國備受爭議的社會新聞事件，瘋狂追星女楊麗娟自一九九四年迷上劉德華之後，父母為達成女兒心願，不惜傾家蕩產。至二〇〇七年因楊父跳海自殺、留下希望劉德華能和女兒再見一面的遺願，引發社會譁然。

05

溺愛＝過度地阻礙

我太愛你，所以傷害了你。

這樣的邏輯常常可以聽到，彷彿是，愛是一個極度危險的東西，常常導致傷害，並且越愛越容易導致傷害。

然而，這個世界上真正的道理都是很簡單的，其中最簡單的道理之一是，愛只會導致好的結果，而不會導致傷害，導致傷害的一定不是愛。

溺愛是過度的愛，這是我們對溺愛的慣常理解。這種理解會令人頭暈，一些父母則會感到手足無措。心理學說，孩子小的時候，照護越少傷害就越大，但愛多了又是溺愛，溺愛一樣會造成很多惡果，那到底該怎麼辦？

原本，我也以為，溺愛是過度的愛，但深入瞭解了一些溺愛的案例後，我對這個說法產生了懷疑。溺愛中長大的人容易有一個連環反應：

一、挫折忍受度低，一旦遭遇挫折就容易出現嚴重的逃避行為，譬如躲在家中不出門。

二、躲在家中後，他們的脾氣很大，很容易對父母發脾氣，嚴重的還會對父母拳腳相加。

這些消息在社會新聞中屢屢看到，而且常有一種模式：溺愛中長大的孩子成了不孝子，常常向父母索取錢財，如果不答應就拳腳相加，最後不是他將父母打死，就是他被父母或親人打死。

網上曾流傳一組圖片，顯示一個男孩要媽媽買一個玩具，媽媽不答應，於是男孩一把揪住媽媽頭髮，這時一個二十來歲的女孩過來解圍，卻被他呵斥「你滾」。之後，他的反應更加激烈，還掐住了媽媽的喉嚨，最後媽媽被迫給他買了玩具。最受寵愛的孩子反而與父母成為生死敵人，這種故事強烈地刺激了很多人的感受，這樣的孩子常被社會譴責為「狼心狗肺」。

然而，恨意是什麼時候種下的呢？僅僅是長大受挫折後產生的嗎？

看不得孩子受苦，其實是自己的問題

可以先看一個例子：

一個蹣跚學步的孩子想拿一個十公尺外的玩具，大人懂了他的意圖，於是急走幾步，將這個玩具拿給了孩子。當一個大人這樣做時，這個孩子會是什麼感受？

如果只是偶然發生，孩子可能很開心，但如果這種事情經常發生，孩子的心中勢必會產生憤怒的情緒。因為，相比拿到這個球，孩子更重要的需要是要獨立完成這個過程。在跌跌撞撞地走向這個球的過程中，他的手、腳和身體會產生一系列的感覺和體驗。他會感覺到是他在努力，是他在運動，是他在感受；這樣的過程就是自我成長的過程，順利地拿到了球他會喜悅，會確切實地感受到自己的成長，確切實地體會到自己身體和心靈的力量。

有時，在這個過程中他會摔跤，甚至會跌傷，從而產生受挫感，但畢竟，最後他還是獨立完成了自我探索的過程，這會讓他產生一種信念：儘管我受到了挫折，但我還是靠自己實現了目標。

假若一個孩子這樣長大，他就會提高挫折忍受度，等離開家進入學校或社會後，一旦遇到挫折，他不會有嚴重的受挫感，因為他相信最終會靠自己找到解決問題的辦法。

然而，假若是大人幫他拿到了十公尺外的球，也許他會開心，但他同時也會有這樣一些感受產生：大人很強大，而我很弱小；有了問題，自動會有人幫我解決；我很憤怒，因為我的探索之路被打斷了。

你會發現小孩子經常會說：「我來……我來……」，他其實渴望自己用筷子或勺子吃飯，渴望自己穿衣服，渴望自己喝水，他還渴望幫媽媽打掃……懂得真愛的父母會尊重孩子的獨立選擇，而不是替孩子把事情做完。習慣於溺愛的父母或者看不得孩子「受苦」，或者不願意讓孩子給自己添亂，於是不給孩子自主探索的機會，而是幫他們做各種各樣的事情。

一般而言，看不得孩子「受苦」的父母，通常是因為自己的童年比較苦，他們對此很不甘心，於是有了孩子以後，就拼命照顧孩子，發誓不讓孩子吃苦。看起來，他們是不讓自己現實的孩子吃苦，其實是不想讓自己「內在的小孩」吃苦。

這是一種投射，是父母將自己內心的慾望投射到了孩子身上。這樣一來，他們對孩子真實的成長需要就容易視而不見。因此，即便孩子一次次地強調「我來……我來……」，他們仍然會拒絕讓孩子獨立選擇，而一味地替孩子做事。看起來，他們成了孩子實現欲望的工具，但其實，他們是將孩子當成了自己的一個替代者。

在溺愛中長大的孩子，即便理智不知道父母到底在做什麼，但他會有感覺。他會感覺到，父母其實看不到自己的真實存在，而是將他們的一些東西強加到了自己身上。所以，就會有這樣的情形出現：父母越溺愛孩子，孩子越覺得窒息。

過度溺愛，會令孩子既依賴父母又恨父母

在嚴重溺愛中長大的孩子，一離開家勢必會遇到大問題。在家中，他們習慣了別人替他做事，他可以頤指氣使，但離開家以後，很少有人會願意接受他的頤指氣使，相反，什麼事都要他自己去完成。

然而，童年的經歷告訴他，他是弱小的，做不了什麼，要做什麼，他必須依靠父母的幫助。但是，父母可以替他交朋友嗎？不可以！父母可以替他學習嗎？不可以！父母可以替他戀愛嗎？更不可以！

於是，這個孩子會產生深深的挫折感。有挫折感是很正常的事，每個人每天都會產生種種或大或小的受挫感，但正常長大的孩子會堅信，儘管遭遇到了挫折，他仍可以靠自己實現他的願

望，而在溺愛中長大的孩子則習慣性地以為，他可以靠別人實現他的願望。在家以外，這自然是不可能的。於是，一個習慣了溺愛的孩子會無法在學校和社會上靠自己去實現他的願望，這就不只是挫折感的事，而是切切實實地無法實現他的目標。

這時，他會渴望逃回家中，畢竟在這裡，還有人樂意替他做事情。然而，一個大孩子的願望和一個嬰幼兒的願望是不一樣的，父母已無法替他實現了。幫一個十六個月的蹣跚學步的孩子拿一個十公尺外的球，對於父母而言是再簡單不過的事，但幫一個十六歲的孩子交友、學習甚至談戀愛，卻是父母很難做到的事情，而幫一個二十六歲甚至三十六歲的大孩子實現真正的價值感，則成了任何一個父母都不可能完成的任務了。

這時，這個大孩子的世界就會崩潰。

一旦崩潰後，他容易對父母產生很大的怨恨。不過，這個怨恨其實不是現在才產生的，而是很小的時候就開始累積了，當父母非要餵他吃飯時，當父母非替他穿衣時，當父母以安全的理由非要限制他的活動時……這種怨恨早已經產生了。

並且，他們的怨恨，如果從根本上而言，也不是沒有道理的。他們現在經不起挫折，沒法融入學校和社會等家以外的環境，這種苦果的確是父母的嚴重溺愛種下的。

一個二十歲的女孩小妍，因為受不了老師的批評而退學。回到家後，她的脾氣變得非常暴躁，經常對父母發脾氣，有時還動手打父母。

但每次這樣做了以後，她會非常自責，會痛哭流涕地請求父母的原諒，發誓再也不這樣做，但她控制不住自己，過不了多久又會對父母發脾氣、動手。

她之所以這樣做，是因為在溺愛中長大的她在潛意識知道，她現在受不起挫折，其中很大一部分原因在於過度的溺愛。她折磨父母，其實是在表達這樣的感受：為什麼你們現在不能幫我解決困難了？

以前，她習慣有困難找父母，年紀越小的時候，父母通常都能幫她解決，因為那時挑戰的難度不大，但年紀越大，遇到的挑戰就越大，父母能幫她解決的可能性就越小。

溺愛和挫折教育都是對孩子的傷害

溺愛對於孩子的傷害很大，但是長期以來，我們一直都在美化父母的溺愛，只是單純把溺愛當作是一份過度的愛。這樣的說法，還是將父母的做法擺在了道德正確的位置上，而有的父母也會以此為自己辯解：我知道溺愛不好，但我實在太愛孩子了。

其實，真愛是不存在「過度」這一說的。如果是真愛，那麼父母不管給予孩子多少，孩子都不會出問題，相反，真愛越多，孩子的成長就越健康。

那麼，什麼是真愛？

看到孩子的真實存在，發現孩子的真實需要，並幫孩子實現他的需要，這便是真愛。

譬如，當一個蹣跚學步的孩子想去拿十公尺外的球時，他的真實需要不僅是要拿到那個球，還必須要自己完成。這時的真愛不是替孩子拿到那個球，而是陪伴著、守護著孩子，看著他獨立完成這個任務，並在他遇到危險的時候化解他的真實危險。

再如，當一個孩子明確地對你說「我來……我來……」的時候，他的真實需要就是這種自主行動的願望。耐心地滿足孩子的這種願望，之後收拾孩子留下的混亂局面，這便是真愛，並且這的確比幫孩子解決問題要難多了。

我們常將幫孩子「做什麼」視為愛，但很多時候，父母「不做什麼」才是愛。太多的時候，做父母的需要提醒自己，控制住自己干預孩子行為的衝動，因為太多的干預是不必要的。

如果說，孩子是天使，那麼父母不是上帝，而只是天使的守護者。並且，父母還要切記一點：一個孩子在十六個月時化解一個挫折時的難度，遠勝於他十六歲、二十六歲或三十六歲時化解一個挫折時的難度。十六個月大的孩子摔一跤哇哇大哭時的痛苦，遠輕於一個二十六歲的孩子找工作、交朋友和談戀愛時遇到挫折的痛苦。

所以，請尊重一個幼小的孩子受挫折的權利。

不過，我想強調一點：孩子的成長中自然會遇到很多挫折，只要大人給孩子自主解決的機會，那麼他們會自動培養出高度的挫折忍受度，並不需要額外的「挫折教育」。

我很討厭「挫折教育」的邏輯：家裡，我們忍不住溺愛你，讓你成了溫室中的花朵；家外，我們要給你強加一些挫折，讓你經得起風雨。這樣的做法，難受的全是孩子，在家裡是強加的溺愛，在家外則是強加的傷害，而家長們則不過是在為所欲為。

心理師這樣說

溺愛，會嚴重傷害孩子的自我效能感

「自我效能」感是心理學家阿爾伯特．班杜拉（AlbertBandura）（註1）提出的概念：「指一個人對自己是否有能力完成某一行為所進行的推測與判斷」。

班杜拉將自我效能感與自信聯繫起來，他說，自我效能感是「人們對自身能否利用所擁有的技能去完成某項工作行為的自信程度」。

擁有高自我效能感的人，在追求一個目標時，會有堅定不移的信心，認為自己一定能實現這一目標。

影響自我效能感形成的因素很多，最重要的，是一個人自己的成敗體驗。大人或許以為，孩子的事情看起來很小，但實際上，對一個幼小的孩子來說，他要做的很多嘗試都很重大，完成這些任務，要調動很多東西，頭腦、身體和心志等。每完成一個他認為的重大嘗試，都會讓孩子感覺到「我自己行」，久而久之就幫助孩子形成了強大的自我效能感。

若父母對孩子過於溺愛，總是「幫」孩子完成對他來說看似困難的事，這其實意味著，父母破壞了孩子的探索過程，破壞了孩子形成自我效能感的過程，最終在孩子腦中形成一個邏輯——他能否實現一件事取決於大人是否幫他。

所以，讓幼小的孩子獨自探索，是一件無比重要的事。這時，在大人看來，孩子的天地很小，但在孩子看來，這就是他的整個世界，他要先在這個世界裡證明自己的力量，而後才可能信心十足地在更大的世界裡去證明自己。

註1　阿爾伯特·班杜拉（AlbertBandura，1925—），美國當代著名心理學家。新行為主義的代表人物之一，社會學習理論的創始人。以「自我效能感」說明觀察性學習、社會經驗和相互決定論在人格發展中的作用。

06

對物質的追求是對愛的渴望

上海，女中學生集體援交，年齡最小不到十四歲，最大者不過十八歲；安徽，十七歲小伙子為買 iPad2 而賣腎；網路上，九〇後女生在微博上留照片留電話，願以初夜換 iPhone；廣州，十六歲少女為買 iPad2，辱罵並暴打媽媽，被媽媽失手悶死。

這些新聞真是可怕。但更為可怕的是，或許，它們是普遍存在的。

我最近屢屢聽到類似的故事，有朋友說她讀高中的兒子背債也要買 iPhone，並且要立即買到，哪怕花幾萬元，哪怕是去香港排長隊，而且威脅說不買就不認父母。而且該男孩有過 iPhone 好幾代了，但那時她突然明白不能再這樣下去了，於是拒絕了他。

還有朋友說，他讀國一的兒子暴力傾向很嚴重，稍不如意就會攻擊他，常拿菜刀比畫，而且真的拿菜刀追他，有一次還一刀砍在門上。

我也在使用蘋果公司的產品，它們很精美，宛如藝術品一樣，與其他廠家標榜工具性的電子產品很不一樣，令我有些著迷。

然而，拿腎換電腦，拿初夜換手機，拿性換奢侈品，以及為此對父母暴力相向……也太恐怖了吧！

這些孩子到底是怎麼了？

對此，我在北京的心理醫生朋友沈東郁在微博上解釋說：

iPhone、iPad 都是過渡的客體，在他們眼中是愛的象徵，對物質的追求是對愛的渴望。得不到就意味著喪失愛，就要摧毀剝奪了他們被愛感覺的那個客體。這些孩子的心理發展程度是非常低的，蘋果產品在他們心中等同於幼兒睡覺時離不開的泰迪熊，只不過生理年齡增長了，他們的力氣遠大於幼兒。

這一段話精確到位，就是有不少專業術語，我解釋一下吧。

客體對應的是本體，本體即「我」自己，而客體即與「我」建立關係的其他人乃至萬事萬物。對於每個人而言，媽媽都是我們生命中的第一個重要客體，而承載母愛的其他客體即是過渡客體。

一般孩子，常見於幼兒，少年也有，他們會鍾愛一個小枕頭或小毯子，不讓家人洗，髒了、臭了都不讓，如果家人偷偷洗了，他們會大哭，有時甚至會哭暈。

如果細細回顧，家人會知道，這個小枕頭或小毯子，媽媽曾與孩子一起共用過。表達能力強的孩子則會說：它們有媽媽的味道。

由此可見，孩子迷戀這些小東西，其實是想抓住母愛的味道。

母愛是什麼？

孩子哭，媽媽知道他是餓了，用乳房哺育他。這一刻，母愛借媽媽的乳房而傳遞，媽媽的乳房就成了過渡客體。孩子哭，媽媽知道他渴了，用奶瓶餵他水喝。這一刻，母愛借奶瓶而傳遞，奶瓶成了過渡客體。

如此這般的情形無數次地發生，量變引起質變，有一天孩子突然領悟到，母愛並不等同於乳房、奶瓶或其他，母愛是無形無質的。

有了這樣的領悟，孩子就會放下對過渡客體的執著，或者說，對有形有質的母愛載體的執著。也可以說，有了這樣的領悟，一個孩子的心就被照亮了，他懂得了靈魂的真實存在。

然而，假若母愛的累積效應不夠，這一領悟沒有發生，甚至，母愛稀少，就會導致一個結果——孩子對有形有質的母愛載體非常執著。最初，愛的載體都有照顧與陪伴功能，經典如泰迪熊，這是美國孩子最常見的玩偶，毛茸茸地可以讓孩子抱著，也可以充當孩子假想的玩伴與聆聽者。健康成長的孩子可能會對泰迪熊很有感情，但他們不容易痴迷，而太痴迷於泰迪熊的孩子，都可能是兒時獲得的母愛太少。

電影《終極追殺令》（Leon:TheProfessional）中，殺手里昂的「泰迪熊」是那盆植物，後來變成了同樣缺乏愛的小女孩。里昂為那個小女孩而死，可套用沈東郁的另一篇博文「為了得到愛，不惜一切代價！」

而關鍵是，為什麼而死。里昂為小女孩而死，有了靈魂層面的味道。為電腦和手機而死，則顯得可憐而可憎。

但這些故事其實是一樣的。母愛獲得太少的孩子，就會執著於母愛載體。既然母親表達愛的方式是給孩子買東西，而不是陪伴與細膩的關愛，那麼孩子就沒辦法發展到靈魂層面的愛，而是會執著於這些東西。先是很小的需求，一顆糖，一瓶養樂多，一個小玩具，最後則發展成手機、筆電乃至其他。

最初思考援交少女的事情時，我腦海裡跳出一個短句——「沒有靈魂，只有交易。」體悟到無形無質的愛，便會知道，愛是有靈魂的。但若體悟不到這一點，靈魂層面的愛就淪落為需求被滿足的層次。滿足需求，這總是要交易的，拿我所有的，換我所渴求的。

看不到靈魂的存在，就不知道自己的尊貴。身體是什麼？腎是什麼？不知道，體會不到，我只看到我的渴求，一台 iPad2，它閃閃發光，具有無可匹敵的吸引力，啊，有了它，我太心滿意足了。

看不到靈魂的存在，我們也不知道事物的尊貴。iPhone 到手了，有形有質的美妙之物到手了，但那滿足感，也就只是到手那一刻，很快，它就消散了。

於是，有了 iPhone 一代，還要渴求二代，有了二代，還渴求更新的⋯⋯。

大人的童話故事《小王子》中，小王子居住的小小星球上，只有一朵玫瑰花，他以她為傲，以為她是世界上最漂亮的花。但到了地球上，他發現了一個玫瑰花園，那一刻他很失望，原來他的玫瑰花並非是獨一無二的。但狐狸讓他明白，他的那朵玫瑰花的確是獨一無二的，因為他馴養了那朵玫瑰花，玫瑰花也馴養了小王子。

馴養是怎麼發生的？

每天，小王子要給玫瑰花澆水、捉蟲子、遮太陽，還要陪她說話，有時要滿足她小小的虛榮心，就是在這些細瑣的行為中，小王子馴養了玫瑰花，玫瑰花也馴養了小王子。

一開始提到的那些可憐的孩子們，他們常常還有一個可憐的命運——被「溺愛」壞了。其實，並非是溺愛，而是缺愛。研究發現，孩子要形成穩定的安全感，需要一個條件——在三歲前，和媽媽生活在一起，沒有嚴重的分離（超過兩個星期的分離即為嚴重），而且孩子與媽媽之間的關係有很深的影響。

如果深入瞭解那些被「溺愛」的孩子，你會發現，沒有一個能滿足這個基本條件。達不到這個條件，孩子的心就難以發展到能真正體會到無形無質的愛，或者說靈魂層面的愛。小王子對玫瑰花的照顧中，需要時間與精力，或者說，需要心。然而，只是給孩子一部 iPad，這未必是有心。

我的一個個案，她覺得她基本滿足了我剛剛所說的條件，但她那個如天使一般美麗可愛的女兒，到了四、五歲後變成了小惡魔，常常失控，激烈地攻擊她和丈夫，主要是攻擊她。

她從未和女兒有長時間的分離，也讀了很多育兒書，盡可能用書上的辦法與女兒相處，但卻獲得了這樣的結果，這令她絕望，甚至覺得生命都沒了意義。

仔細地聊下去，我發現了一個最基本的問題——她很少和女兒擁抱。這源自於她的童年，她十歲前沒和父母一起生活，所以得不到擁抱，最後變成懼怕並抗拒擁抱。

後來又發現一個問題，她是將育兒書上的辦法當成「任務」來對待的。如果給孩子餵水就只是一個任務，那麼就只有奶瓶這一過渡客體存在，而無形無質的母愛就沒有傳遞。明白這兩點以後，她開始學習用心對待女兒，將一切任務變成與女兒一起的玩耍。譬如洗澡，當只是任務時，女兒會抓狂，但現在她仔細體會碰觸女兒的身體，和她一起玩耍，結果女兒會說，媽媽，多玩一會兒，媽媽，什麼時候我們還這樣玩啊？

這時，洗澡這件事也成了過渡客體。這種有心地在一起，就是彼此馴養的過程。果不其然，隨著這樣細瑣時刻的累積，女兒的暴力傾向少了。沈東郁的說法很科學，而我一個朋友的說法很感性。

她說，對媽媽的那種暴力傾向，就像是想撕碎媽媽那層僵硬的殼，看一看是不是有一個活生生且真愛自己的事物存在。

溺愛不是孩子的答案，狼爸虎媽更不是孩子的答案，答案在於心，在於靈魂。

07

密不透風的「愛」源於自私

孩子長大了，會渴望獨立空間，渴望伸展自己的手腳，嘗試自己的力量。這是一個生命成長的必然規律。但是，很多家長意識不到這一點，在他們心中，孩子就是永遠不懂事的小孩，永遠不知道怎麼做事的小孩，他們得時時刻刻為孩子的一切事情操心。於是，孩子哪怕都二十歲了，他們還像對待一個兩歲的孩子那樣對待他。

並且，儘管他們意識到，自己這樣做似乎只能令孩子變得越來越糟糕，但他們仍然無法放下自己那密不透風的「愛」的風格。

這是因為，這種愛的背後，其實有一種恐慌：一些家長無法忍受孩子的獨立傾向，無法忍受與孩子分離的規律。

武老師：「救救我的兒子吧！」

他二十一歲了，剛上大三，暑假期間，我讓他去舅舅那裡打工，那個地方比較偏僻，沒有什麼娛樂場所，他迷上了網絡，整夜整夜地上網，所以白天工作沒精神，他舅舅怎麼說他都不起作用。有一次，為了躲舅舅，他甚至步行十公里去另一個網咖，舅舅找到他後把他打了一頓。

我聽說孩子迷戀上網後心急如焚，於是請假去孩子打工的地方，陪了他一個月，為了讓他不上網或少上網，我說盡了一切好話。有一次還跪下來求他，讓他不要因為網癮毀了自己的前程。他答應我少上網，我在的時候他也做到了。

但我一走，他又開始整夜整夜待在網咖裡，他舅舅忍不住又打了他一次。隨後，他與舅舅不辭而別，回到學校裡，再也不理會我們。打電話過去，他一聽是我的聲音就會立即把電話掛掉。他爸爸在電話裡罵了他幾次後，他連爸爸的電話也不接了，好像我們成了他的敵人似的。

現在，聽說他還瘋狂地上網，我都快絕望了。我該怎麼辦呢？其實，除了上網，他還有很多問題。都上大三了，他還沒什麼朋友，也沒有追過一次女孩，每天都獨來獨往。再過兩年，他就進入社會了，這樣怎麼能行呢？就這些問題我也想了很多辦法，逼他去和同年齡的人交往，想辦法給他創造機會與一些異性相處，但都沒有讓他有什麼改變，他還是那麼孤僻。

我該怎麼辦啊？求你想想辦法，救救我的兒子吧！

梁姨

讀完這封信，我不由想起前不久曾在一個關於網路成癮的新聞上看到的一位媽媽。新聞記者會的主辦單位介紹說，這位媽媽是因為兒子的網癮問題而來的。

但是，私下與這位媽媽對話才知，她兒子已有半年多沒怎麼上過網了。聽她這麼說，我有點犯暈，我問她，那為什麼還來參加這個關於網癮的會議呢？

她回答說，兒子雖然不上網了，但學習動力不夠，她為這一點很焦慮，所以希望這次活動，主辦單位的心理醫生能幫兒子提高學習動力。

我再問她，她兒子犯網癮時是什麼狀況。她回答說，他每天上兩個小時的網，大概持續了幾個月，後來就不怎麼上了。

「每天上兩個小時的網，你認為這是網癮嗎？」我問她。

「現在聽了很多關於網癮的故事後，我知道兒子的狀況不算嚴重，但是每天用兩個小時上網，這不是浪費學習時間嗎？」她說。

這番對話讓我恍然大悟，原來很多家長對「網癮」是用自己的標準來診斷的，即上網只要被他們認為有可能妨礙學習，就是網癮。

再回到梁姨的信上來。她兒子打工的地方「沒有什麼娛樂場所」，在這種情況下，一個二十一歲的男大學生經常出入網咖，是很可以理解的事情。但他的舅舅不這麼看，不僅嚴加管教而且還打了外甥一次。頻頻上網與舅舅打二十一歲的外甥，這兩者之間，究竟哪個更不正常呢？在我看來，顯然後者更不正常。

梁姨給我的信很長，裡面還有好幾處明顯比他兒子上網更不正常的地方。

譬如，這男孩的爸爸幾次打電話訓斥兒子，叫兒子戒除網癮。但這個爸爸自己卻有賭癮，已經輸到嚴重影響家庭的日常生活了。這樣的爸爸，卻來訓斥兒子的網癮，能起到作用就怪了。

但我覺得這裡面最不正常的是媽媽的下跪行為。這個男孩的「網癮」，其危害性有那麼嚴重嗎？竟然要媽媽下跪求他改變？

我給這位媽媽回了一封信，言辭有些激烈，大概意思是：兒子戒不戒網癮，是個小問題，你們做父母的，倒應該先反思一下自己的方式。

她的方式，是通過自我犧牲來勒索孩子的服從；我都把自己擺到這麼低的位置了，你看看我多麼可憐啊，還不順從，你這個不孝子！通過自我犧牲，給對方製造愧疚感，然後以此逼迫對方服從，是華人家庭中非常常見的一種策略。

別老是挑剔兒女的錯

最近一段時間，我接連收到多封類似的信件，都是媽媽寫來的，她們為自己二十歲左右的兒女焦慮至極，擔心他們朋友少，擔心他們不結交異性，擔心他們缺乏社會適應能力。

給我的感覺是，這些媽媽都有一雙挑剔而銳利的眼睛，專門用來尋找兒女的問題。就和我在網癮會議上見到的那位媽媽一樣，兒子每天花兩小時上網就斷定他有「網癮問題」，兒子不上網了就擔心他有「學習問題」，如果兒子學習問題也解決了，我估計她就開始擔心兒子的「朋友問題」，等兒子進入成年後則開始擔心他的「女友問題」。

總之，不管兒女怎麼樣，做媽媽的都能找到問題。

從意識上看，這些媽媽是擔心兒女成長得不夠健康，但其實，我想他們擔心的是兒女的獨立，是兒女與自己必然的分離。

一位媽媽給我的電子郵件裡說，兒子十六歲了，她不知道兒子是怎麼想的，於是不知道該怎麼監督兒子健康成長，她對此非常焦慮，問有什麼辦法可以瞭解兒子的想法。

我回信說，這個年齡層的孩子，特別希望有獨立空間，特別希望自己為自己做主，做父母的只有給兒子設定一個正常的底線——好好學習不做壞事——就可以了，沒必要非得知道孩子「想什麼」。

我接著又收到一封電子郵件，是她兒子寫來的。他說，前面那封信，是不會用網路的媽媽讓他寫給我的，原希望我能站在她的角度上，幫她勸導一下兒子，沒想到我倒站到了另一個立場上，讓她很不舒服。他說，我的回信說中了他的心事，他正是這麼希望的，而「媽媽對我的愛太過了，常讓我覺得透不過氣來」。

這兩封信的意思再明顯不過了。顯然，兒子並不需要媽媽「密不透風的關愛」，這其實是媽媽的需要，她渴望與兒子黏在一起，當兒子越來越大、越來越獨立、越來越渴望自己為自己做主時，這位媽媽就感到了極大的分離焦慮。她渴望永遠瞭解兒子的想法，以為那樣就感覺不到分離了。

媽媽的這種做法，會給孩子被吞噬的感覺。他們常常被動地滿足媽媽的這種不分離的需要，但為了對抗這種被吞噬感，他們會形成一個保護殼。即是他們所有配合媽媽的行為，都是從殼外面生出的，而不是從內心發出的。久而久之，媽媽再也問不出他們內心的話。

置換了焦慮的內容

在我看來，那些永遠能發現兒女的「成長問題」並為之深深焦慮的媽媽，其實置換了焦慮的內容。

就是說，她們真正焦慮的，並不是兒女的成長，而是自己與兒女的分離。母親自己缺乏獨立，所以需要那種無時無刻地關愛另一個人的感覺，這種黏在一起的感覺消除了孤獨，也消除了我們生命中經常要遇到的「無意義感」，即「空虛」。

兒女小的時候，沒有強烈的獨立意願。但隨著年齡的增長，尤其是進入青春期後，他們開始叛逆，渴望擁有自己的獨立空間，並有了主動離開媽媽的意願。

兒女的這種意願讓這些媽媽感到焦慮，而「瞭解兒女的想法」、「發現兒女的問題」則成了她們控制兒女的常用方法。

你或許會問，難道媽媽想瞭解兒女的想法，不應該嗎？做媽媽的就用這種邏輯控制住了兒女。「發現兒女的問題」則是更有利的控制方法。兒女再怎麼發展，也是不完美的，什麼時候都會有「成長的問題」。既然兒女有問題，那麼媽媽為此焦慮，並為此投入巨大的精力教育兒女，也是理所應當的了。所以，我們還是要黏在一起。

如果黏到一起能對兒女好，那麼這種控制方式也算可以接受的。但事實表明，效果恰恰相反，那些時時刻刻都在為兒女的「成長問題」而焦慮的媽媽，她們的兒女在長大後是最容易出問題的。

為什麼呢？因為，這是由進入青春期的孩子的特點所決定的。一般而言，進入十三、十四歲後，孩子就會進入一個漫長的叛逆期，父母讓他們向東，他們偏偏向西。但他們不是非得要與父母過不去，而是渴望展示自己的力量，自己為自己做主，從而最終發展成為一個有獨立人格的人。

如果做媽媽的不理會孩子的這一特點，而是用密不透風的愛為孩子的「所有問題」操心，那麼孩子常會發展出一種極端的叛逆：我什麼都不做了。意思就是：我什麼事情你都要操心，我怎麼做你都能找到問題，那我乾脆什麼都不做了。正是在這種邏輯之下，梁姨二十一歲的兒子才變得特別孤僻。一個男大學生對我說，無論他做什麼事情，耳邊好像都能響起媽媽的各種叮囑，讓他煩不勝煩，於是什麼都不想做了。

兒女出現「成長問題」，一般都能在父母的身上找到原因。所以，我在回信中告訴梁姨，她最好先去看心理醫生，但首先不是為了孩子，而是為了她自己。假若她改變了自己的「教育」方式，她兒子很有可能會不治而癒。更重要的是，她要活出自己的生活，讓她的能量貫注到自己的生活上。太多父母過於關注孩子，一個關鍵原因是，他們的生命已乏善可陳。

「我的孩子出了問題」這種話不要急著說，因為很可能出問題的是父母自己。在這裡我給媽媽們一些建議：

一、不要渴望澈底瞭解進入青春期的孩子，只要孩子守住了「不做壞事」這一底線，就不要總想著去和孩子談心。

二、不要總把眼睛盯在兒女的「問題」上，青春期的孩子自然地會出現許多問題，這是青春期的發展特點所決定的。

三、尊重青春期孩子的叛逆意願。假若放手讓他們自己去發展，給他們充分的獨立成長空間，他們的叛逆行為自然會消失大半。

四、反省一下你自己，你是不是特別害怕孩子離開你？

五、豐富你自己的生活。如果你自己的生活不無聊、不空虛，那麼你就不會太黏兒女。

六、改善你與丈夫的關係，把你的情感重心從你與兒女的關係轉移到你與丈夫的關係上來，讓丈夫來填補你的情感空洞。

08

思覺失調症（Schizophrenia）是如何發生的？

對一個人而言，最可怕的是，他最為重要的感受，卻被周圍人紛紛說，你不應該這樣，你應該是相反的樣子。

我現在越來越多地發現，內心嚴重的分裂，甚至精神分裂症，就是這樣發生的。

假若一個家庭是極端家長制的，那麼故事常這樣發生：權力狂（常是父母，偶爾是家中的長子或長女）極力向下施加壓力，讓別人服從於他。因各種資源掌握在他手中，並且他偏執地追逐這一點，甚至不惜殺人或自殺，於是家庭成員紛紛順從，最後精神最弱小的，就成了這個權力結構的終端受害者。

終端受害者的精神非常苦悶，他向家人訴說，但因為怕麻煩或恐懼，沒有一人支持他。相反，他們都說愛他，並說權力狂的一切瘋癲行為都出於愛他。這時，他向外部世界求助。可外部世界的所有人也說，權力狂愛他。他發現他的痛苦沒一個人能理解，且所有人都覺得他不該痛苦，他應快樂，並感恩權力狂。

於是，他飽受折磨的靈魂被驅逐到一個角落。假若他將這些痛苦展現到外部世界，那麼他所能居住的角落就是「異端」、「瘋子」、「精神病」的世界。這種外部現實也會進入內心，他自己也會驅趕自己的痛苦到內心一個極度被壓縮的角落，結果他內心也處於極端分裂中，因這份痛苦，是他生命的最大真相，它不能被忽視。

可以想見，在特別講孝道的地方，一個孩子最容易成為權力狂家庭的受害者。他被父母傷害，但所有家人都說，父母是愛你的，你不該有痛苦。到了社會上，大家也這麼說。去看書，書上也這麼說。最後，他只能分裂。

有時是一個學生受了老師的傷害，但學校不給他支持。回到家，父母也說，老師虐待你是教育你。書中也這麼說。最後，他也得分裂。

在嚴重重男輕女的社會，一個女性，也容易有這樣的結果。她的痛苦，不能到任何地方訴說，每個人都會用一套奇特的、繞了很多彎的邏輯來告訴她，別人沒有錯，錯在你。譬如印度，被性侵的女性不能報警，因報警會被警察奚落，甚至被警察性侵。最後，她也只能分裂。

我寫這些文字，絕非說，所有的思覺失調症都源自這種現象，我只是看到，我瞭解的一些內心分裂甚至思覺失調的人活在這樣的一個氛圍中。對他們而言，系統性的被迫害妄想是非常真實的。

最可怕的就是，無論走到哪裡，別人都說，虐待你的人是愛你的。請記住，輕易地說這樣的話，就是在製造分裂。

所以，請「看見」痛苦者的痛苦感受，確認他們的痛苦感受是多麼真實，不要粗暴地進行評判，更不要朝相反的方向說。你以為，你在讓他看到正能量。殊不知，你在繼續將他朝分裂的方向推。

精神分析認為，思覺失調症等重度精神疾病的心理因素的源頭在於極度糟糕的母嬰關係。這也可以理解為，嬰兒期的重要感受不能被母親看到，不能被確認，於是這些感受就成為破碎的裂片，嬰兒的自我功能不能包住這些裂片，更談不上整合。

我為這個題目寫過一系列網路文章，一是因一些個案的累積，另一個重要原因是這一事件：重慶市十九歲女孩，沒按照父親要求摘菜，被父親訓斥、反駁，遭父打耳光。但在學校，竟被感恩教育老師教訓，在一千人面前向父親下跪並祈求原諒。這就在女孩心裡製造了巨大分裂。所幸的是，網絡上對這種教育一片罵聲。

最後強調一句話：感受被看到，就是最好的治療。

精神性疾病歸因於痛苦的童年

十九歲的張馨性格豪爽，頗有男孩子的膽氣，獨獨怕螞蟻，從不敢坐在草地上，每到一個地方，她必須要先仔細地檢查有沒有螞蟻。不過，她可沒有膽量檢查，必須由朋友先完成這個任務。

二十四歲的梁雨不敢和人對視，因為「誰都能從我的眼睛裡看到一些不對勁」。他也不願意上街，因為他覺得大街上的人都在議論他。

三十四歲的方菲和丈夫吵了一架後，癱在床上不能動彈了，她的腿失去了知覺，但醫院完全檢查不出問題來。後來，一名心理醫生給她注射了一針「特效藥」——其實是生理鹽水，讓她的腿重新恢復了知覺。但前不久，在對七歲的兒子發了一場大脾氣後，她的胳膊又失去知覺，不能動彈了。

以上案例都是典型的精神官能症（註1），張馨患的是螞蟻恐怖症，梁雨患的是對視恐怖症，而方菲患的是歇斯底里（Hysteria）。這些形形色色的、難以理解的精神官能症狀會給患者帶來巨大的苦惱，幾乎每一名強迫症患者都強烈希望能消除自己這些奇特的症狀。

但是，美國心理學家史考特・派克（M.ScottPeck,M.D.）在他的《心靈地圖》一書中宣稱：「症狀本身不是病，而是治療的開端……它是來自潛意識的訊息，目的是喚醒我們展開自我探討和改變。」

精神官能症在幼年時播種，成熟期發作

精神官能症，是最常見的心理疾病，患者有持久的心理衝突，並為此深感痛苦，但其戲劇性的症狀常缺乏明顯的現實意義，而且沒有任何可證實的器質性病變（因身體器官病變所導致的異常）基礎。

患者也罷，周圍人也罷，很容易關注患者富有戲劇色彩的症狀。不過，按照精神分析的觀念，雖然患者為精神性症狀痛苦不已，但這其實只是一個象徵，問題的核心在於患者的一些創傷體驗。只不過，這個創傷體驗主要並不是源自此時此地的創傷事件，而是產生於幼年發生的一些創傷事件。

當時，對於嚴重缺乏人格力量的小孩子來說，這些創傷是「不能承受之重」，如果面對它會遭遇心理死亡或實質死亡。所以，幼小的孩子會發展出一套特定的心理防禦機制，扭曲創傷事件的真相，將其變得可以被自己所接受。從這一點上講，精神官能症是一種保護力量，可保護幼小的孩子度過可怕的童年災難。

同時，當時的創傷體驗就會成為一個「膿包」，被壓抑到潛意識中「藏」起來。等當事人長大後，再一次遭遇到和童年類似的創傷事件——這幾乎是不可避免的，「藏」在潛意識中的「膿包」就會被觸動，並最終表現出相對應的身心症狀。

並且，奇特的是，儘管精神官能症一般是在五歲前就埋下了「膿包」的種子，但一般都要等到當事人足夠大時——譬如青春期或成年才發作。這是什麼道理呢？

美國心理學家史考特．派克認為，這是生命的一個祕密。童年的痛，弱小的我們無法承受，必須扭曲，以保護自己。但當精神官能症真正展現的那一時刻，我們其實已經長大。這就好比是，戲劇化的精神官能症症狀是在提醒我們，你長大了，有力量了，別逃了，現在是正視童年那個不能承受之痛的時候了。

創傷越早，患病越重

精神疾病從輕到重可以分為三類：精神官能症，如憂鬱症、強迫症、社交焦慮症和廣場恐怖症等；人格失調，如表演型人格障礙、自戀型人格障礙、反社會型人格障礙和邊緣型人格障礙等；精神病，如思覺失調症、躁狂、抑鬱症等。

按照精神分析的理論，五歲之前的人生階段是人格發展的關鍵階段，一個人的人格在這一階段被基本定型，如果兒童在這一階段遭遇嚴重創傷，他就會埋下患病的種子。如果以後的人生階段再一次重複了類似的創傷，他就可能會爆發相應的心理疾病。

一些精神疾病患者到了成年才發病，但其患病基礎一般可追溯到出生後九個月，他在這一階段沒有得到父母的呵護，他們的病情可以用數種方法緩和，但幾乎不可能治癒。

人格失調的患者被公認是嬰兒期得到完善照顧，但從其九個月到兩歲間未能得到很好的呵護，因此他們的病情雖然比精神疾患輕微，但仍相當嚴重而不易治癒。神經官能症患者則被認為是幼兒期受到妥善照顧，直到兩歲之後才因故受到忽視。所以一般認為神經官能症情節最輕，也最容易治療。

案例：大企業副總得了焦慮症

精神性疾病的症狀是富有戲劇性的，以至於患者的人生常常變成一團迷霧。在接下來要講的這個案例中，我們會非常清楚地看到這種複雜性。

去年十一月，在某心理諮商中心，五十一歲的盧斌無比焦慮地對諮商師瞿瑋說：「瞿醫生，請你務必再幫幫我，我覺得自己撐不下去了。」

這是盧斌第二次到瞿醫生這裡尋求治療了。上一次是三年前的夏天，瞿瑋還記得盧斌來到諮商室的情形：這個個子約一百八，帥氣、乾淨、身材勻稱、彬彬有禮的中年男人剛坐下來，就以非常急迫的語氣說：「你一定要救救我，我擔心自己得了愛滋病。」

表面上怕染上愛滋病，實際上是焦慮不能升職

盧斌是一家企業的副總經理，家庭觀念極強的他一直潔身自愛。然而，數月前，因為要陪外商，在一名客戶的極力慫恿下，盧斌和一名小姐發生了性關係。沒過多久，盧斌發現自己的生殖器部位有些不舒服，去醫院一檢查，發現感染上了尖銳濕疣。

經過治療後，他的身體很快恢復了正常。不過，事情不僅沒有結束，反而成為了噩夢的開始。一次，盧斌在報紙上偶爾看到一段文字說「性病有可能會變成愛滋病」，心裡一下子緊張起來。

他一次又一次地去醫院檢查，每一次結果都證實是陰性，一個又一個的醫生對他說，儘管他們不能百分百地保證，但他的尖銳濕疣轉換成愛滋病的可能性近乎是零。然而，這一切檢驗結果都不能化解盧斌的擔憂，他的焦慮情緒越來越嚴重，先是不斷做噩夢，接著開始整夜失眠，最後出現了驚恐發作——恐懼到身體顫抖、出冷汗，甚至有瀕臨死亡的感覺。一名醫生懷疑盧斌是心理因素作祟，於是建議他去看身心科門診。

「你這是恐懼症的一種。恐怖症的內容各式各樣，有人怕臉紅，有人怕開闊地帶，有人怕幽閉空間，有人怕蜘蛛，而你是怕自己患上愛滋病。」心理諮商師瞿瑋說，盧斌對愛滋病的恐懼

其實只是一種象徵，並無現實意義，他真正擔憂的是其他的事。

第一次治療時，瞿瑋先給盧斌開了一些抗焦慮的藥物。吃了一週藥物後，如期而來的盧斌在諮商中找到了他的真實焦慮：擔心在換屆選舉落敗。

盧斌回憶說，在恐懼症爆發前，公司啟動了換屆選舉程序，他和另一名女副總是最強有力的競爭對手。

一開始，盧斌自信爆棚，他認為自己的業務能力明顯高於對手，當然應該是總經理的不二人選。但是，隨著選舉的進行，他逐漸發現，相對於有點清高的自己，善於搞人際關係的女副總得到了更多的支持，優勢日益明顯。就在這個時候，盧斌看到了「性病有可能會變成愛滋病」這段文字，「恐懼症」隨即爆發。

在治療中，瞿瑋幫助盧斌明白，他對愛滋病的恐懼其實是由換屆選舉引發的焦慮的「置換」。也就是說，對愛滋病的焦慮是一種「幻象」，只具有象徵意義，對換屆選舉的擔憂才是真實的。因為不能很好地面對換屆選舉帶來的焦慮情緒，他於是玩了一個「偷樑換柱」的遊戲，把選舉焦慮變成了「恐懼愛滋症」。

只不過，這種遊戲是他的潛意識在起作用，盧斌自己並不明白。

盧斌接受了瞿瑋的心理分析。接下來，瞿瑋給盧斌開了抗焦慮藥，並結合認知行為模式的心理治療，主要是通過與瞿瑋辯論，讓他領悟到自己症狀的荒謬性，最終澈底化解了盧斌對愛滋病的恐懼，這前後大約花了一年半的時間。治療的效果不止於此。在公司換屆選舉中，和預期的一樣，盧斌果真敗給了那位女副總。不過，盧斌現在沒有了不服氣的情緒。相反，他看到了對手的優秀之處，開始由衷地欣賞她為人處事的能力和領導才能，兩人的關係反而改善了很多，這一時成了公司內的美談。

女兒再次誘發他的焦慮症

去年十一月，時隔三年，盧斌再一次出現在瞿瑋面前，他的問題依然是焦慮，但其內容換成了對女兒盧迪的擔憂。當年九月盧迪以優異的成績考進北京一所重點大學，就讀工程科系。學校和科系都是盧斌替女兒選的，認為這會保證女兒畢業後找個好工作。盧迪非常崇拜爸爸，當時沒有提出任何異議。

但是，進入這所學校不久，盧迪就發現自己根本就不喜歡工程科系，她一次次地給爸爸打電話，哭著要轉系：「班裡的男生都很刻板，科系也無趣極了。爸爸，你一定要想辦法，幫我轉系。我受不了了，我覺得自己要崩潰了。」

盧斌懷疑女兒和自己一樣，患上了某種焦慮症，於是建議女兒到瞿瑋這裡做一下心理諮商。不過，瞿瑋最後診斷，盧迪並沒有患上焦慮症。因為，焦慮症病人所焦慮內容通常是缺乏現實意義的，但盧迪的焦慮非常具有現實意義：她就是不喜歡所就讀的科系。並且，具有現實意義的焦慮是好的，因為這種焦慮是一種力量，會推動我們去改變自己的處境。

被壓抑的憤怒變成了引爆點

盧斌第一次來看心理醫生，真正的誘因是與公司女副總的競爭；第二次來看心理醫生，直接的誘因是對女兒的擔心。

這兩個一致的訊息中，透露了盧斌潛意識裡的祕密：重要的女性，觸動了他「藏」在潛意識中的一個「膿包」。這個「膿包」是什麼呢？這要回到盧斌的童年。

盧斌出身於一個知識分子家庭，他有一個弟弟和妹妹，分別小他三歲和四歲。本來他的童年一直很幸福。但他五歲的時候，爸爸患了嚴重的肺病，多年臥床不起。在盧斌的記憶中，從此以後，「媽媽就總是很疲憊的樣子，她首先得照顧好爸爸，其次要照顧好妹妹和弟弟，而我總是被忽略的一個」。

不過，盧斌很懂事，他知道媽媽的擔子不輕，所以作為長子的他不僅沒有半句怨言，反而主動扮演起了半個爸爸的角色，替媽媽分擔了很多家務，也很懂得照顧弟弟妹妹，「妹妹很聽話，弟弟很調皮，我經常頭疼怎麼管教他」。

這彷彿是這個家處理家庭危機最自然不過的方式。但是，讓一個五、六歲的小孩子承受半個爸爸的角色，實在超過了他的承受能力。

心理諮商師瞿瑋的指導老師、德國專家羅斯·霍普特說，讓一個小孩子過早承擔這樣的壓力，他勢必會心有怨言，有憤怒，有攻擊性，「為什麼總是忽略我？為什麼非得要讓我承擔這麼重的壓力？」而家裡唯一健康的大人——媽媽，是他最可能選擇的對象。

然而，可能他看到媽媽的壓力更重，也可能這個家庭不能接受對父母的攻擊。所以，這個「小大人」就只好把自己的憤怒壓抑下去。這是一個惡性循環，這個「小大人」承受的壓力越大，在他心中產生的攻擊性就越多。

但是，這些攻擊性，他在家中根本沒有機會表達，只能壓抑到潛意識中去。並且，可以料想的是，以後他在對女性的攻擊性表達上也會出現問題。

這樣一來，他的憤怒只會越攢越多。當然，最重要的憤怒情緒還是在童年攢下的，尤其是對媽媽的憤怒。

但是，憤怒情緒必須要找到一個出口，在實在無法忍受時可以適當地宣洩一下。盧斌也有這樣一個出口，那就是把憤怒當作焦慮來表達。前面提到，「這個小大人」承受的壓力越大，在他心中產生的攻擊性就越多」，壓力也即焦慮，由此，提早負擔家中太多責任的「小大人」們就會形成一個心理公式「焦慮＝憤怒」。

也就是說，當這些「小大人」們潛意識中積攢了太多的憤怒時，他們表達出來的反而是焦慮。

這正是盧斌的情形。當和公司女副總發生衝突時，盧斌就像童年時面對媽媽一樣，無法對這名女副總表達憤怒。所以，當相互競爭產生的敵意越攢越多時，這種敵意就喚起了他自童年起就埋藏的眾多潛意識裡的憤怒。

這麼多的憤怒必須表達一下，只不過是以扭曲的方式——即精神症狀的方式，把憤怒表達成了焦慮。這是為什麼盧斌將選舉中產生的憤怒情緒置換為「恐懼愛滋病」這種奇幻的精神行為的原因。

他女兒要換轉系的情形也有些類似。從工科轉換到理科，是他女兒自己就可以搞定的事情。但是，女兒一定要從工科換到文科，這就要盧斌付出額外的努力。和正常的父親一樣，盧斌勢必也會對女兒的有點過分的要求產生憤怒情緒。

但是，他的心理機制注定不允許他表達憤怒，所以他只能再一次以焦慮的方式表達出來。潛意識裡的那個源自童年的「膿包」，最容易被那些與童年創傷類似的創傷所激發，公司女副總是他工作中的重要人物，與她的競爭觸動了盧斌的「膿包」。女兒是她生活中的重要人物，她的過分要求也觸動了盧斌的「膿包」。

應哀悼過去，而非傾倒憤怒

不過，隨著治療的進行，盧斌也越來越有力量進行憤怒的表達。有一次，在和妻子吵架的時候——這在他的家庭中很罕見，盧斌終於表達出了憤怒。

他對妻子說：「我很焦慮，我覺得活不下去了。」

「那你就去死吧！」妻子回答說。

「我就是不死，你讓我死，我偏不！你……」盧斌勃然大怒，和妻子狠狠吵了一架。

事後，盧斌對心理諮商師瞿瑋說，這次吵架讓他感覺到「前所未有的舒暢」。不過，以這種方式去宣洩潛意識中積累的憤怒，合理嗎？答案是：NO！

因為，儘管妻子的回答不對，但盧斌的憤怒，與其說是此時此地對妻子的攻擊，不如說是源自潛意識的攻擊，他是將自童年以來積累的憤怒一股腦傾倒到妻子頭上了。這種傾倒，並無太多意義。

因為，童年的不幸已不可更改了。這就導致，盧斌無論如何宣洩自己的憤怒，無論怎麼表達潛意識裡的難過——「為什麼給我那麼大壓力，為什麼唯獨我這麼痛苦」，他都無法改變童年發生過的事實。

所以，最應該做的，德國專家羅斯・霍普特說，是應該進行一次「哀悼」。即諮商師先讓患者在諮商室環境下充分地選擇一下潛意識裡的攻擊性，然後承認自己童年的不幸，接受這個事實，最後和這個悲劇說一聲再見，就像是哀悼自己一個逝去的親人那樣。

那樣一來，盧斌的憤怒情緒就會得以宣洩，潛意識裡那個「膿包」就會消失大半，而且「焦慮＝憤怒」這種精神性疾病式的心理公式也會被改變。

不過，有一點必須澄清的是，這個心理分析師並不是在說盧斌的媽媽應被譴責。生活首先毒害了盧斌的爸爸，接著又毒害了盧斌的媽媽，他們都很不幸。這種情況下，盧斌去承擔部分的不幸，這其實是正常的。生活對於盧斌的爸爸是不公正的，對於媽媽也是不公正的，對於盧斌就更是不公正了。

而盧斌的症狀就是對這個不公正的接受，他像是一個容器，接受了疾病給這個家庭中的部分「心病」，最終以自己得了精神性疾病的方式表現了出來。這種心理疾病，可以說是一種「善」。一旦盧斌最終被治好，他會明白，這個給了他巨大痛苦的病徵也塑造了他的優點。

註1　神經官能症（neurosis），是一組精神障礙的總稱，包括神經衰弱、強迫症、焦慮症、恐怖症、軀體形式障礙等等，患者深感痛苦且妨礙心理功能或社會功能，但沒有任何可證實的器質性病理基礎。病程大多持續遲延或呈發作性。

青少年太聽話並不是好事

你是否還記得你那青澀的青春期？那個時期，你經常被莫名的憂傷困擾？現在，你的孩子到了青春期。看著他們，你卻在想，他們是何等無憂無慮，他們是何等快樂！

其實，他們的青春期，和你的青春期一樣，充滿著莫名的憂傷。這種憂傷，是青春期的特點決定的，這種莫名憂傷，是必然的代價，這是上帝給成長著的我們的一個青澀的禮物，只是我們希望這代價不要太大。

二〇一一年十一月六日四川省平昌縣某中學三名學生在該縣森林公園裡喝農藥自殺，經醫院搶救，十二歲女生張某和丁某死亡，十四歲男生獲救。這樣的事情令人痛惜，卻無獨有偶。據統計，二〇一三年上半年上海地區有三十一名學生非正常死亡，其中就有六名學生是自殺身亡。中學生自殺的原因大多是學業壓力、家庭矛盾、情感糾紛等問題。

一個朋友給我打電話，說她看了這些報導後，趕緊回家和女兒談了一番話。結果，她吃驚地發現，十幾歲的女兒有很多「愁」。

「本來，我以為她這個年齡是無憂無慮、整天傻開心的年齡，但沒想到她會有那麼多的愁！」她說。顯然，她忘記了，當她也是這個年紀的時候，其實也有很多愁。

抑鬱，源自於喪失

憂愁，而且是莫名的憂愁，是青春期的一個典型特徵。因為，青春期處於一個不斷「喪失」的階段。

諮商師胡慎之說，抑鬱情緒均來自「喪失」，我們心理世界的任何一部分重要內容的喪失，都會引發或輕或重的抑鬱情緒。

譬如，被老闆辭退、失戀、離婚、因意外而殘疾和重要的親人去世都是嚴重的喪失。遭遇到這些嚴重喪失的人，必然會產生抑鬱情緒，善於處理的人，透過向別人傾訴、宣洩、自我調整等方式，將這些抑鬱情緒化解出去了；不善於處理的人，將抑鬱悶在心裡，悶多了，就發展成了憂鬱症。

改變也會帶來抑鬱。因為，改變意味著辭舊迎新，舊的心理內容被我們放棄了，新的心理內容誕生。不管新的內容會給我們帶來什麼樣的積極情緒，丟失的那部分舊的心理內容仍然會讓我們抑鬱。

正是因為這一點，正常人在分手、離婚並建立新的親密關係時，主動的分手者和被動的分手者一樣會產生或多或少的抑鬱情緒，無論新的關係、新的生活多麼美好，這種抑鬱都不會消失。

抑鬱不會消失，需要的是平衡和抵消。也就是說，當改變發生時，迎來的新的心理內容產生了好的情緒，辭去的舊的心理內容產生了不好的抑鬱情緒。如果好的情緒多於不好的抑鬱情緒，那麼這個人整體上就會處於快樂狀態。相反，如果不好的抑鬱情緒遠遠多於好的情緒，那麼這個人就可能會陷入較嚴重的抑鬱狀態。這是青春期憂鬱症的核心因素。

青春期必然叛逆!?

青春期的孩子有一對矛盾的心理衝突：脫離對父母等親人的心理依賴，走向獨立的自己。前者意味著喪失，是辭舊；後者意味著獲得，是迎新。在這對矛盾當中，如果後者佔據了主要地位，那麼儘管不斷地有莫名的憂傷襲來，我們仍然會感覺到自己的生命整體上是積極的、陽光的。相反，如果前者佔據了主要地位，抑鬱情緒就會成為我們的主導情緒。但問題是，我們的文化中，不鼓勵孩子的獨立性。

「我們的文化，喜歡好孩子，」胡慎之說：「經典的好孩子，在家裡聽父母的話，依賴父母，在學校聽老師的話，依賴老師。這樣一來，這個孩子的獨立空間就會受到擠壓，他會覺得不是為自己而活，於是就缺乏動力。他可能會出色地完成老師和家長交給他的任務，但卻表現得比較麻木，對很多事情都缺乏欲望和追求，這也是抑鬱的一種體現。」

我平均每天會收到十多封信，而這些信中有三分之一是中學生寫來的，其中說得最多的句式是「為了（擔心）父母……」，而相當地缺乏「我想（要）……」這樣的句式，比較典型的句式是「如果不是為了（擔心）父母，我早不上學了。」

對此，我的理解是，他們覺得，人生不是自己的，而是父母的，他們是在為父母而活，他們學習、生活的動力來自父母的壓力。

如果他們是「壞孩子」，他們就會走上叛逆之路，不理會父母的壓力，甚至和父母對著幹，父母讓他們向東，他們非要向西。這種「叛逆」，其實是青少年在爭取自己的獨立空間，試圖成為他自己。

「好孩子」，容易有兩個惡果

這樣看來，好孩子似乎比壞孩子更可取。

但其實，從十二、十三歲開始，一直到青春期的結束，是我們生命中的第二個「叛逆期」（第一個是一歲半至三歲）。正常情況下，每個青春期的孩子都會表現出較強烈的叛逆來，不聽父母的話，什麼事都要自己來。他們這樣做，只是為了完成必須完成的任務：脫離對父母及重要親人的依賴，走向獨立的自己。以正常的速度走完這個叛逆期之後，在十八歲左右形成一個完整的「自我」，他們開始約略知道，自己是一個什麼樣的人，而這也意味著他們終於基本成為一個成年人了。有了這個「自我」，他們就會有較強烈的欲望，明白自己想要什麼，不想要什麼，從而不需要監督，也能有很強的動機去追求人生目標。

然而，那些過於好的「好孩子」，他們的父母控制欲望太強，一直讓孩子按照他們的安排來學習和生活，而根本沒有給孩子獨立的空間，甚至嚴格抑制孩子的「叛逆」。這樣的話，這些好孩子的青春期就沒有一個正常的「叛逆期」。這會造成兩個惡果：

一、叛逆期推遲

廣州某外商公司三十一歲的經理李祥，就是典型的叛逆期推遲的案例。他到了大學才出現了強烈的叛逆心，故意和父母、老師對著幹，故意不認真學習。我知道的另一個經典案例是，一位男士，到了三十六歲才開始他的叛逆期。他離了婚，因為婚姻是父母安排的。他辭去工作，因為工作是父母安排的。最後，他很理智地對父母說：「我已經三十六歲了，這之前的前半生，我完全是為你們活著，什麼都聽你們的，但後半生，我想為自己而活，我要按照自己的意願去做事，請你們理解我，不要再控制我。」

二、缺乏生命力

太好的「好孩子」，會有一種通病：缺乏激情。因為，他們努力學習也罷，努力工作也罷，都不是發自內心，而是為了滿足父母及家人的期待。這種刻意的努力，是一種強迫性的努力。父母要督促他們，他們也要經常督促自己，才能繼續努力下去。但是，他們彷彿對努力得來的結果，譬如好成績等獎賞，沒有什麼熱情，他們的口頭禪是「無所謂」，彷彿什麼都可以失去，什麼事情都不能讓他們興奮。

阿瓊在遺書的一開始寫道：「我不快樂，一直以來也不快樂，我似乎覺得缺了點什麼，但我說不出是什麼，那使我不安和痛苦。」

我的理解是，她的「缺了點什麼」，可能缺的就是生命激情。她在家很聽話，在學校和同學的關係很好，她哥哥說她「什麼事都能自己搞定」。這看上去很好，很容易讓家人以她為傲。但同時，她對什麼都不在乎，也沒什麼興趣和愛好，一直都有點冷冷的樣子。這種感覺積累下來，最終，讓她對活著徹底失去了欲望和動力。

為了防止青春期的孩子陷入憂鬱症，胡慎之建議父母需要懂得以下幾點：

第一，理解孩子的叛逆心理，懂得一定程度的叛逆心理是非常正常的，是孩子走向成長和獨立的必然階段。

如果父母尊重孩子的獨立，那麼這種叛逆心理就會減輕。如果父母不尊重，那麼這種叛逆心理反而容易變得更強。

第二，給孩子充分的獨立空間。

在正常情況下，不必太想「知道孩子在做什麼」。青春期是一個心理變化非常劇烈的階段，因為他什麼都想嘗試，今天是這種心理狀態，明天可能就變成另一種樣子了，做父母的不必太為孩子偶然出現的異常行為而焦慮。

第三，青春期之前，一般說來，父母是孩子心中無所不能的「神」，孩子們普遍對父母有一定的崇拜心理，這種心理讓他們依賴父母。

但進入青春期後，這種崇拜心理一般會消失大半，孩子們會重新崇拜新的偶像，譬如明星人物、政治家、科學家等。這種心理的轉變，會讓孩子們變得不再對父母言聽計從，父母對孩子的影響力大大下降，父母應做好這種思想準備，明白孩子這種心理轉變背後的積極意義。

第四，不要對孩子偶爾出現的強烈叛逆行為，譬如離家出走、談戀愛等大動干戈，要理解這種行為背後的心理，適當反思是不是對孩子控制得太嚴重了。一般說來，強烈的叛逆行為是對父母強烈控制欲望的一種反擊，如果父母對孩子的控制適當變弱，孩子們的叛逆程度也會自然而然地下降。

第五，孩子進入青春期後，不要再把「乖」、「很聽話」還當作優點來看。相反，做父母的應該感覺到焦慮和擔憂，並適當地調整自己的教育方法，把孩子推向獨立的世界，減少他的依賴心理。

第六，謹防孩子陷入嚴重的抑鬱狀態。

如果孩子比較叛逆，你起碼不用擔心他會想到自殺，因為叛逆的孩子一般會有較強的生命力。相反，如果孩子非常聽話，那父母倒是應該有所擔憂。憂鬱症的一個重要源頭，是本來向外的憤怒不能表達，轉而指向自己。叛逆的孩子容易向外表達憤怒，而好孩子則容易將憤怒憋在心裡，最終攻擊自己。

評定孩子是否陷入抑鬱症的標準可以概括為「三少」即話少、行動少、情緒少。像阿瓊，在家中很少說話，暑假很少出門，情緒一直很低落，已經明顯符合憂鬱症的診斷標準了。

最後，胡慎之諮商師特別強調：青春期的心理，即便對專業人士而言也是一個巨大的難題。他的一個德國老師曾說，當處理青春期孩子的心理問題時，能有百分之二十的成功率就很不錯了。

看上去，這是一個悲觀的數字。但另一方面也意味著，專家、家長和老師都難以做到用一套嚴格科學的控制手法讓青春期的孩子健康成長，應該讓他們獨立成長，讓他們自己去體會生命的酸甜苦辣，並最終成為他自己。

心理師這樣說

為什麼要聽話？

北京教育單位，西元二〇一三年提出新規定：禁止學校和老師給小學生回家作業。本是好事，但卻引出了很多家長的焦慮。多家媒體報導說，沒有作業了，很多家長焦慮得不行，他們不知道，除了學習，還能和孩子談什麼。如果沒有作業，孩子的時間怎麼打發。不用來學習，孩子不會學壞嗎？

有作業好，還是沒有作業好？這是一個問題，但更根本的問題是，我們的家長們和孩子能不能建構深刻的情感連結。

每個人都孤獨，而打破孤獨的唯一答案是，能與其他人或其他事物構建真切的連結。感情連結，是最真切的連結之一。但如果羞於談感情——其實是內心對愛絕望，結果是，父母不能與孩子進行流暢的情感交流，而只能進行語言層面的交流。

語言層面的交流即思想層面的交流。身、心與腦三者中，頭腦層面的交流最靠不住。《聖經》中寫道，人類齊心協力想造一個通天塔，上帝為破壞他們的努力，教他們學會說話，但學會說話後，他們便起了爭執，通天塔就修不下去了。這個故事的寓意是，沒有語言，人能通心，從而可以建立真正的連結，於是齊心協力，但有了語言，就隔斷了心，人們都以為自己的語言是正確的，因而起了爭執。

簡單來說，執著於思想層面的連結，其結果是，你要符合我頭腦裡的想像，你要和我語言要求你的一模一樣。

華人父母誇孩子時，基本都會用到這個詞——聽話。究其原因，是因為不強調感情的民族性，既缺乏心靈層面的連結能力，也不習慣身體的碰觸，而只是追求乾巴巴的語言連結。

父母的力量遠強過孩子，於是語言層面的連結，很容易就成為父母發出語言的指令，而孩子要遵從父母的語言。這就是聽話。

然而，若有情感方面的連結，我們就會覺得，聽話不重要，因為不管你是否聽話，我都能感覺到和你在一起，我知道你愛我，我愛你就可以了，你走你自己的路，我祝福你。無論你走到哪裡，我都感覺到你在我心中。

11

孩子有問題，大人先自省

武老師：「你好！請你幫幫我！」

我很擔心我的兒子變壞。他今年十四歲，在四川老家，目前是國中二年級。他兩歲之後，我和丈夫一直在外面打工，就由爺爺奶奶幫忙養育。

他爺爺奶奶說，孩子現在問題很大，不僅抽煙喝酒，還通宵打牌和上網。他的老師也說，我兒子除了學習成績好外，其他方面都令人頭疼。他不聽話，在班裡又是孩子王，雖然不是班幹部，但比班幹部都更具有威信。

更糟糕的是，最近一次我給他打電話，他居然說，爺爺奶奶太煩了，煩得他有時都動了殺意。正好前一段時間，我們看到《廣州日報》上那個弒父大學生的新聞，所以擔心的不得了。

我該怎麼辦才好呢？我寧願他學習糟糕但道德好，也不願他學習好但道德糟糕。

一位焦慮的媽媽——張琳

教育孩子的一個原則是，不要只緊盯著孩子的問題，而是要尋找並理解問題背後的原因。

不過，在通過電話採訪張琳的時候，我感覺她明顯違背了這個原則，她為兒子的問題而焦慮，卻沒有去關注問題背後的原因。

我問張琳：「你覺得兒子抽煙、喝酒、打牌和上網這些行為很糟糕嗎？」

「是很糟糕，我很擔心。」她說。

「你很希望他改掉這些行為？」我問。

「是的，我對他說過，他應該把精力放到學習上去。」她說。

但是，她兒子在班上已經名列前茅了，而且成績還非常穩定。這種情況下，她如果對兒子說，希望你放棄那些行為，把精力投入到學習上去，顯然不會有說服力。

我繼續問她，是否想過，她兒子已進入青春期了，而青春期的孩子通常會比以前有一個非常大的改變。她回答說，她知道兒子進入青春期了，但不明白我說的改變是什麼。

「叛逆！」我回答說。接下來，我向她解釋，叛逆是青春期最大的特點。不過，進入青春期的孩子之所以叛逆，並非是一定要和父母對著幹，而是為了嘗試自己的力量，試著為自己的事情做主。他們不願意繼續做「乖孩子」，如果父母沒有意識到這一點，仍然頻頻向孩子發號施令，期望孩子按照他們設計的「正確路線」發展，那麼孩子會用叛逆行為來向父母說「不」。

「叛逆期的孩子彷彿故意和父母過不去，他們這樣做，主要是為了給自己爭取獨立空間。」我對她說，「如果父母尊重他們，一開始就給了他們獨立的空間，那麼他們的叛逆行為會大大減少。」

抽煙喝酒是最典型、最常見的叛逆行為，當孩子出現這些行為時，做父母的不要急著去譴責孩子，甚至強迫孩子改變，因為那常常會激發孩子更強烈的叛逆心，從而更頻繁地抽煙喝酒。相反，做父母的應該反省一下，是不是自己對孩子的干涉太多了，或者自己對孩子的某些教育方式不對。

言行不重要，重要的是感受

聽我說了這些道理後，張琳想了想，給兒子的叛逆行為找了一個答案：爺爺奶奶太嘮叨了。她說暑假期間，她接兒子到廣州待了一個多月。臨走的時候，孩子求爸爸媽媽讓他留下來，因為爺爺奶奶整天對著他嘮叨，讓他煩透了。

「我們勸他說，爺爺奶奶嘮叨也是為了你好，你要聽話，」張琳說，「當時他立即就沈默了下來，一聲不吭了。」

「他當然要沈默，因為他覺得，你們根本不理解他，他說什麼都是白說，那就不如不說。」我向她解釋，「他會覺得，好孤獨啊，為什麼所有的親人都不能理解他的痛苦呢？」

這是父母與孩子之間最典型的錯誤溝通方式。孩子不僅是在描述「爺爺奶奶整天對著他嘮叨」這件事情，更是在表達他「煩透了」的感受，但做父母的只對這件事情給予了回應，卻根本沒有考慮孩子的感受。

既然正常表達發揮不了作用，那麼孩子只好用驚人的語言來表達不滿，這就是他告訴父母說對爺爺奶奶「動了殺意」的原因。其實，他使用這種語言，只是為了讓父母明白，爺爺奶奶的嘮叨讓他多麼難受，他多麼想擺脫。

兒子的這種驚人之語嚇壞了張琳，但她仍然沒有考慮兒子的感受，而是立即給兒子貼了一個標籤：道德糟糕。她兒子當然會感受到媽媽的這種評判，從而會覺得更加孤獨，更加得不到理解，於是也會變得更叛逆。

聽完我的分析，張琳沈默了一會兒，然後若有所思地說：「的確，我沒有考慮過兒子的感受，我現在明白了，那我是不是要立即把兒子接過來，不讓他繼續跟著爺爺奶奶？」

「不要急著作決定，」我強調說，「更重要的是先理解你兒子的感受。他覺得爺爺奶奶太嘮叨了，如果嘮叨這一點改變了，他也會相應放棄這個要求。」

家長應該先學會聆聽

很多時候，我們向別人吐苦水時，其實只是想找個人說說話，並不是去尋求那個人的幫助。如果那個人只是傾聽，並表達出對我們的理解，這就夠了。但假如那個人連珠炮似的給我們提出一系列建議，那麼不管那些建議多麼好，我們都會覺得孤獨，甚至還有受傷害的感覺，於是不想再繼續這個話題。

孩子們也一樣。這時，你不要和他們一樣也變成孩子，和他們一起著急。相反，做父母應該靜下心來，耐心地和孩子溝通，先理解他們的感受，然後再一起決定該怎麼做。

這兩天，一個親戚給我打電話說，她國二的兒子拒絕上學，家長怎麼也勸不動。最後，她百般逼問，兒子才告訴她，他英語成績很差，英語老師又脾氣火爆，經常當著全班人的教訓他，讓他覺得很沒面子，所以不想去上學。因為這點理由就不想去上學？她覺得啼笑皆非，但她已沒有辦法再說服兒子了，於是打電話給我。

「你有沒有對兒子說，老師罵你是為了你好。」我問她。「說過，我知道老師這樣做是為了我兒子好。」她說。

這就是問題的根源了。她這樣說中規中矩，看上去很符合道理，但這勢必會讓她兒子覺得不被理解，於是變得更固執。

這種說法是我們的習慣，但卻是對孩子的嚴重不尊重。如果拋開我們習慣的說法，只看問題本身，那麼在這件事情上，顯然是老師不對，他自以為可以用當眾訓斥的方法給這個孩子施加壓力，從而逼他努力學習，但實際上他這種做法只會嚴重傷害孩子的自尊心，最終，讓他產生了拒絕上學的情緒。

最後，由我給她兒子打了一個不到十分鐘的電話，讓他先說了一遍老師是如何訓斥他的。然後，我對他說，你英語不好，這是你的問題，但他發脾氣，那是他的問題。僅就發脾氣這件事上，並不是你不對，而是他不對，你不必因此而自責。我說完了這番話後，他很快就對我說：「我知道了，我去上學。」

成熟的父母懂得先瞭解孩子的感受

表面上這個孩子不想上學，但實際上，他只是覺得自己受到了羞辱。假如家長理解他的感受，並幫他分辨真正的是非，而不是發表「大人永遠是為了你好」的這種言論，那麼當他感受到自己被理解時，自然而然地就會放棄自己那些極端的行為。相反，如果家長不考慮孩子的情緒，而是把焦點集中在孩子的不理智行為上，就難以跟孩子溝通，甚至會促使孩子變得越來越極端。

很多孩子沒有學會直接表達感受，尤其在青春期，他們什麼事情都想自己搞定。但遇到了解決不了的麻煩，怎麼辦？他們通常的辦法是，做一些有點過分的事情，用這種方式告訴大人自己遇到了一些麻煩。

心理師這樣說

學會傾聽孩子

美國家庭治療大師薩提爾（註1）說：「當孩子確實有錯誤需要糾正時，充滿慈愛的父母通常會採取很坦誠的辦法，詢問原因，傾聽孩子的心聲，給予關愛和理解，同時體會孩子的感受。最後，才利用恰當的時機，在孩子自然地想傾聽時才給他們講道理。」

換句話說，成熟的父母不會在第一時間去處理孩子的問題，他們會先處理孩子的感受。假如父母能做到這一點，那麼孩子就不會做過分的舉動，而張琳的兒子自然也不會再拿「動了殺意」相威脅。

註1　維琴尼亞．薩提爾（VirginiaSatir，西元1916—1988年），美國心理治療師，亦是家族治療的先驅。

第3篇

別把焦慮轉嫁給孩子

01

別把焦慮轉嫁給孩子

「為了父母，我必須考上一流的大學。」

「如果不是為了父母，我早不讀書了。」

「媽媽快把我逼瘋了，她整天嘮叨，誰家的孩子考上了哪所大學，你怎麼學習成績總不見起色，這次考試又因為馬虎丟分數了……我現在對上學厭倦透頂，一上課腦子裡就迴響著她的嘮叨，根本學不下去。」

「爸爸是個工程師，他從不打我罵我，但我特別怕他。只要我的成績不進步，他就會拉下臉來，整天都不理我。光考高分不行，我必須有進步他才高興，才會誇我獎勵我。明年就要會考了，我擔心極了，要是考砸了怎麼辦？天啊，我一想到爸爸的反應，就覺得自己快要崩潰了。」

迄今為止，我收到了類似這樣數千封中學生的信，很多孩子提到了父母給的壓力，上面幾段話是最平常不過了，還有多封信有相同的內容：

「怎麼努力都達不到父母的期望，我累極了，真想要找一天離開這個世界。」

對此，廣州某中學一名不願意透露姓名的高三班主任解釋說，父母比孩子對學習更著急，是再平常不過的現象了。就她看來，父母們造成的壓力一點也不比升學壓力低。一直從事中小學教師培訓工作的知名心理學家徐浩淵博士說，父母的壓力遠超過教師，是孩子們學習壓力的主要來源。

為什麼父母們給孩子製造了這麼大的壓力？

徐浩淵博士說：最簡單的解釋是，父母將自己的焦慮「轉嫁」給了孩子。父母，尤其是媽媽，他們自己的成長停滯下來，對自己能否適應社會產生了巨大的焦慮，但他們不是透過自己的成長去解決問題，而是將更多的希望地寄託在孩子身上，結果讓孩子承受了雙倍的壓力。

「家長希望孩子好，但常不知道該怎麼做。」徐浩淵博士說，「最常見的是，他們不考慮孩子的心理需求，而是從自己的心理需求出發，為孩子設計人生。結果，他們出於愛心教育孩子，最後卻發展出束縛孩子成長的非愛行為。」

「請舉一個例子，好嗎？」我問道。

聽到這個最簡單不過的問話，五十多歲的徐博士突然哽咽起來，她哽咽的講了一個「每次都讓她流淚的真實故事」。

有個小學生小剛突然跳樓自殺了。他留下遺書對爸爸媽媽說，他覺得無論怎麼努力都達不到他們的期望，累極了。爸爸媽媽常說，他們對他很失望，他不想讓爸爸媽媽再失望，所以想到了死。自殺前，他砸碎了自己的存錢筒，把存了幾年的零用錢留給了爸爸媽媽。他說，他走了，爸爸媽媽不需要那麼辛苦了，如果他留下的錢不夠，爸爸媽媽可以加些錢，「坐坐火車，坐坐輪船，你們去玩一玩吧……不要再那麼辛苦了。」

說到這裡，徐博士再也忍不住淚水。她說，小剛那麼愛父母，他對父母說「坐坐火車，坐坐輪船，你們去玩一玩吧！不要再那麼辛苦了」的期望，其實是他自己最大的嚮往。他認為這是最好的事情，自己實現不了了，但希望自己最愛的父母去實現。

小剛的心理機制是投射，他最希望做一件事情，但自己得不到，就希望最愛的父母得到。他是將自己的願望投射到了父母的身上。其實，父母對孩子的期望很多情況下也是投射，他們有種種心理需求，但不是透過自己的努力去實現，而是期望孩子能去實現。孩子是最愛的人，孩子實現了，就像是自己也實現了。

「這種心理是『孩子不急父母急』的根本原因。」徐博士說，「父母們自己的心理需求得不到滿足，卻因此帶來的心理壓力轉嫁給了孩子。」

轉嫁（二）：「全陪媽媽」，卻讓兒子白了頭

董太太的女兒蓉蓉上高二了，現在什麼家事都不用做。這倒不是董太太刻意慣出來的。一開始，董太太還要求蓉蓉做家事，但蓉蓉只要一拖，做媽媽的就會忍不住自己動手了。譬如，看著女兒的髒衣服堆在家裡，如果不去洗，董太太就會覺得心煩意亂。只有洗好了，心裡才會舒服一點。

表面的原因是，這符合董太太自己的生活習慣。但另一個重要的原因是，她這樣做，讓女兒可以多點時間去學習。盡一切可能節省女兒時間讓她去學習，這是董太太內在的心理需求。為什麼會這樣呢？因為在潛意識中，她對社會的變遷感到焦慮，覺得自己適應不了目前激烈的競爭。但是，她又沒有勇氣去提升自己，於是就暗自希望女兒能考上一流大學，在社會競爭中「佔據制高點」，自己也因此產生了成就感。

所以，她用盡全力在照顧女兒身上，而不是想辦法提升自己。這種心理轉嫁機制在媽媽的身上比較常見。不過，董太太的做法是很普通的，有一些媽媽的做法比較極端。譬如，在中國「中學語文教學資源網」上，一篇名為「如此『資優栽培』令人心疼」的文章講到了一種怪現象：在武漢，一些媽媽把課餘時間全部拿來陪孩子上各種各樣的「資優班」，除了工作外，她們時刻陪伴在孩子身邊，不讓孩子有一刻空閒，必須拿出全部精力去增強自己的競爭能力。這篇文章是一個爸爸寫的，他寫道：

兒子從小學三年級就開始被媽媽逼著上「資優培訓班」，從沒有過什麼週末。六年來，他唸過的「資優培訓班」不下三十個。兒子自嘲是見不到陽光的人，早晨六點起床，晚上十一點才休息。有時候晚上八點、九點就聽不到他的聲音了，一看，他斜靠在床上，流著口水睡得正香，手裡的書掉在了地上。讓人心疼！

兒子五年級時長出幾根白髮，當時我沒在意。上初中後，白髮越來越多，現在看起來像個小老頭……我們帶兒子看了好多醫院，看了西醫又看中醫，醫生的結論是孩子精神壓力過大。按醫囑買回核桃、黑芝麻給兒子吃，可是兒子的白髮仍不見少。

每天早上六點，妻子準時叫兒子起床復習功課。即便上廁所、吃早餐時，妻子也要讓兒子多背幾個單字。兒子小學時每天下午五點三十分放學。妻子在校門口直接送兒子從，趕去上六點的「資優培訓班」。在公車上，妻子一手端飯，一手拿水。兒子在車上解決完晚餐。晚上九時下課回家，還要完成學校老師指定的作業。

並且，這些媽媽組成了一個群組，她們相互交流訊息，聽說哪個「資優班」好，就會相互告知，然後紛紛去替孩子報名。這些「全陪媽媽」將所有課餘時間都用來「提高孩子的能力」，儘管出現了明顯的負面效果仍不肯停下來。為什麼會這樣呢？最簡單的解釋就是，這是極端的過度努力的現象，她們看似是為孩子，但內心中，她們是為了自己不能適應社會而焦慮。

徐博士說：「很多媽媽，自己完全停止成長了，她們能不焦慮嗎？但她們不努力讓自己成長，而是將壓力全放在孩子身上。她們說，這是愛，但不客氣地說，她們是在轉嫁自己的焦慮。」

轉嫁（二）：把「理想自我」強加給孩子的知識型父母

前面的轉嫁方式中，父母一方停止成長，而將「提高競爭能力」的壓力完全轉嫁給孩子。但還有一些家長，自己並沒停止成長，但孩子則成了他們證明自己的工具，而不是獨立成長的另外一個人。只有孩子成功了，自己才有面子。如果孩子不能出類拔萃，自己會覺得很丟臉。

著名教育家徐國靜說，她發現工人媽媽們對孩子的發展很滿足，她們說：我兒子學習不錯，要考大學；女兒成績不怎麼好，但她有夢想，將來一定有出息。但「知識媽媽」們對孩子的標準普遍苛刻，因為她們比的不是孩子有沒有考上大學，而是有沒有考上清華、北大，是否可以去哈佛。

這是一種「理想自我」與「現實自我」的差距問題。「理想自我」總比「現實自我」高一層，工人媽媽的「理想自我」可能是成為知識分子，孩子只要達到這個層次就行了。但「知識媽媽」的「理想自我」更高一層，孩子必須達到社會最頂尖的層次，她們才心滿意足。但在很多方面，工人家庭和知識家庭孩子的起跑線是一樣的，知識家庭的孩子並不比工人家庭有優勢，但卻承受了來自於父母更大的壓力。

一個媽媽訴苦說，自己聽了很多講座，看了許多教育書籍，希望女兒能學習繪畫、英語、舞蹈和音樂，所以特別在知名學區附近買了房子。儘管房子的格局不好，又很貴。但上中學以後，她發現女兒成績變差了，她的「全方位」設計落空了，而且女兒變得特別不聽話。自己付出這麼多，為什麼會換來這個結果？這位媽媽陷入痛苦之中。

徐國靜認為，這些父母其實都在不自覺中把自己當成「債主」，甚至逼孩子「還債」，從而站到了孩子的對立面上，親情關係也變得像「債主」和「債務人」般緊張，這樣的家庭環境非常不利於孩子的成長。

轉嫁（三）：教育學家的「完美教育」，讓了孩子選擇自殺

徐浩淵博士也說，一些高知識份子家庭的父母壓力是極其沉重的，她知道有兩個家庭，父母都是教育學教授，孩子卻自殺了。

其中一家，父母都是某師範大學教師，他們為孩子設計了一套「完美」路線，要求孩子嚴格按照該路線去發展。孩子小時候還不錯，但年齡越大問題越多。第一次大學入學考試時，沒考上大學。在父母的要求下，他第二年重考。就在考試成績公佈的前一天，因為擔心自己考不上父母要求的大學，他跳樓自殺了。令人痛惜的是，成績公佈後，他的分數遠超出了大學的錄取分數。

徐博士說，這個孩子的父母，作為教育學教授，顯然無法容忍「自己的孩子教育不成功」的結果。因為在他們看來，這種結果無疑是對自己職業的嘲笑和否定。

德國宗教哲學家馬丁·布伯（MartinBuber）（註1）將關係分為兩種：「我與你」、「我與它」。前者的特徵是：「我」將對方視為和「我」完全平等的一個人，而後者的特徵是：「我」將另一個人當作了自己實現目標的對象或工具。無論目標多麼偉大，當一個人將另一個人視為對象或工具時，這種關係都是「我與它」的關係。

按照這個理論，這兩個教育學教授，他們與孩子的關係就是「我與它」的關係，因為孩子成了他們教育學理論的實驗對象。孩子是一個獨立的人，有他自己的心理需求和人格，但這兩個教育學教授，和那些「全陪媽媽」一樣，他們都忘記了這一點，將自己的夢想強加在孩子的身上。

轉嫁（四）：打孩子宣洩情緒，「打是親，罵是愛」的潛意識並不偉大

小龍的語文考試不及格，爸爸把他揍了一頓，並且告訴徐博士：「就這麼一個孩子，我們愛得不得了。打他是為了他好，再這樣下去，他以後連個像樣的工作都找不到，那可怎麼辦？打是親，罵是愛，我怎麼就不去打鄰居的孩子啊？」

但是愛的結果呢？小龍的語文成績毫無長進，他還對語文課產生了厭惡感。顯然，小龍消受不了父親的「愛」。

但是，這真的是愛嗎？徐博士說，是，但又不是。在意識上，小龍的父親是為了愛，但在潛意識上，透過打孩子，做父親的是為了宣洩自己在其他地方累積的負面情緒。

做父母的必須要學會問自己一句：「我認真考慮孩子的心理需求了嗎？我是不是把自己的心理需求轉嫁給了孩子？」

譬如，小龍的父親還做過這樣一件事：小龍鬧著要買一雙昂貴的 Nike 球鞋，這要花掉爸爸半個月的收入，但小龍的父親咬咬牙還是買了。為什麼這樣做？因為他看到鄰居家的孩子腳上穿著一雙 Nike 球鞋，如果自己的兒子沒有，比不上人家，那多丟面子啊？讓兒子穿上名鞋，看似滿足了孩子的需要，但實際上滿足的是做父親的虛榮心。

一些家長，當對孩子的暴力起不到效果時，會將暴力轉向自己，做一些自殘的極端事情。「中學語文教學資源網」上講到一個事情：重慶一位「望女成鳳」的張先生，為給「屢教不改」的女兒一點「顏色」看，竟用菜刀剁下自己的左手小指。看到父親的鮮血，女兒才慌了手腳，跪在地上使勁打自己的耳光，向父親認錯。這位四十五歲的父親說：「女兒從小嬌生慣養，雖然已經十六歲了，但是她的心理年齡可能也不過十二歲，打她實在不起作用，我只能這樣做了。」

父母「轉嫁焦慮」，為什麼容易成功？

在採訪中，徐博士幾次感嘆說：「為什麼家長們的忘性這麼大？他們難道澈底忘了自己童年時的願望、感受？他們難道忘了被父母控制一切的鬱悶和痛苦？為什麼現在他們做了父母，給孩子的壓力更大？」

她分析說，這是因為兩個原因：

第一，個人原因。父母因為擔心自己跟不上社會的步伐，擔心被社會淘汰，但自己又缺乏成長空間，於是將成長的壓力全放到了孩子身上。

第二，社會原因。現代社會的確缺乏保障，這嚴重加深了父母的焦慮。

在網路論壇上，處處可以見到第二種原因。一位母親說，不逼不行啊，面對激烈的競爭，要想將來出人頭地，只有「從娃娃時期開始抓起」，不能讓孩子輸在起跑線上。

但兩個原因總是綜合在一起的，一位媽媽說，他們兩夫妻都是基層的職工，但仍然咬緊牙關送孩子去上資優培訓班。從孩子二年級起，就送他學習：語文、數學、外語、武術、美術、音樂，總共有十來個，前後花了兩萬多，就是希望他長大後，能有份像樣的工作，出人頭地。

以前社會上，大家都是吃大鍋飯，不講競爭。現在，東方社會比西方社會還競爭，而且升學似乎成了唯一的競爭路線，絕大多數家庭都將希望寄託在這條路線上，只許成功不許失敗。最初，只有大學入學考試壓力大。後來，中學會考的壓力越來越大，現在某些中學的會考的難度已超過大學考試。慢慢地壓力滲透到小學、幼兒園，甚至生產前，真的已經到了「競爭從娃娃時期抓起」的地步。

孩子往往很在乎父母的情緒

徐博士在幾十所中學做過演講，到最後，她都會問孩子們一句：「你們最希望誰聽我講課？」孩子們每次都幾乎一致地回答：「爸爸！」、「媽媽！」

教師和父母同為考試教育下的兩個直接與孩子們打交道的對象，但為什麼孩子們幾乎只希望父母去聽聽心理學家講教育？

徐博士說，因為孩子們在乎的其實不是學習，而是「愛」。學生與教師的關係，核心是「學習」。而親子關係的核心是「愛」。家長們認為，愛孩子的方式就是讓孩子好好學習，而孩子們知道，成績與愛是畫等號的。

在收到的信件中，許多中學生都提到，「我只有取得好成績，父母才會誇我」，或是「只有我學習好，父母才會給我好臉色」。孩子們是將學習與愛之間畫上了等號，他們知道，只有學習好，才能贏得父母的愛。

不僅如此，孩子們也疼愛父母。像文中最初提到的那個自殺的小學生，他是多麼愛爸爸媽媽。徐博士說，相對於成年的父母，孩子們更像是一個敏感的心理學家，父母只考慮他們的生存，他們卻特別在乎父母的情緒，對父母的心理變化非常敏感。他們很容易圍繞著父母的情緒轉，而父母也會有意無意地利用自己的情緒去控制孩子。

一名男大學生，在徐博士「心育心」網站上發文說，他現在「不能去做我想做的事，如果去做了，不但父母不高興，我也不會開心」。為什麼會這樣呢？在徐博士的網上諮商中，他說這源自上中學時的一件事情。

當時，他想去爬泰山旁邊的一座荒山，但父母強烈反對，經過他長時間的說服，父母最後同意了。他玩得非常快樂，也毫髮無損地回到家裡。但回來後，他發現，父母仍然不高興，一句關心的話都不問。從此以後，他發誓再也不做讓父母不高興的事，譬如他本來不願意上這所大學，但這是父母的意願，為了讓父母高興，他就來了。

孩子的學習樂趣被「轉嫁」

用轉嫁壓力的方式，父母們控制住了孩子，讓孩子按照自己設計的路線去發展。他們如願以償了，但是，徐博士說，這會引發一系列的心理問題。

第一，加劇了孩子的學習壓力。一名高三班主任說，她的畢業班的學生說，他們最怕的就是媽媽的嘮叨。並且，孩子們承受的不只是雙倍或三倍的壓力。因為，父母們不是當事人，他們並不能真正地體會到孩子們的學習壓力，所以在向孩子施加壓力時容易失去控制。像那位「全陪媽媽」，她在施加壓力時已經失控了。

第二，侵犯了孩子的個人空間。徐博士說，在父母「嚴密監視」下長大的孩子，他們缺乏心理疆界的概念，成人後要麼容易依賴別人，要麼容易去控制別人，父母不尊重他們的個人空間，他們也學不會尊重自己和別人的個人空間。

第三，孩子容易養成在乎外在評價。小時候，孩子太在乎父母的評價。長大後，他就容易在乎同學、老師、老闆、同事等人的評價，整日活在別人的評價中，做事情不是為了自己內心的需要，而是為了得到別人好的評價。

有內在評價系統的孩子，他會享受到學習本身的樂趣，這成了激勵他努力學習的最大動機。但被外在評價系統控制的孩子，「天生愛學習的動機」被「為了父母而學習的動機」所取代，他們的學習會過於在乎別人的讚譽，過於在乎考試成績，也容易產生考試焦慮。

改變之道：請與孩子一起成長

把壓力轉嫁給孩子是一種「雙輸」局面，對孩子的危害很多，家長也不舒服。因為孩子不容易心存感激，很多家長覺得很傷心，抱怨孩子不感激。怎麼改變這種「雙輸」局面呢？徐博士建議從以下幾點做起：

一、給孩子空間：徐博士說，她特別不愛聽孩子們說：「我是個孝順的孩子」。什麼是孝順呢？一方面，孝順意味著尊重父母。但很多情況下，孝順的意思是「什麼都聽父母的」。

但父母的意見就很對、很成熟嗎？徐博士不這麼認為。她說，其實，父母生起氣來常和孩子一樣，缺乏理性，總是根據自己過去的經驗去要求孩子，但他們「提的要求要麼根本不合理，不合時代；常常只是為了捍衛父母的權威」。

如果父母包辦孩子的成長，什麼都替孩子作決定，那麼，孩子就學不會自己作決定，就學不會果斷和思考。父母只有給孩子留出充裕的個人空間，孩子才會發展出完整的獨立人格。

二、自我成長：徐博士說：很多父母其實在按照自己的理想自我塑造孩子，但如果自己的現實自我和理想自我相差太遠的話，孩子長大以後，就容易出現強烈的叛逆心，因為他會發現，父母其實是「說一套做一套」。更重要的是，如果父母自己也在成長，他們就不容易對適應社會產生恐懼和過分的焦慮感。並且，如果他們更多地去關注自己的成長，就不會動輒干涉孩子的成長。

一個做了多年學生心理諮商的輔導老師認為，如果只是孩子的成長問題，其實很容易解決。但如果孩子問題的背後是父母的問題，那就很難解決，除非父母們先做改變。他還斷言，如果家長只是一味地尋求怎麼解決孩子的問題，而不是在自身尋找原因的話，孩子的問題就無法解決。所以，家長應該與孩子一起成長，這是最好的辦法。

家長們應該明白，家庭是一個系統，孩子出問題了，必然能從家長的身上找到相關的原因。要想孩子得到改變，整個家庭系統都應該發生改變。

三、進化愛的方式：以前的社會，因物質匱乏，生存很容易出問題，所以父母愛的集中表現方式就是犧牲自己的物質，保證孩子的物質生存條件。但現在，物質匱乏已經居於次要地位，父母應該進化愛的方式，從以前關注物質的方式中脫離出來，應該多考慮孩子的人格成長和心理需求。

最後，徐博士再次強調，她希望父母們在著急的時候反省一下：「我考慮的到底是誰的心理需求？到底是誰在焦慮？」

心理師這樣說

孩子的成績，父母的信仰？

一次同學聚會，晚上和兩個老友深談。他們兩個收入不錯，家庭和睦，家人身體也都好，但都有一個共同的苦惱——太關注孩子的成績。

他們說，我們都是河北省明星高中畢業，都上了一流大學，意識上並不希望給孩子壓力，畢竟，孩子在學業上超越自己的機率已經很低。但是，孩子的成績總是強烈地牽動他們的心，看到孩子的成績提高，就開心；孩子的成績降低，就失落。他們還說，自己的人生已別無所求，沒什麼好再渴望的了，就是在意孩子的成長。

聽到這裡，我瞬間明白，他們是將孩子的成長當作信仰了。

我們是無神論的國家，我們也是反個人主義的社會。如此一來，一個人的精神生命或靈魂，安放何處？既不能安放在信仰上，也不能安放到自己身上。最容易安放的地方，就剩下了兩個：對父母的孝，對孩子的培養。

對父母的孝，不容易成為精神的寄託，但孩子不一樣，孩子的成長變化，會給父母帶來刺激，讓他們覺得生活是新鮮的，是有期盼的。

可以說，華人父母缺乏自我，缺乏靈魂的寄託，是普遍性的，並不僅僅教育程度低的父母才這樣，在許多高知識份子的心態上也一樣。

我們真要意識到：不能將你的自我，寄生在孩子身上。

註1　馬丁．布伯（MartinBuber，西元1878—1965年），現代德國最著名的宗教哲學家、翻譯家，宗教存在主義的代表人物，主要著作有《我與你》、《人與人之間》、《兩種類型的信仰》、《善惡觀念》等。

02

孩子為何把網絡當成「安全島」

幼童時代，父母無條件的愛就像是在打造一個安全島。心中有了安全島，孩子才會信心十足地探索世界，和人交往。他們深信，如果受傷了，受挫了，可以隨時回到這個安全島上來。

許多孩子之所以迷戀網絡，一個常見的原因是，他們沒有一個可靠的安全島。他們被父母、學校「遺棄」了，他們的安全島四分五裂。於是，他們去網絡上構建新的、虛幻的安全島。

下面這是一位媽媽寫給袁榮親諮商師的一封來信：

小芸今年十六歲。她出生一個月後至小學三年級，一直由鄉下外公外婆撫養。三至六年級隨舅父、舅母在縣城生活和讀書。國中開始至今隨父母在東莞讀書。

小芸有記憶以來時，因某些原因，有人曾經騙她說，警察要抓她。所以，每當得知有陌生人進到村裡或聽到摩托車、汽車的聲音時，她就嚇得邊跑邊哭，不知該往哪裡躲。（外公外婆對她特別關愛，她現在也常說外公是最關心她的人，是她最信賴和尊敬的人。）

三至六年級，她隨舅父、舅母去縣城生活和讀書。舅母很少跟小芸談話溝通。她白天上學、晚上自修都是獨來獨往，沒人接送。看到其他同學總是有父母或家人接送，她常打電話告訴我，說她晚上下自修課回家的時候很害怕，說舅父、舅母不疼她，所以不接送她。她常羨慕其他同學命好，能得到父母的疼愛，有錢花，穿得漂亮，長得漂亮。她怕自己長得醜，父母不疼不愛她。不過，雖然存在著困擾，但她讀書很用功，從不遲到缺課，下課準時回家，按時完成各科作業，而且成績一直很不錯。

五年級第一學期，她在學校賽跑中摔斷了右手。因手術失誤，導致五個手指失去了知覺，不能動彈。她很傷心、痛苦，常哭著打電話對我說，她的手殘廢了，不能拿筆寫字了，一輩子不能讀書了。

為了治好她的手，我不惜付出一切，帶她到廣州和深圳求醫。她堅強地挨過了三次手術的痛苦，還堅持針灸了八個月時間，這八個月她一直獨來獨往，無人接送。後來她的手慢慢地好了，當她第一次發現自己的一個手指有知覺時，高興得跳了起來，連忙打電話向我報喜。

她的手雖好了，成績卻一落千丈。她無法接受現實，每次知道分數後，都不相信這是自己的成績。從此，她對學習越來越沒興趣，開始尋找其他快樂。六年級上學期，她學會了上網，常在自修課後到網咖，每次玩兩個小時左右。她舅父知道後，指責她，她反而玩得更厲害，有時乾脆不回家，整夜待在網咖。

我得知這些情況後，心裡非常焦急。為了她能好好讀書，也為了便於教育和引導她，決定讓她換一下環境。在國中第一個學期，我們把她轉來東莞讀書。剛開始幾個星期，她很聽話，學習很認真。但不知為什麼，轉來還不滿一個月就又故態復萌。老師告訴她爸爸，說她去上網了。

爸爸教訓她，父女關係本來就惡劣，從此以後更差了。

最後，她說她想住校，因為學校才有學習的氣氛，遇到問題可隨時問老師。我們不同意她搬到學校住，她又哭又鬧地說，如果不同意她到學校住就不讀書了。我們軟硬兼施都無法說服她，只好依她。不出所料，搬到學校後，她常在自修課期間跑出去上網，老師發現後又告訴了她爸爸。不管爸爸怎麼責罵她，她都不聽。後來爸爸忍無可忍，狠狠打了她一頓。我們還減少了她的零花錢，想從經濟上限制她上網。

但這一切都無濟於事。由於沒錢上網，她竟然偷了同學的錢。這件事鬧得全班同學都知道了，班導師當著同學的面批評她、警告她，還叫她當眾向同學道歉。從此以後，她再也無心讀書了。以前只是晚上上網，現在白天也泡網咖，沒錢了就向旁邊的熟人借。

因為長時間上網，又沒錢付，網咖老闆曾關了她三天三夜。最近一次，她出走了大約二十多天。我們傷心欲絕，找遍了東莞幾乎所有大小網咖都沒找到她。最後，還是她自己回來了。因為曠課時間太長，學校怕出事負責任，準備對她做出退學處份。於是，我們透過各種關係，又把她轉回老家讀國中的第二個學期。

在老家的半個學期，她住在堂哥家。開始她表現得還不錯，參加了學校的文藝晚會演出並得了獎。老師、同學都誇她多才多藝，她也很開心。但也許是她太小心眼，太多心，太虛榮，太在乎自己的長相。不久後，她回家告訴堂哥堂嫂，說她每次走在學校裡，就有人看她、議論她，說她長得醜，走路難看，等等。她又沒法在老家讀書了，叫我們必須把她轉到東莞來讀書。

就這樣，去年九月份我們又想辦法把她轉到了東莞。從去年九月到春節前二十天左右，她還是表現得很好，期中考試還得了全班文科第一名，也曾獲得作文比賽第一名。但就在期末考試前幾天，她突然曠課一個星期，又泡在網咖裡。

好像怕我們知道，她總是利用上課時間去上網，下課準時回到家。如果不是老師打電話向她爸爸問她的去向，我們還被蒙在鼓裡呢。因為愛上網，她期末有兩科考試沒有參加。放寒假的時候，她又常常幾天幾夜泡在網咖，不回家過夜。

小芸任性、孤僻、冷酷、自私，缺少對別人的愛心和感恩，自尊心、虛榮心特別強。來東莞後，從未同父親說過一句話，也不肯同父親吃一頓飯。她迷上了QQ和遊戲後，整天與網友通電話和信件，經常寫日記，發洩自己對親人的深仇大恨。她拒絕別人規勸，每當別人唸她的時候，她就脾氣特別大，有時候還大喊大鬧，說要殺死某某人。

她上網至今曾多次偷錢離家出走。簡直到了無法無天、不可救藥的地步了。我們為她的事感到萬分痛苦！然而，我們的痛苦和悲傷，卻無法打動她的鐵石心腸。她似乎是個不長心肝的孩子。

「我是個沒人要的孩子」

讀完這封信後，我的腦海中形成了這樣一幅畫面：一個很小很小的小女孩，哭著、跑著，努力尋找一個安全的地方，卻怎麼都找不到。美國臨床心理治療大師卡爾・羅哲斯（CarlRogers）（註1）認為，對於一個幼兒來講，父母的無條件和積極關注是非常重要的成長因素。他們無條件地愛他，不向他提任何要求，也不譴責他，他們只是因為他是自己的孩子而愛他、呵護他，無論他有什麼缺點。

孩子若得到父母無條件關注，就會在心中形成一個「安全島」，爸爸媽媽的愛就是安全島的基石。讓他非常自信地去探索世界，去建立關係，並不特別懼怕受到傷害。因為他深信，如果他受了傷或是被拒絕，他可以回到這個安全島上來，爸爸媽媽會愛他、支持他。

隨著年齡的增長，這種安全感會逐漸沉澱為一種潛意識。

有了這種潛意識的成人會信任值得信任的人，一如兒童時期信任爸爸媽媽那樣。他們很少猜疑別人的心思，但如果有明確的理由告訴他，一個人不值得信任，不值得愛，他們會堅決地離開這個人，而少做蠢事。他們也會受傷，但他們的傷口會比較快地痊癒。

寄養，讓孩子感覺自己被拋棄

然而，小芸沒有獲得這種安全感。相反，從小她被無助感所糾纏著。後來，小芸的媽媽承認，她在信中講到的「某些原因」是因為小芸是第二胎，他們已經有一個女兒，但她夫家特別想要一個兒子。當時下定決心，如果是男孩，不管付出什麼代價都要留在身邊。但沒想到第二胎還是女孩。失望之下，他們在小芸還不足一個月時把她送到外公家藏起來。

總拿「警察要抓她」來嚇唬小芸的不是別人，就是小芸的親人。他們擔心暴露小芸的身份，所以每當掌管計劃生育的單位人員進村時，他們都會把小芸藏起來，並嚇唬她「別哭，一哭警察就會把你抓走」。小芸就是在這種東躲西藏的環境下長大的。爸爸媽媽一年會回老家看一次小芸，給她帶很多禮物。小芸知道他們就是爸爸媽媽，但她不能叫他們爸爸媽媽，而是叫叔叔阿姨。

我似乎可以感受到，幼小的小芸心理是多麼無助：「壞人」來了，沒人能保護我。我有爸爸媽媽，但他們不要我。如果我是個男孩，爸爸媽媽就要我。我非常羨慕姐姐，她好漂亮，爸爸媽媽要姐姐不要我，肯定是因為我長得太醜了。外公外婆對我很好，但他們對舅舅、舅媽的孩子一樣好，甚至比對我還好。舅舅、舅媽對我也好，但他們對自己的孩子更好。

我是個沒人要的孩子

「沒有人愛我，我是個沒人要的孩子」，這種無助感貫穿了小芸十六年的人生。

小芸之所以拼命學習，並不是因為喜歡學習，而是因為，這是她爭取愛的手段。她知道，如果成績好，爸爸媽媽就會對她特別好。如果成績不好，爸爸媽媽就會對她失望。所以，她努力學習，只是因為這樣就會贏得爸爸媽媽的愛。尤其是媽媽的愛，因為她恨爸爸，她知道，是爸爸想要一個兒子，是爸爸決定把她送到鄉下。

小芸也有一個小小的安全島，但這個島上的主要基石不是爸爸媽媽無條件的愛，而是她的好成績。當學習好時，無論遭遇什麼挫折，只要回到心中的這個島上來，她就暫時得到了安全感。但那次事故摧毀了這個脆弱的安全島。當她在電話裡向媽媽哭訴「一輩子不能讀書了」，實際上，她是在擔心，自己再也得不到媽媽的愛了。因為她相信，媽媽愛她是有條件的，那就是好成績。

學校也拋棄了她

所以，小芸極其害怕不能上學。她以罕見的意志去承受痛苦的治療而且一聲不吭。誰都知道疼，有安全感的孩子會哭出來。哭是一種信任，哭的孩子知道，只要一哭，爸爸媽媽就會過來呵護他，這種愛會減少其心理疼痛和不安。但小芸不哭，因為她以為，父母愛優秀堅強的她，而不是脆弱的她。

手術成功了，但她失敗了。在付出近一年的時間代價後，成績一落千丈。這時，她的安全島崩潰了。別的孩子也會在成績下跌時難過，但很少有人會像她這麼難過，因為這幾乎是她安全島上唯一的基石。

這時，如果媽媽在她身邊，一遍遍地告訴她，「寶貝，無論你怎麼樣，你都是我心愛的女兒。無論你怎麼樣，我都無條件地愛你」，情況會有很大改善。但媽媽不在她身邊，媽媽只在電話裡安慰她。當她傷心，覺得天塌下來時，當她擔心失去愛時，沒有人擁抱她、理解她、接受她，只有人遠遠地教育她、指導她。

於是，她去了網咖，那裡有人無條件地支持她，聽她傾訴，對她沒有任何要求。

「乖張行為」是缺乏安全感的表現

「孩子上網成癮了！」從鄭太太的信中，可以看到，她對這一件事情是多麼不安。她擔心女兒成績會越來越差，所以把女兒接到了東莞的家中。對小芸來說，這意味著終於回家了，終於被爸爸媽媽接受了。但這讓小芸再一次驗證，媽媽不是因為愛她才要她，而是擔心她成績會越來越差，所以不得不要她。也就是說，媽媽的愛是有條件的，「我們愛不愛你，是要看你的成績的」。

袁榮親說，沒有回家之前，小芸整天幻想回家，期望值非常高。但回家後，她的幻想迅速破滅了。媽媽關心她的學習勝於關心她。至於爸爸，她恨他，因為是他不要她的，是他嫌她不是男孩。顯然，爸爸也恨她，他覺得自己夠辛苦了，為小芸付出了這麼多，她卻一點都不領情。

他說，所有與父母分離過的孩子，對回家都抱著很高的期望。剛回家時，父母務必要重視這一點，給他特殊待遇。父母必須明白，孩子的乖張行為常是因為缺乏安全感。要恢復安全感，就必須給孩子無條件的愛。

學校是安全島的另一塊基石

但小芸的父母沒做好這種準備。於是，小芸發現，她的期望原來只是幻想，真實的父母遠不是她想的那樣。這種感覺進一步摧毀了小芸的安全島。於是，剛回家不到一個月，她又逃到網咖去了。在這次近距離的交鋒中，小芸和父母對彼此的失望都達到了頂點。父親打了她，還斷了她的零花錢，而小芸逃到了學校。

但是學校也接著拋棄了她。她偷了同學的錢，班導師要求她在全班同學面前公開道歉。對小芸來說，這無疑意味著老師同學也不要她了。安全島上另一塊薄弱的基石也破裂了。

既然家和學校都不再是安全島，小芸就乾脆徹底逃到網絡中去，從網絡上尋找基石，建立新的安全島。於是，她開始白天也去網咖了，沒日沒夜地泡在網絡裡。

她一直重複著「被遺棄的猜想」

童年陰影會留下巨大的影響。小芸儘管已經十六歲了，但她其實一直是那個很小很小的小女孩，在努力尋找一個安全的地方，卻總是找不到。信件的最後一段驗證了這一點。再次轉回老家的學校後，小芸參加文藝表演，甚至還拿到了文科第一和作文競賽第一，並贏得了師生一致的稱讚。

但因為不安全感積攢得太多，小芸已經很難把這種稱讚變成安全島的基石。相反，她變得「太小心眼，太多心」，總覺得別人在說她醜。媽媽無法理解這一點，但這並不難理解，在童年時，小芸就認為父母之所以不要自己，就是因為自己長得醜。現在，她只不過是再一次重複這種被遺棄的感覺罷了。安全感強的人不會太關注別人負面的評價，但小芸的安全感太低了，所以她會變得極度敏感，容易看到負面評價，而且每個訊息都讓她再一次重複「被遺棄猜想」——「我太醜，所以爸爸媽媽才不要我」。

袁榮親諮商師說：「一個人如果在童年只獲得了很少的安全感，長大後就很難再重新建立一個安全島。小芸的情況，正是如此。」

在爸爸媽媽眼裡，小芸長大了，他們把她當大孩子看待，對她提出各種要求和指責。但是，小芸自己仍然停留在四處尋找安全感的小女孩狀態。要糾正小芸的網絡成癮，雙方都要付出努力。小芸要知道，自己長大了，可以承擔更多。小芸的父母要知道，小芸的心理仍停留在孩童時代，他們必須重新給她無條件的愛，只有整個家庭系統向著好的方向發展，小芸的網癮才有望真正消失。甚至要感謝網癮，因為如果沒有網絡，小芸的安全感會崩潰得更加澈底，她也就可能做出更可怕的事情來。

心理師這樣說

客體穩定性與情感穩定性

缺乏安全感，是一個廣泛存在的問題。為什麼會這樣？這就涉及到一個廣為人知的觀念——媽媽最好親自帶孩子到三歲以上。

為什麼？因為，孩子在良好的養育環境下，到三歲才能形成兩個概念：客體穩定性與情感穩定性。客體即孩子身外的物體。幼小的孩子沒有客體穩定的概念，他們能看到一個事物，才覺得這個事物存在，而看不到，他們就覺得這事物不存在了。所以，和他們玩藏貓貓的遊戲，他們會玩得不亦樂乎。

情感穩定性，即一個人只要確認對方是愛自己的，那麼，他不會隨著時間和空間的距離而無端對這一點產生懷疑。

客體穩定的概念，在良好的養育環境下，孩子一歲半即可形成，而情感穩定的概念，在良好的養育環境下，要到三歲才能形成。

只有形成這兩個概念後，孩子才能承受與媽媽的長時間分離。「長時間」，指的是兩個星期以上的時間。有研究表明，若在孩子三歲前，媽媽與孩子有兩個星期以上的分離，會讓孩子形成強烈的創傷。

所以，在三歲前，媽媽要盡可能親自帶孩子，不能與孩子有長時間分離，並且要與孩子有良好的互動。這樣一來，孩子才能形成所謂的安全感。

就算是這個時代，鄉下依然普遍存在兒童留守農村，以及隔代撫養的現象，所以，現今很多孩童依然缺乏安全感。

註1　卡爾．羅哲斯（CarlRogers，西元1902—1987年），美國心理學家，人本主義心理學的主要代表人物之一。主張以案主為中心的心理治療，相信人有自我調整恢復心理健康的能力。著作《成為一個人：一個治療者對心理治療的觀點》。

03

考試癮比網癮更可怕

考試癮比網癮更可怕！

好的心理機制，是趨利避害。糟糕的心理機制，是趨害避利。譬如，聞到大便是臭的，然後避而遠之，這是正常的心理機能。相反，聞到大便是香的，於是欣然接近它，這就是變態的心理機能。從這一點上看，在目前的考試教育體制下，比起網絡成癮來，考試成癮更加可怕，更需要警惕。

根據某新聞報導說，中國西安某中學高二女生患了「嗜考症」，症狀是迷戀考試，如果有幾天不考試就覺得「煩躁、空虛」，並且只要沒有得第一名就認為是失敗，而考高分的目的，是贏得老師的誇獎和同學的羡慕。

考試上癮，是好事還是壞事？對此，心理諮商師於東輝說：「毫無疑問，這是壞事。」、「目前的考試教育使得孩子們的考試壓力極大，對此產生厭倦情緒，是正常的也是可以理解的。」「相反的，如果迷戀上考試，把考試當作生活中最大的快樂來源，這是非常可怕的心理狀態。」他說：「考試上癮的孩子會有一個收穫——取得比較優秀的成績，但是，他們會付出非常昂貴的代價。我所知道的幾個嗜考症的案例，因為沒有得到及時的介入，最後這樣的孩子要麼就是發展成偏執型人格障礙，要麼就發展成精神分裂症。」

於東輝認為，遇到不好的事情，有消極抵觸的情緒產生，這是正常的。遇到不好的事情，反而產生積極快樂的情緒，這是不正常的。目前的考試教育讓學生們產生消極抵觸情緒，甚至染上網癮，雖然看似不合理，但實際上很容易理解，介入起來也比較容易。相反，如果考試上癮，幾天沒考試就非常難受，這是不正常的心態，介入起來也比較困難。

考試上癮，源於不正常的獎罰方法

考試上癮的情況，一般源於家長對孩子不正常的獎懲方法，如果考好了，孩子會得到極大的獎勵，在其他方面，無論他做得多麼好，都得不到這種獎勵，甚至根本就得不到獎勵。相反，如果考砸了，孩子會受到很嚴厲的懲罰。這種完全以考試成績為標準的單一獎罰辦法，很容易催生孩子的考試癮。

人的大腦中有一個快樂中樞，如果快樂中樞頻繁受到單一來源的刺激，那麼我們就會「愛」上這個刺激方法，不管這個刺激多麼危險，仍然會樂此不疲。這個時候，我們趨利避害的心理機制就會受到嚴重傷害。

心理學家做過試驗，用較輕的電擊刺激小白鼠的快樂中樞，然後讓小白鼠學會控制這個電擊的方法。之後，小白鼠什麼都不會做，只是一遍又一遍地電擊自己，至死方休。家長們完全以成績為取向的獎懲，和心理學家對小白鼠的電擊有異曲同工之處。

案例：嗜考症男孩小丁的故事

前一段時間，於東輝治療過一個「嗜考症」的男孩小丁。

小丁在廣州一所高中讀高二，當時每天晚上學習到凌晨兩、三點，早上五、六點就起床，媽媽勸他注意休息，但怎麼勸都沒用，因為他太愛學習了，不這樣做就非常焦慮。

上國中的時候，小丁考全班第一名，但他對此很不滿意，經常發誓一定要考全年級第一、全市第一。國中學習緊張是應該的，所以小丁的媽媽沒有太在意孩子的做法，但上了高一後，小丁仍然如此拼命，甚至在暑假期間，小丁仍然一如既往地努力學習，他準備「快鳥先飛」，先把高一的知識學好，以保證自己在新學校取得好成績。他媽媽當時就動了念頭，想帶小丁去看心理醫生，但小丁的爸爸反對，他認為孩子愛學習沒有什麼不好。

但後來，看著孩子日漸瘦弱的身體，以及過於亢奮的神情，小丁媽媽越來越擔心孩子會垮掉，於是不顧丈夫的反對，帶兒子來找心理醫生了。

過度獎勵讓人考試成癮

於東輝說，小丁染上「嗜考症」並不難理解。原來，在家裡，小丁什麼事情都不用做，他唯一的「任務」就是取得好成績。有了好成績，爸爸媽媽會給他各種各樣的獎勵。

不僅如此，小丁的好成績還是維持這個家的最重要支柱。他的爸爸媽媽關係不好，經常吵架，也鬧過離婚，但只要小丁的成績出現進步，他們就會變得非常開心，起碼會有一段時間不吵架。相反，如果小丁的成績一直原地踏步，甚至出現倒退，爸爸媽媽的關係也會隨之惡化。

這是雙重的壓力，小丁不僅要為自己而好好學習，他還要為維持父母的關係而好好學習。因此，他的憂患意識很重。只是，他的成績已夠出色了，在全班名列前茅已使盡了渾身解數，再提升一步談何容易。所以，他只能用時間去比拼。

不過，於東輝強調，只憑高度的壓力，一個孩子是很難考試上癮的，只有快樂才會把他們帶到這裡。對小丁來說，取得好成績就意味著可以隨心所欲地得到他想要的一切，並且好成績還讓他當上了家庭的「救世主」，這都是對他的過度獎勵。

嚴重考試成癮需要心理干預

於東輝說，最嚴重的考試上癮的案例表現為當事人的心理機能已被嚴重破壞，就彷彿是「一個惡魔控制了他們的心靈」，讓他們完全做不到「趨利避害」。

相反，網絡成癮的孩子，起碼在心理機制上，基本上是正常的。「很多有網癮的孩子，要麼是家裡沒有溫暖，要麼是父母給的壓力太大，家從某種程度上已經成了他們的監獄。所謂的網癮，不過是他們從一個糟糕的監獄逃到另一個糟糕程度較輕的監獄而已。」他說。

知名的心理學家、武漢中德醫院的前院長曾奇峰也極力反對用「網絡成癮」這種詞語去形容孩子。他認為，這個詞語是一種「妖魔化」，並且忽視了網路對孩子起到的一定的保護作用，在心理學界，這是大多數專家的共同觀點。

嗜考症對孩子的危害，往往更嚴重

教育學界也有不少專家持有這一觀點。西安市教育學會前會長許建國說：「嗜考症的危害不亞於迷戀網咖。」

過於迷戀網絡，需要心理治療。考試嚴重成癮，更需要心理治療。小丁在於東輝那裡做了一段時間的心理治療後，起碼可以做到不再每天都學習到凌晨兩、三點，而是減少到十二點。但在小丁爸爸的激烈反對之下，這次治療被中斷了。

「非常可惜，我也非常擔心他的未來，」於東輝說，「我預料，如果孩子這樣發展下去，他最後一定會患上偏執型人格障礙。成績將成為他生活中的唯一支柱，這個支柱一旦坍塌，他就有可能會患上精神分裂症。」

對這一點，我有更直接的瞭解。在北京大學就學時，我樓下住的是數學系，其中一個同學，因一門考試不及格得了精神分裂症。他發病時是深夜，當時光著身子繞著宿舍樓跑，邊跑邊喊：「我是北大的！我是北大的！」

他之所以發瘋，是因為他最大的精神支柱——得到好成績然後被認可——坍塌了。

區分「學習上癮」與「考試上癮」

於東輝強調，必須區分學習上癮和考試上癮。學習上癮的孩子，享受的是知識帶來的快樂，這是天然的快樂，是好奇心得到滿足的快樂，是對這個世界更多一些瞭解後的快樂。這種快樂，決不會是單一性質的快樂，所以這快樂無論有多大，都不會讓一個人像前面提到的小白鼠那樣，歇斯底里地去追求電擊帶來的快樂，至死方休。這是一種內在評價體系，學習上癮的孩子，他們非常獨立，知道是自己在掌控自己的局面，不會輕易為別人所動。長大以後，這樣的孩子會更獨立、更有創造力。

相反，考試上癮的孩子，他們的快樂其實掌握在別人的手中。他們所追求的，不是知識帶來的快樂，而是家長、老師等外人的獎勵和認可。文章一開始提到的西安高二女生，只是為了得到老師的誇獎和同學的羨慕，她的學習動力，全來自比較，即「我一定要比別人得到的更多」。

如果有別人比自己考得更好，她就認為自己是失敗者。有一次，她數學考試得了第三名，家人覺得還不錯，鼓勵她繼續努力，可她竟然兩天沒吃飯，說這是對自己考得這麼差的「懲罰」。

請讓孩子多點興趣和愛好

於東輝說，要防止孩子染上「嗜考症」，他有以下幾條建議：

一、不要只根據成績好壞獎懲孩子

孩子取得了好成績，可以和他一起分享快樂，但不必非得給予他很高的獎勵。「因為，外部獎勵太頻繁，會奪走孩子內在的喜悅，」他說，「對孩子而言，考試成績好本身就是一種獎勵，如果他很愛學習知識，那麼這就是對他學習知識的認可，這會帶給他內在的喜悅，這種內在的喜悅是最好的學習動力。但是，如果頻繁給予物質獎勵，這種內在喜悅就會被外在的獎勵所取代，孩子的學習動機會因此變得不單純。」

二、孩子考砸時，要給予理解而不是責罵

多數「嗜考症」的孩子，其父母對孩子的學習要求相當苛刻，考好了，「一俊遮百醜」，其他什麼問題都可以不追究，考砸了，「一醜遮百俊」，其他方面做得再好也得不到認可。甚至，孩子考了全班第一，父母會說：「有什麼好得意的，這點成績就翹尾巴了？你考了全校第一才算有本事！」

三、讓孩子適度參與家務

很多家庭，學習成了孩子唯一的任務，在這種教育環境下，孩子最後只把成績當作唯一精神支柱，就不難理解了。

四、鼓勵孩子有其他愛好

但不要把愛好當成任務，當成必須完成且必須做好的任務，那樣一來，愛好也失去其意義，變成壓力了。總之，就是不要讓孩子像前面提到的小白鼠那樣，只有考試這一種快樂。好的人生，應該有各種各樣的快樂。

心理師這樣說

內在評價系統與外在評價系統

有真自我的人，他會形成內在評價系統，即，他行動的動力來自於自己的內在。

有假自我的人，他會形成外在評價系統，即他行動的動力來自於外部的他人。

放在學習上，有內在評價系統的學生，他之所以熱愛學習，是因為他喜歡學習，學習本身帶給他很大的快樂。相反，有外在評價系統的學生，他努力學習是為了追求外部的獎勵，也即家長和老師的獎勵。

外在評價系統的悲哀之處在於，一個人過於在意別人的評價，而失去了自己。沒有純粹的內在評價系統，也沒有純粹的外部評價系統。關鍵是在於你的動力系統中，由哪一個站在主導的位置。

04

孩子總考砸時，可能另有內情

好的溝通是健康家庭的一個標誌。在這樣的家庭中，孩子可以直接對父母表達自己的情緒和不滿。

這是非常有必要的，因為假若孩子心中有了不滿，但卻又被禁止表達，那麼他們就會發展出一些特殊的表達方式來。

用考砸來表達對老師、母親的不滿

最常見的表達方式是「被動攻擊」，即孩子有意無意地做錯一些事情，然後惹得父母特別生氣。結果，父母對孩子進行一番攻擊，斥責他甚至打他。這樣看上去是父母攻擊了孩子，但實際上是孩子內心深處故意惹父母生氣。但因為他是被動的，而不是主動的，所以就還是像是一個乖孩子。

「被動攻擊」最典型的例子是「醫生的孩子常生病，教師的孩子不學習」。這是中國知名的心理學家曾奇峰的觀點。他說：「醫生的孩子常生病，教師的孩子不學習，是我在諮商中經常遇到的案例。」

我的許多個案都是做老師的，我好幾次聽到這樣的感慨：「我是當老師的啊，他／她（孩子）學習成績搞得這麼差，我怎麼向別人解釋?!」

社群網路豆瓣有近八萬成員的社團「父母皆禍害」中，相當多人的父母就是老師，你在許多文章中都可以看到他們如何討厭自己做老師的父母。

心理諮商師寥琦也贊同曾奇峰的觀點，她舉了這樣一個例子：小勇是廣州某中學國三的學生，他學習很努力，一般的小考試成績都非常出色，但一到了大考試，譬如期中、期末或升級考試，他就總會考砸，很少有例外。

小勇的父母都是教師，而媽媽張老師就在小勇的同一所中學教書，她想盡了各種辦法，但就是無法幫小勇提升大考時的「心理素質」，無奈之下，她帶著兒子來看心理醫生。

母子倆見到寥琦後，張老師先說出了自己的感慨：「我是優秀教師，在學校很有口碑，教出了那麼多優秀的學生，但就是教不好我自己的孩子，我覺得自己真丟臉。」

說完這番話，她用「恨鐵不成鋼」的眼神看著小勇，而小勇看上去也很難過，他的頭垂得很低，不肯看媽媽的眼神，也不和心理醫生對視。

聽完張老師的一番話後，寥琦請她離開咨詢室，留下她和和小勇一對一地做心理諮商。在張老師離開諮商室的那一剎那，小勇頭抬起了一點，寥琦看到，剛才他臉上的那種羞愧迅速消失了，取而代之的是一種倔強的神情。

「我知道他的那種神情是什麼意思，」寥琦說，「我接觸過許多這樣的案例，知道這樣的孩子在意識上很羞愧，但內心深處其實埋藏著很多怨恨。」

她說，這是因為這個家庭的溝通模式所決定的。爸爸媽媽很愛小勇，可以說到了溺愛的地步，不要求小勇做任何事情，只要求他成績好。此外，爸爸媽媽還要求小勇「聽話」，並常對兒子說：「我們所做的一切都是為了你好，你要明白爸爸媽媽的苦心。」

考砸讓他反而有一絲快感

從小勇的表現看，他好像完全知道父母的苦心。他每天都晚睡早起地刻苦學習，不僅很聽話，還常對父母許願說，他以後要考最好的大學，找最好的工作，然後賺很多錢，以回報父母的愛。

這讓爸爸媽媽很開心，不過他們總是對小勇說：「爸爸媽媽不會要求你給我們什麼回報，你只要取得好成績就行了。」

但問題恰恰出在這裡，小勇學習很努力，平時小考成績很出色，但一到大考就是不行。

諮商進行了很多次以後，小勇才終於袒露了他的心聲：「不知道為什麼，每次拿到大考的成績，發現不怎麼樣時，我心裡一開始總閃過一絲快感，然後才會有丟臉和失敗的感覺，覺得又考砸了，又讓媽媽失望了。」

這種一閃即逝的快感是問題的真正所在，原來小勇內心深處其實是不想考取好成績的。諮商做到最後，小勇承認：「我討厭他們（父母），他們一天到晚圍著我轉，讓我煩不勝煩。但我很快會對自己說，你怎麼能恨爸爸媽媽呢？他們對你那麼好，那麼無私，你反而恨爸爸媽媽，你還有良心嗎？」

他想否認自己對爸爸媽媽的不滿，但最終還是表達了這種不滿，大考的考試成績就是他表達不滿的方式，其含義即：「你們不是希望我考取好成績嗎？你們最在乎這個，那我偏偏不考好。但你們別怪我啊，我努力了，肯定是你們教我的方式有問題。」

這種心理很微妙，和多數處於青春期的孩子一樣，小勇意識上並不知道自己有這種心理，他只是在拿到糟糕的考試成績後隱隱約約有一絲快感。

諮商到最後，寥琦又和張老師談了幾次，最終幫助她明白，兒子討厭他們這種「溺愛＋成績」的教育方式，建議他們不要再緊盯著兒子的成績，也不要太過問兒子的學習，試著讓他「自生自滅」一段時間。張老師猶豫了很久，最後答應試一試。

「他們是上半年來的，當時小勇還在國二，我知道的消息是，小勇升國三的成績不錯，在班裡名列前茅，和他平時的考試成績相當。」寥琦說。

太聽話的孩子最容易出現「被動式攻擊」

小勇的案例，是很典型的「被動式攻擊」。他從不主動對父母表達不滿，這樣的家庭也不允許他表達不滿。那麼，他在意識上就一切都聽父母的。父母讓他好好學習，好的，他就好好學習；父母要他明白一切都是為了他好，好的，他對父母說，他是多麼愛他們，多麼理解他們的苦心。

但是，在父母最在乎的成績上，卻出了問題，而每次看到大考成績後的那絲快感，洩露了小勇的祕密：他在潛意識裡不想考試。

小勇這樣做，刺中了作為教師的父母的軟肋，他們感到憤怒甚至羞恥，而這正是這個「乖孩子」潛意識深處的目的。他用這種方式，被動地對父母進行了攻擊。

這種案例很多。如果父母以道德自居，那麼孩子就可能會變成一個沒有控制能力的「壞孩子」，莫名其妙地做一些壞事，被人發現就痛哭流涕，但一轉身就又忍不住做「壞事」去了。一些有偷竊習慣的孩子，他們家裡很有錢，父母給他們的錢也很充足，同時父母也很講道德，但他們就是常忍不住去偷同學一些很不起眼的財物。

曾奇峰也接觸過多名醫生的孩子，他們的父母是什麼方面的醫生，他們就偏偏得那方面的疾病。

「這些家長常常覺得，自己最驕傲的地方讓孩子給嘲弄了，他們為此而感到很深的羞恥，這恰恰是孩子在潛意識裡希望達到的目標。」曾奇峰說。

他說，這些案例中的孩子，他們的父母有三個共同的地方：第一，對孩子的控制慾很強烈，他們生怕孩子遇到任何挫折，於是希望盡可能完美地安排孩子的一切，以防止他們遇到麻煩；第二，他們對孩子的期望很高；第三，他們不允許孩子表達對父母的不滿，他們認為，孩子最好的優點就是聽話。

請還給孩子一個獨立自主的空間

這三個特點結合在一起，會讓孩子感到窒息，他們其實對父母產生了深深的不滿，但不能用主動的方式表達出來，於是就採用了被動的方式。

「生命的價值在於選擇，但做父母的常常忘記這一點，他們不讓孩子去作選擇，總是忍不住要替孩子作選擇。」曾奇峰說，「但是，如果父母什麼都替孩子做主，那麼就無異於是在殺死孩子的生命。」

曾奇峰強調，這並不是哲學說教，其實是孩子們的切身感受。一個經常為自己的人生作決定的孩子，他的生命力是汪洋恣肆的，儘管因為年輕，他會遇到一些挫折，但那些挫折最終和成就一起，讓他感覺到自己的生命是豐富多彩的，「更重要的是，這是自己的」。

相反，假如孩子只能按照父母的決定去做，那麼，這些決定越正確，其窒息感就可能越強。

一方面，孩子獲得的資源越來越多，能力也越來越強，但另一方面，他的生命激情卻會越來越低。他們感受到這一點，於是想對父母說不，但他們又一直被教育要聽話，所以連「不」也不能說了，只好用被動的方式去羞辱父母。

這會達到目的，因為控制欲望很強的父母，是經常會產生無能為力感的，他們常發現，孩子的確聽話，孩子的確努力，路線的確正確，但好的結果就是不會產生。

「這是因為，孩子們在吶喊，我討厭你強勢的安排，我要過屬於我自己的人生。」曾奇峰說。要改善這一點，最好的方式就是適當放手，即父母給孩子制定一個基本的底線——認真生活不做壞事，然後放手讓孩子去決定自己的人生，只在非常有必要的時候才去幫孩子。並且，他強調，父母不要常打著「溝通」的名義，而迫使孩子必須和他交流，因為孩子和成年人一樣，希望有一個隱密的空間。如果父母太喜歡窺視孩子的所有祕密，那麼這孩子勢必會發展出一些特殊的方式來捍衛自己的空間，這是生命最基本的本能，因為「我」必須與別人拉開一段距離，與任何人緊密地黏到一起都會阻礙我們成為我們自己。

曾奇峰說，他有兩句最基本的心理學原則送給所有的父母：

如果孩子沒有祕密，那麼孩子永遠不能長大。

如果父母什麼都替孩子做主，那麼就是在殺死孩子的生命。

心理師這樣說

被動攻擊＝隱形攻擊

很多人際關係是失衡的，一方明顯處於強勢，一方明顯處於弱勢。並且，強勢的一方攻擊性很強，同時又不允許弱勢的一方表達他的感受。然而，任何人一旦被攻擊，一定會感到憤怒，並想還擊。一個關係不管多麼失衡，這一點也不例外。

不過，弱勢一方根本不能直接表達憤怒，那麼，他們會發展出獨特的還擊方式。從意識上看，他們不敢違背強勢一方的要求，不敢挑戰強勢一方的意志，在強勢方的強大攻擊下，他們唯唯諾諾，乖得不得了。

但他們會出現一些莫名其妙的狀況。很簡單的事情，他們做砸了；很容易兌現的承諾，他們卻不守信，總之，他們常犯一些莫名其妙的錯誤，令強勢一方暴跳如雷。此時，強勢一方看上去彷彿是遭到了嚴重侵犯似的。

這也正是弱勢一方的還擊，是弱勢一方潛意識深處的渴望。他們沒有表達出強有力的憤怒，甚至沒有表現出一點憤怒，但他們通過犯一些莫名其妙的錯誤來達到的效果，卻和直接用憤怒攻擊強勢方沒有什麼兩樣。

這種心理機制，叫做「被動攻擊」，也叫做「隱形攻擊」。

05

和孩子一起面對考試失利

在華人社會，大學考試是座獨木橋，為了督促孩子通過這座獨木橋，很多家長喜歡採取高壓政策，也只用成績來評價孩子。高壓政策的結果就是孩子面對挫折時非常脆弱。尤其是那些成績一貫出色的孩子，他們無法獨自承受大學考試失敗的打擊。

每年，我都會聽到一些例子，因為無法化解壓力而導致大考發揮失常，一些孩子甚至最終患上嚴重的心理障礙。

每年大學考試成績公佈後，都會有一些孩子無法面對事實——落榜或考不上中意的學校。因此，我講一個過去的故事，讓這些孩子和家長懂得該如何去面對這個挫折。

面對挫折的方法其實並不難，概括為一句話是：父母真誠地和孩子一起承擔挫折。孩子脆弱的承受能力是果，父母的高壓政策是因，所以，孩子難以承受也不應該獨自承受這個挫折。在中國，大學考試不只是一件個人的事情（雖然我很期望父母們能這樣看），而是全家的事情。所以，失敗了，父母要學會與孩子一起承擔。

當然，對那些從不干涉孩子並尊重孩子獨立空間的父母，我認為不需要這樣做，因為他們的孩子有足夠的承受能力，能獨自處理這一挫折並從中獲益。

「從大學考試結束到現在，我已接到至少五位畢業生的求助電話了。」諮師師袁榮親說：「他們預料自己的分數會比較糟糕，他們不知道該如何面對這個事實。」

表面上的事實是分數低，難以考上中意的大學。實際上的事實是擔心別人瞧不起自己。也就是說，他們怕的其實不是失敗，而是怕被人否定。所以，他們最經常採取的措施就是，封閉自己，不和人打交道。

廣州市某重點高中的畢業生丁丁在電話中對袁榮親說，他每天一早會逃出家門，很晚才回家，就是因為擔心父母老問他：「你考得怎麼樣呢？」

「我覺得這次肯定考得不好。」丁丁說，按照他平時的成績，他應該能考上中山大學，但他仔細計算了分數後，認為自己只能考上一般的大學。「父母對我期望很高，我不知道怎麼對他們說。」他說。

並且，逃出家門後，他也不敢去找同學，而是盡可能躲在能避開一切熟人的地方。偶爾，當父母要去親戚家串門時，他也是找各種藉口不去，因為他有一個表弟和他同時大學考試，表弟預估分數很高。他說，一想到親戚會拿他和表弟作比較，就覺得很難受。

「其他畢業生的情況大同小異，」袁榮親說，「讓他們作評估時，他們最害怕的，都不是自己的前途，而是被人看不起。」

之所以會如此，是因為他們的父母在多年的教育中都是這樣做的。當孩子成績好時，他們誇獎他們，並給他們各種獎勵；當孩子成績差時，他們就數落，指責他們。

這樣做的父母們認為自己，他們的動機是好的，是為了孩子未來著想，但是，這種極端的教育方式會讓孩子認為，大學考試——這個最關鍵一步的失敗，意味著對自己的終極否定。

案例：優秀的孩子卻是自閉的失敗者

沒有人願意面對這種終極否定，為了逃避這種終極的否定，他們會發展出一些病態的行為方式。

阿蘭在家裡自閉了兩年後，蘇太太才意識到自己女兒問題的嚴重性。直到高中畢業前，阿蘭一直都是被同年齡人羨慕的對象。她聰明、漂亮、性格活潑，有領導才能，而且一直是明星中學的優等生，每個人都認為，她起碼會考上復旦大學，如果好好發揮的話，說不定還可以考上北京或清華大學。並且，大學畢業後，她的人生也一定會是一條康莊大道。

但是，一帆風順的她恰恰就在大學考試中考砸了。不知道為什麼，她大考時完全失去了感覺。她一點都不緊張也不興奮。結果，最後她的成績只能上一所普通大學。

阿蘭希望重考，但蘇太太反對。她常用高壓方式教育女兒，譬如，如果女兒考不了全班前三名，就罰女兒跪半個小時面壁思過。但是，她對袁榮親說，這些高壓方式其實只是一個策略，她希望能透過嚴厲的獎懲方法，督促女兒考上如意的大學。但是，如果女兒發揮失常，只能上一所普通大學，她也能接受。並且，她看到太多重考的例子，整體上並沒有什麼更好的結果，所以她不想讓女兒冒這個險。

阿蘭儘管不情願，但最後還是按照媽媽的安排讀了大學。但是，她的性格發生了巨大改變。首先，她不願意再和高中同學聯繫，她對媽媽說，她擔心別人嘲笑她，更討厭別人的同情。她也拒絕和大學同學交往，其理由是「他們根本不配和我做好朋友」！她也瞧不起自己所上的大學，因為「學校小得可憐，老師也是一群沒有素質的人」。

同學們意識到了她的態度，於是聯合起來孤立了她。最後，她連課都不願意上了，成績越來越糟糕，大二讀到一半時，她退學了。

心理分析：自閉＝逃避否定

退學後，阿蘭把自己關在臥室裡，閉門不出。她不和任何人打交道，也不和父母說話。剛退學時，她還上一上網，在網上和陌生人聊天，但一年後，她乾脆連網也不上了，只是整天躺在床上睡覺。

中間有一次，她跟著明星大學畢業的表姐去北京玩了一趟，並參加了表姐的一次聚會。但從此以後，她連重點大學的學生也瞧不起了。「你的那些同學，怎麼都那麼俗呢？聚到一起，除了談吃，就是談穿，要不就是談嫁人，你們怎麼就沒一點追求？」她對表姐說。

對這個案例作了一些瞭解後，袁榮親分析說，阿蘭已到了思覺失調症的前期，這不在他的診所治療的範圍之內，於是他將阿蘭轉介給其他醫生。

「阿蘭的問題難以治療，但卻不難理解，」袁榮親說：「她把自己關起來，不和任何人打交道，不和父母說話，這種極端自閉的狀態，其實都是為了逃避他人的否定。」

他認為，現代教育的一個悲劇是，許多家庭為了讓孩子集中精力學習，不讓孩子參與任何其他事，只是專門心思學習，於是許多孩子就只培養出了一個心理支柱——好成績。一旦這個支柱垮了，孩子的精神世界就崩潰了。

蘇太太認為，她的高壓方式只是一種策略，她可以拿得起，放得下。殊不知女兒已把她的高壓內化成自己人格的一部分，已經很難從身上剝離。

譬如，如果阿蘭考不到全班前三名，蘇太太就罰跪。一開始，蘇太太要監督女兒這樣做。但後來，即便沒有她的監督，女兒會自動地跪半個小時思過，並認為這完全是理所應當的，「考不好當然要自我懲罰」。

這一切的高壓方式都是為了爭取最後一個終極結果：大學考試的成功。而這個終極結果的失敗，對於阿蘭這樣的女孩而言，無疑意味著終極否定。

這種終極否定的壓力太沉重了，所以，阿蘭要逃。她不和高中同學來往，是因為怕被高中同學瞧不起。更重要的是，她自己內心深處瞧不起自己。「你怎樣看自己，你就會怎樣看別人，」

袁榮親說，「阿蘭在大學期間，瞧不起學校，也瞧不起老師，實際上是她自卑心理的外移。非常自卑或自責的人，會在挑剔別人或責備別人的時候宣洩掉一些積壓的不良情緒。」

高中畢業後，阿蘭所做的一切，都是為了逃避內心深處的自我否定。但這種自我否定來自她自己，不會因為她挑剔否定別人而消失。最後，她只有逃到徹底封閉的狀態下，不和任何人交往，那樣就絕對不會再被別人瞧不起了。

然而，她的自我否定，卻不會因為她的徹底自閉而消失，卻反而會因為徹底自閉而更強烈。畢竟，這個狀態下，她再也找不到別人可以指責，從而宣洩掉自己的一部分不良情緒了。

雙向治療：媽媽向女兒道歉

大約自閉了兩年之後，蘇太太才決定給女兒找心理醫生，這已經太晚了。袁榮親說，如果能夠早一點讓心理醫生介入，阿蘭的問題就不會發展到徹底自閉的狀態。

如果能夠早期介入，袁榮親說：他會建議蘇太太向女兒道歉。這是很關鍵的一步，因為阿蘭和許多孩子一樣，認為大學考試失敗是她的責任，畢竟是她在考試而不是母親。

但是，獨自承擔這個終極的否定實在太痛苦了。所以，阿蘭拒絕直視這個事實，從而不斷地逃避。

這個時候，如果蘇太太對女兒真誠地道歉，告訴女兒說：「我錯了，我不該用那些錯誤的方式給你製造壓力，我要為這一切向你表達深深的歉意。」

那麼，這樣一來，阿蘭就會感覺到，她不是獨自在承擔這個壓力，也就不會那麼痛苦，從而就能面對大學考試失敗這個事實。

做到這一點後，他還會建議蘇太太對女兒說：「你愛我，但我利用了這一點來控制你，我不應該這樣做。現在，我想對你說，你是我的女兒，我愛你，無論你怎麼樣，我都會無條件地愛你。」

當然，道歉只是開始。如果道歉足夠真誠，做媽媽的接下來一定會遭遇新的挑戰：女兒會指責她，一開始可能只是零星的指責，但接下來會像潮水一樣洶湧而來。

這時，做媽媽的不要做任何自我辯解，只要傾聽，讓孩子傾訴，並告訴孩子：「我很難過，我很抱歉，我不知道你有這樣的想法，我過去一直忽視你的感受，一直不理解你。」

指責達到高峰時，孩子可能會有失公允，會有把所有責任都推給父母。這個時候，父母仍然不要去辯解，他們最後會發現，這只是一時的，孩子到了最後經常會嚎啕大哭一場，然後對父母表示諒解。

「這是一個艱難的過程，」袁榮親說：「真誠地承擔錯誤教育方式的責任，並不是一件令人愉快的事情。但如果想把孩子從大考失敗中拯救出來，他們一定要走出這一步，畢竟，他們的高壓教育方式的確給孩子製造了太多的痛苦，他們要有勇氣承認這一點。」

當父母做出這一點後，那些覺得受到了終極否定的孩子才會有勇氣面對大考失敗這個事實。

接下來的做法，袁榮親說，他會試著幫助孩子們重建自己的價值感。他會幫助孩子們理解，考試只是人生長河中的一個環節，它雖然很重要，但這一個環節的失敗並不意味著整個人生的失敗。相反，如果你坦然接受了大學考試失敗這個事實，就可以真正理性地選擇新的道路，而不是在懊喪和痛苦中度過未來的日子。

06

家有失敗留學生怎麼辦？

麻省理工大學和哈佛大學是世界上最有影響力的兩所學府，將自己的孩子送進這樣的學校，應該說是家長們最頂級的夢想了吧。

然而，畢業於麻省理工大學的郭衡在二十八歲時自殺，畢業於哈佛大學的鄧琳成為一名思覺失調症患者。

在我多年的諮商經驗中，見過許多個案，也聽過許多故事，都是父母眼中驕傲的孩子在休學或退學後一蹶不振。其中很關鍵的是，父母一開始沒有意識到事情有多嚴重，也不知道自己的行為模式是孩子的噩夢，從而沒有及時地幫助孩子。

那麼，家有失敗學生，父母該怎麼辦？

鄧琳從哈佛博士跌落成為一名思覺失調症患者，其中關鍵是，父母試圖將她打造成一個學習上無所不能的孩子，但卻通過干涉她一切選擇，向孩子轉嫁了你什麼都做不好的無助感。

自戀與無助的分裂，個人意志與父母意志的分裂，扼殺了她的精神生命。一方面，她覺得自己很了不起，但這僅僅限於學業上，而其他方面，特別是與人際交往有關的方面，她會發現自己很無能。

這種時候，她不知道自己是該繼續維持那了不起的感覺，還是面對無助，最終導致分裂。

當然，事情的關鍵是如何處理無助，這一點當事人和家長都應有充分的意識。

我曾處理過一些出國留學但受挫後回國的個案，還有一些在國內中學受挫的個案，因此，想強調幾點，請父母們特別注意。

心理師這樣說

一、孩子心理問題嚴重程度遠遠超乎父母想像，這時的選擇題不是能不能重新留學，圓父母的面子，而是孩子能不能活下來，精神能不能恢復。

二、孩子這時都需沉靜一段時間，獨自舔傷口療傷，他們通常會選擇關閉房門，自閉一段時間，父母請理解這一點。

三、除非父母真的意識到了自己的錯誤，深切地知道了自己是如何傷害孩子的，並向孩子進行了真誠的道歉。否則，不要輕易去叩開孩子的心門，因你勢必會帶著舊有模式闖進去，而這是孩子受傷的根本原因。切記，根本原因不是留學環境，不是孩子承受能力差，而是你們製造了他的痛苦。

四、請不要找並不真正理解孩子的其他親友和孩子談話，除非這個親友能聆聽孩子的心聲，而不是給孩子講道理，讓一切講道理的人遠離孩子的房門及心門。任何人要進入孩子的心門時，先請問問自己：你是否懂得他的痛苦，你是否站到他這一邊，若不是，請不要進去。

五、好好照顧孩子，給他做好吃的，這非常重要。這時，孩子會退行到心理年齡很小的階段，口欲的滿足會給孩子帶來很大的安慰。媽媽做這一切尤其有療癒作用，因這是媽媽再一次哺育孩子。之前沒哺育好，現在補課吧。並且，若孩子不吃，不要一遍遍問他，讓他暫時留在自己沉睡的世界裡。

六、再次強調，沉睡很重要，他的心已成碎片，需要慢慢整合，而且這時他對外界的敵意非常敏感，需要時間先將心拼起來，再接受外界的幫助。請父母再次記住，你一定要深刻地認識到你的錯誤後，再進入孩子的房間，先向他誠懇地認錯，並且預料到孩子可能會向你表達強烈的憤怒，這是你必須承受的。

七、不要要求他保持什麼制式的作息制度。當然，若你是這樣的孩子，你看到我的文字，我建議你能保持一個最基本的作息制度，但做不到也沒關係。然而，父母不要以此要求孩子。他們這時沒有心力這麼做。

八、當你忍不住想和孩子說話時，問問你自己，你很焦慮嗎？你是不是很絕望。

若是，不要向孩子開口，去找你最好的朋友和親人聊天，哪怕發洩。但不要帶著焦慮與絕望和孩子談話，孩子會感受到你的情緒，這會進一步擊倒他。

九、要準備好一個足夠長的時間讓孩子療傷——譬如一年，也給你和配偶一個足夠長的時間重新反思你們與孩子的關係，也包括你們之間的關係。這看似是一個壞事，但卻是一個機會，讓你們的家庭重新調整各種關係。

十、你自己要努力看到希望，不要向孩子索求希望。特別是不要把你自己弄成一個受害者的樣子出現在孩子面前，你不能用自虐的方式來逼迫孩子給你希望。讓他感覺到愧疚，這樣做只會令孩子厭惡你，同時也痛恨自己。

十一、請懂得，這不是你偶然遇到的災難，不是一個小挫折導致孩子如此，而是父母長年累月帶給孩子痛苦，才導致今天這個結果。這是你的家庭必然遭遇的事件，但這個事件會帶來一個巨大的契機，讓你們所有人重新認識自己，重新修復各種關係，這是最有價值的一點。

07

如何一圓「升學夢」

我曾收到過許多高三學生的來信，講述他們對未來一年的種種擔憂、種種困惑。為此，我整理了自己高三那年的經歷，還有我所瞭解的一些故事，希望通過對這些故事的心理分析，能對高三畢業班的學生有所啟迪。

我要先強調一句話：高三整整一年的時間，足以創造奇蹟！

突破其中一點，就能改變預言

高二下學期的期中考試，我考了全班第二十九名。按照這個成績，連一般本科大學都考不上，心裡一下子著急起來，擔心無法繼續念書，所以發誓要努力學習。

當時，我決心先把化學學好。我下定決心重新自學化學，力求不放過任何一個題目，同時也買了一本很棒的題庫，裡面對化學知識和化學題的解釋有趣又詳盡。

我學得非常投入，完全沒想過能收到什麼效果。結果完全出乎我意料：期末考試，即高三升學考試，我的化學成績考了全年級第一名。總成績是全班第十一名。

化學成績全年級第一，從心理上給了我極大的震撼。我做夢也沒想到，只付出兩個多月的努力就可以在一個不擅長的科目上取得年級第一。以前，整個高二期間，我的化學和物理經常考六十多分（總分一百）。

最初甚至因為這種成績還想過調到文組班去。

高一時，我也取得過全班第十一名的成績，那是我以前最好的成績。因為這種成績，再參考學校的歷屆成績，我給自己的定位是：正常發揮的話可以考上一所好的本科大學，發揮再好的話有望考一所普通重點大學，發揮更好的話，說不定能考上明星大學。

但是，化學年級第一這個成績突破了我的想像空間。一個我本來如此害怕的科目，居然可以通過兩個月努力就成為全年級第一。那麼，如果其他科目也發生這種變化呢，是不是，我就可以……可以夢想一下清華、北大和復旦？

一想到這兒，我的手興奮得發抖。當然，我仍然認為這是一種幻想，因為高三只有一年時間，而我沒有一個優勢科目——除了剛發現的化學。但化學真的是我所擅長嗎？我心裡仍充滿懷疑。

但是，不管怎麼說，這個成績改變了我對自己的預期，讓我偶爾也免不了會做一下名校夢。「這是夢，只是夢，」我常對自己說，「但想像一下又怕什麼呢？」

心理師這樣說

自我實現的預言

心理學上有一個名詞：自我實現的預言。意思是，如果相信自己行，你最後就一定行；如果懷疑自己不行，你就會退步。

高三升學考試的化學成績，就讓我改變了自己的預言。以前，我的最好成績也是全班第十一名，但各科成績平均，沒有一個優勢科目。我給自己的定位一直是，我是一般好的學生，那些優秀學生，一定有很多地方比我強，是我難以超越的。我和班裡的所有成績優秀的男同學關係都不錯，在他們面前，我一直有一種自動思維：他們比我強。但這次的化學成績改變了我的自動思維。我發現，我可以比他們更強！

按照「自我實現的預言」的理論，這種信念就相當於改變了我的預言。以前，我預言自己不如優秀學生，結果這個預言實現了；現在我預言自己會比他們強，而接下來，我這個預言開始不斷實現。

預言需要基礎

這樣的例子很多。我的同期同學，高一上學期成績一直和我相當。有一次，他生了病，在家養了一個月。等病好返校後，離期末考試只有一個星期了。他豁出去了，結果考試心態出奇好，在期末考試中居然進入了全班前五名。這次經歷改變了他的預言，他以前以為自己就是十一至十五名，但從此，他的預言定位到了前五名。結果，以後兩年半裡，他的成績從沒有在前五名以外過。

前年冬天，我一個朋友的表弟對大學考試失去了信心。他是重讀生，第一次大學考試因為發揮失常，於是選擇了重讀。但高三第一個學期的歷次考試中，他的成績非常不穩定，忽上忽下。他心中忐忑不安，擔心自己重蹈覆轍。

我向他講了「自我實現的預言」這個概念，告訴他「要相信你的最好成績，因為那是你抵達過的境界。如果你相信它，那麼你一定會重新抵達那裡」，這句話很震撼他，他重新拾回自信，成績逐步穩定，即便偶爾一次發揮失常，他也不再在乎，因為他知道「如果你在乎這次失常，就是相信了它。它會成為消極的預言，讓這樣的失望重演」。最後，他在考試中正常發揮，被南京大學錄取。

預言要有基礎。譬如，沒有那次化學成績，我很難做「北大夢」；沒有那次全班前五名，我的同期同學也不會有那樣的預言。我那個朋友的表弟沒有以前的成績，他也很難相信「南大夢」的預言。簡單說來就是，如果你抵達過某種境界，再做這樣的預言，你自己就容易相信。我在化學成績上取得了年級第一，由此開始憧憬其他科目也去爭取類似的成績。這種憧憬，是扎實的。

由點到面，逐步突破

進入高三後，我將物理當成了第二個突破口。兩個多月後，在高三上學期的期中考試中，我的物理成績也突飛猛進，考了滿分，那是我高一以來的物理最高分。同時，化學成績仍然在年級名列前茅，證明我高三升學考試中的成績並非曇花一現。

到了高三上學期的期末考試，最令我欣慰的是，數學成績也有了明顯進步。其實，我最害怕的是數學，因為高一就沒打好底子。我同期同學的數學成績在班中最強，他建議我從高一數學開始補強，力求不放過任何一個難點。其實，我在化學和物理中都是這麼做的，並且，在攻堅化學和物理時，我一直將數學當作第二重點，做好了持久戰的準備。

經過半年多的努力後，補強工作終於宣告結束，在高三下學期的第一次模擬考試中，我的數理化成績都在班中名列前茅。雖然這次考試只得了全班第十九名，但因為是整個高中三年數理化成績首次都名列前茅，還是有很大的成就感。畢竟，這證明我在這三科下的苦功沒有白費。

心理師這樣說

整體大於局部之和

心理學中一個著名的觀點：整體大於局部之和。將這個概念引申過來，可以得到一個很好的戰略觀念：要將高三的那年視為一個整體來對待，不要為局部的得失而過於得意或苦惱。

以我自己來說，在高三半年多的時間裡，我的最好成績其實仍然是高三升學考試那次的全班第十一名。那也是唯一的一次，我有一科考了全年級第一。如果拘泥於局部觀，我應該懊惱才對，因為我的成績一直不升反降。

但是，我幾乎從未因此苦惱過，因為我將高三那年視為了一個整體，所有的努力都是為了最後的結果，至於中間的成績，進步了，可以欣喜，證明自己提高了；倒退了，也可以欣喜，因為得到了經驗和教訓。進步也罷，經驗教訓也罷，對最後的結果都有益。我從不執著於一次成績的得失，因為我堅信：努力，總不會錯！

我相信，只要努力，就會進步，就會提高。一時的成績升降，都有偶然，而努力必然有收穫。並且，我在化學上努力，化學成績就提高了；我在物理上努力，物理成績也提高了；我在數學上打持久戰，成績也提高了。這也證明我的信念——努力，總不會錯！

會學習，還要會考試

數理化成績都提高後，我將英語當成重點突破對象，向每個英語好的同學認真請教學英語的方法。有兩個同學給了我很重要的建議，結果英語也越來越好。

但緊接著，我遭到了高中三年來最大的一次打擊：高三下學期的第二次模擬考試中，我仍然考了全班第十九名。而且，除了化學，其他各科都沒有考好。

為什麼會這樣沒道理呢？

在離大學考試僅三個月的時候，這個打擊很重。我非常鬱悶，於是一個人到學校附近的鐵路旁散步。我重新評估了一下形勢，最後斷定：我沒有發揮好。我做數理化難題的功力，全班少有人能比得上，所以數學和物理的成績沒有反映出我的真正水平。至於語文，我讀的文學類書籍、看的文學類雜誌，全班任何人也都沒法和我比，而且高中所有要求背的課文、詩歌，我全背過了。還有政治，我幾乎整本書都背過了，考試卻沒及格……實在是沒有道理啊！

但是，為什麼會這樣呢？為什麼我的程度明明很好，卻考得那麼差呢？

正在思考的時候，一列火車轟隆隆地從我旁邊飛速駛過。因為思考得太專心了，我一開始沒聽到它過來的聲音，嚇了一大跳。凝視它的時候，我忽然茅塞頓開：火車質量再好，也只有在火車軌道上才能跑得快，在公路上，它就跑不動；你學習掌握得再好，也只有走上考試軌道才能取得好成績，上不了這個軌道，也拿不到好成績。

暫停學習，鑽研考試辦法

這個頓悟來得太及時了。接下來，我果斷地決定，除了英語，其他所有科目都停止重複學習。我相信，除了英語，其他科目的內容我都掌握得非常好了。接下來，我首先要專心思考，怎麼能在每一科上「走上考試軌道」。那時，我每天都寫日記，內容幾乎全是思考怎麼考試，且一旦想到方法就立即自己做模擬題進行檢驗，一旦覺得不對就立即改變。

好像差不多用了兩個星期，我就對每個科目怎麼考試都有了很多體會，接下來就是按照這些體會，把每個科目的重點梳理一遍。這種工作的效果遠遠出乎了我的預料。在離大學考試還有十九天的第三次模擬考試中，我的語文、政治和生物都考了全年級第一名，總成績列全班第一。

這是我高中三年第一次進入全班前十名。大學考試時，我仍考了全班第一，這證明「考試軌道論」和後來的考試方法經得起考驗。

心理師這樣說

挫折商，讓你更上一層樓

這個「考試軌道論」的頓悟固然重要，但更重要的是，這個事例說明了挫折的價值。

心理學認為，經歷的多樣性比經歷的單一性更好。順利會幫助一個人形成一個方向的思維，挫折會幫助一個人形成另一個方向的思維。

如果總是一帆風順，那麼思維就容易陷入單向思維，對事情的考慮容易片面；如果一個人總是遭受挫折，那麼這個人的思維也容易陷入單向思維。最好的經歷就是，既順利過也遭受過挫折，這樣的經歷會幫助一個人形成多向思維。

所以，在智商、情商之後，心理學家又提出了挫折商。所謂「挫折商」，就是一個人在應對挫折時形成的一些良性的應對方式，一定程度的挫折可培養一個人更強的心理承受能力，也可培養一個人的多向度思維，讓一個人考慮事情更全面。

在北京大學讀大二的時候，一天夜裡，我忽然從睡夢中驚醒，發現同宿舍的同學都擠在窗戶前向外看。外面，一個全身赤裸的男同學邊跑邊喊「我是北大的，我是北大的」。

顯然，他瘋了。後來知道，這是我們樓下數學系的一個同學，上大學前一直在學校裡是成績最好的，但上了北大後，發現自己只能考中等程度的成績。他無法接受，越來越自卑。在這種心態之下，他已經很難靜下心來學習，結果在最近的一次考試中有一門數學課沒及格。

於是，他一下子徹底崩潰了。

因為過於一帆風順，這個同學的挫折商太低了，這導致他無法承受新的挫折。所以，要珍惜一些學習上的挫折。要知道，一些考試挫折不僅暴露了我們學習上的弱點，讓我們查漏補缺，也可以培養我們的挫折商，這是一種很重要的心理財富。

對我來講，這次挫折直接讓我形成了「考試軌道論」，讓我在大學考試中受益。從長遠來說，我後來又發明了多種「軌道論」，它們成了我認識世界的鑰匙。無疑，這次挫折大大提高了我的挫折商。

站在命題委員的角度上看考試

「考試軌道論」的頓悟很重要，但怎樣才能跑上考試軌道呢？

我當時想出了很多大大小小的考試方法，幾乎每一科都找到了幾個。不過，最重要的是，我有了一個全新看待考試的角度：站在命題委員的角度上看考試。

這個頓悟源自對政治學的思考。我是一九九二年的考生，那幾年的考生都知道，政治學的多項選擇題不是考你的程度，而是像故意為難你，就算把政治課本背得滾瓜爛熟，也不知道怎麼做多項選擇題，錯一半甚至更多的選擇題是非常正常的。

怎麼解決這個問題？為什麼題目出得這麼「變態」？命題委員為什麼這麼出題？最後，我腦子裡忽然間跳出一個意識——不要站在學生的角度上看考試，要站在命題委員的角度上看考試。

這個意識的形成很重要。以前，我和其他同學一樣，總是抱怨政治學考試「變態」、「沒法理解」、「有毛病」等等。

之所以這樣抱怨，是因為自己站在學生的立場上，將命題委員視為敵人，視為神秘的、不可理解的、但又能決定自己命運的人。但如果換位思考，站到命題委員的角度上去思考「他們是怎麼想的」、「他們為什麼這樣出題」，那麼，敵對的心態就會消失，命題委員也就不再神秘和高高在上。

如果我是出題者……。

形成這個意識後，我重新站在命題委員的角度上梳理了一下政治課本。每到一個理論，我都思考一下，如果我是出題人，我會怎麼考。

再就是申論題。我也產生了新想法。政治老師指導說（估計當時的政治老師都會這樣教育學生），在做申論題時，要盡可能多寫，多涵蓋知識。但我一站在命題委員角度上就想到，哪個命題委員願意讀這種答案？我斷定老師教的是一種低級的考試技巧，針對的是那些沒有掌握好的學生，而更高級的考試技巧是，用清晰的邏輯結構、簡練的語言把申論題的答案寫成一篇篇小作文，讓命題委員讀起來舒服。

當時，我甚至都達到一種「變態」的境界，能夠感受到出題者是嚴格還是寬鬆，從而決定在做選擇題時標準嚴格些還是寬鬆點。

這兩個考試方法的效果只能用可怕來形容。第二次模擬考我的政治學只考了五十多分（滿分一百），第三次模擬考了八十三分，是全年級第一名，提高了近三十分，大學考試時仍考了八十分，列全年級第二。

心理師這樣說

設身處地為別人著想

美國心理學家羅傑斯提出了「來訪者中心療法」。他認為，心理醫生的專業知識掌握得再好，如果他不能站在來訪者的角度上，設身處地地為對方考慮，感他所感，想他所想，治療很難有好效果。

把這個概念放到大學考試中，就可以明白：如果學生只是站在自己的角度上看考試，就很難理解考試的規律。並且，如果不進行這種換位思考，學生就很容易和命題委員較勁。

譬如，一個學生可能會想，雖然我的字寫得亂了點，但總能看得清楚，閱卷的老師會理解我的。但如果他站在閱卷老師的角度上思考問題，立即會明白，看到一個亂糟糟的答案卷，肯定不會愉快，而看到整潔的答案卷，心情立即會不一樣。這樣一想，你就會真正明白頁面整潔的價值。

形成「要站在命題委員的角度上」這個意識後，我又重新反思了每一科的考試方法，當時的小頓悟相當多，也找到了許多考試方法。不過，我是一九九二年參加的大學考試，現在這麼多年過去了，已記不得太多了。

記住也沒什麼價值了，畢竟現在的考試，應該會與那個時候有很大不同，生搬硬套肯定是吃虧的。但是，換位思考和「考試軌道論」肯定依然有特殊價值。

最後，我想向畢業班的學生和家長說一句，能上北大、清華等名校固然好，上不了也沒所謂。我的同班同學中，只有我一人考上北大，但很多人現在遠比我成功，比我活得更好。

如果說，對高三要有一個整體看法，就是不要拘泥於一次考試的得失，那麼，我們對人生也應該有一個整體觀。即便在大學考試中遭受了什麼挫折，我們都要永遠努力，永遠向前進。這樣的話，大學考試中的成敗得失放到整個人生中，就顯得並不是那麼重要。

08

教孩子知識，不如給孩子愛

父母與孩子的關係模式，是孩子與其他人建立關係的基礎，也是孩子的人格和情商的基石，這比知識更重要。

知名的心理學家曾奇峰說：「一個人的現實人際關係，是他內在的客體關係向外投射的結果。」

這句話中所謂的客體關係，指我們心理中內化的「我與重要親人的關係」，「我」是主體，而重要的親人是客體，這個關係就被稱為客體關係。

一般而言，最重要的客體就是父母，而這個客體關係，主要是指一個人內化的自己與父母的關係，它基本在五歲前完成。

這個客體關係有三個部分：「內在的我」、「內在的爸爸」和「內在的媽媽」。它們之間關係的性質，決定著我們長大後與其他人交往的方式。如果童年時，我們與父母的關係模式比較健康，那麼我們長大後與別人相處時也會比較健康。如果童年時，我們與父母的關係模式不正常，那麼我們長大後就難以與別人健康相處。

案例：被孤立的女孩

廣州有一個女孩阿雲每進入一個公司時，上司和同事都相當喜歡她，但是，工作沒多久後，上司和同事都開始疏遠她，她最後在公司中常被孤立。

這種情形，完全拷貝了她童年時的人際關係模式。她的父母忽視她，而將大部分的愛給了她的弟弟。她內在的客體關係中，「內在的我」不相信會得到「內在的父母」的愛，而且一旦要與弟弟競爭的話，她永遠都是失敗者。結果，在現在的現實人際關係中，她也不相信能得到上司的愛，而一旦要與其他同事競爭，她一樣永遠是失敗者。但是，這種人際關係，其實是自己「營造」出來的。

其實，剛進公司時，她的上司和同事大多對漂亮的阿雲頗有好感。但因為早已經形成不良的客體關係，她不相信自己能贏得上司和同事的好感，接下來常會有意無意地做出拖延和健忘等，最終就把自己在公司的關係變得和童年時在家裡一模一樣。

做父母的，總想著要「教育」兒女，培養兒女的素質和能力。但實際上，在兒女年齡尚小的時候，遠比這一點更重要的是父母與兒女的關係。這種關係會被兒女內化到他們內心深處，不僅成為他們人格中最重要的部分，也會成為他們情商的基礎。很多沒有得到嚴格教育的孩子，長大後卻能屢屢突破各種限制，最終獲得事業和家庭上的成功，其主要原因是在他們童年時，父母與他們的關係非常健康。

案例：樂觀正向的推銷員

我的一個朋友，年輕做推銷員時，從來都不怕被別人拒絕。無論被拒絕多少次，他下次仍然能情緒高漲地敲開客戶的門。他說他內心深處相信，他一定能打動對方，贏得合同，「沒有我拿不下的合同」。

後來，細細了解後，我才知道，他的家庭關係非常健康，他父母從來都是鼓勵孩子，而不是對他們冷嘲熱諷甚至打罵教育，無論他們遭遇到什麼挫折，父母都會堅定地說，他們一定能行。結果，我這位朋友，還有他的兩個哥哥，現在都是有年收數百萬乃至千萬身家的企業家。

需要強調的一點是，他們三兄弟最高學歷也都不過是大專畢業，而且父母都是農民，家境一直非常貧窮。

形成鮮明對比的是另一個例子。一對音樂家父母，他們希望一對兒女在二胡上有所成就，於是從小就對他們進行堪稱殘酷的打罵教育。譬如，一次兒子一邊拉二胡，一邊偷偷地看小說，結果被媽媽發現，然後遭到了一頓暴打。

這對父母的教育是「成功」的，他們的兒女長大以後本可以拉一手出色的二胡，但是兒子拒絕拉二胡，他說他恨二胡，這輩子再也不想碰它。女兒倒是還拉二胡，但與父母基本斷絕了來往，因為她無法放下內心的恨。

父母殘酷地對待兒女，而兒女也學會殘酷，兒子殘酷地對待二胡，而女兒則殘酷地對待父母。

不僅如此，多數在高壓教育下長大的孩子，他們成年後，無論多麼想與這種關係模式決裂，心中仍然會湧動著強烈的、難以排遣的恨意。

在中國知名的線上「天涯論壇」上有一個主題是「曾多次毒打、侮辱子女的父母們，你們給孩子跪下！」的貼文，其中一個受過父母虐待的網友寫道，她儘管很想當一個好人，但一看到柔弱的東西，譬如小孩子、小狗、小貓或其他小動物，就忍不住想折磨它們。這其實就是她內心的客體關係向外的投射，這種投射不會因為我們意識中多麼想做一個好人就能終止，這必須有非凡的努力和強大的反省能力才有可能走出來，並營造自己新的、健康的客體關係。

當然，父母與子女糟糕的客體關係，並不僅僅因為極端的教育，還有很多很多其他的原因，最常見的是「忽視」。

案例：一個安靜的乖巧小女兒

二〇〇六年，我到俄羅斯出差，在莫斯科機場的候機大廳，看到了這樣一幕：一個四、五歲的小女孩，長得像天使一樣漂亮，穿著也非常精緻，她又帥又有氣質的老爸，在長椅上靜靜地讀書。

和我們一樣，他們也去聖彼得堡——俄羅斯第三大城市，在近一個小時的等待時間裡，小女孩不斷地糾纏她的爸爸。她很輕很輕地走到爸爸旁邊，彷彿生怕打攪他，然後很輕很輕地拉一下爸爸的胳膊，對他說點什麼。

但爸爸沒一點反應，不說一句話，不吭一聲，胳膊彷彿鋼鐵般一動不動，也不看女兒一眼，彷彿女兒所做的一切完全沒有發生，仍然全神貫注地讀他的書。

女孩覺得有點無聊，於是離開爸爸，自己去玩。過了幾分鐘後，她忍不住又來糾纏爸爸，仍然是很輕很輕地拉一下爸爸的胳膊，說點什麼，但爸爸仍然完全沒有一點反應，繼續全神貫注地讀他的書。女孩無聊地離開，過了幾分鐘後又來碰一下爸爸。

這樣過了約半個小時，女孩澈底打消了要贏取爸爸關注的努力，開始自己玩，她一會兒跳下舞，一會兒唱下歌，但動作很輕，聲音也很輕，彷彿生怕打攪周圍的人。

再過了半個小時後，登機時間到了，這位老爸合上書並放進行李包，把女兒喊過來，然後非常非常輕地拍了一下女兒的頭，那眼神彷彿在說：乖女兒，你可真黏人啊！

小女孩則羞澀地笑了一下，那種微笑中，有一點自責的成分，彷彿在說：「爸爸，我知道自己錯了，可我真是有點寂寞啊。」

這是長達一個小時的時間裡，這位老爸對女兒的第一次關注。我想，十幾年後，這個天使般的小女孩或許會出落成一個非常非常安靜的美女，任何場合，她都會輕輕地說話、輕輕地走路，生怕打攪其他人。

自我評價＝內在父母的評價

上個星期我到福建出差，接待我們的朋友情商非常高，她能輕鬆地化解各種大大小小的矛盾。譬如，去餐館吃飯，如果菜上得慢了，她就會叫來服務員，對她說：「小妹，你這麼可愛，能不能幫我催一下菜？」

一般情況下，「小妹」會很開心地去催，問題順利解決。但少數情況下，「小妹」會解釋說，因為什麼原因，我們不得不等。

這時候，她會繼續說：「小妹，你很能幹的，你一定會有辦法的，我對你很有信心。」到了這一地步，沒有哪個「小妹」會再固執己見，而會開心地幫我們去催，於是問題也能很快解決。

我們可以說，這是她掌握了說話的藝術。但在我看來，更重要的是她說話時的語氣和姿態。她絕不會盛氣凌人，也絕不會不耐煩，總是很開心而且很平和。這些聽不到的東西才是最重要的。

聊到她的家庭，才知道這到底是為什麼。原來，她的父母非常民主，家中的很多事情，都要投票決定，而且大人孩子每人一票，完全平等。

可以明白，她從小形成了民主、相互信任的客體關係。現在，她把這個關係投射到了餐館中，那些「小妹」也感受到了這種信任，於是很樂意地幫我們解決問題去了。

但是，她的投射也遭遇過挫折。在廈門的鼓浪嶼，給我們做導遊的女孩，無論這個朋友怎麼誇她都無濟於事，導遊都彷彿是在按照一個僵硬的模式來對付我們。

離開鼓浪嶼後，我對這個朋友開玩笑說，她誇導遊可愛，無效，因為這個導遊自認為不可愛，所以會認為她是在撒謊。同樣，她誇導遊漂亮，也無效，因為導遊自認為不漂亮，所以仍然認為她是在撒謊。

可以說，我們的人際關係就是我們的客體關係模式相互投射的結果。一般餐館的服務員自我評價還是不錯的，所以，我的這個朋友向她們投射她的誇獎時，她們樂於接受。但鼓浪嶼的這個導遊，她的自我評價實在太低了，而這個朋友又沒有找對地方，所以怎麼投射她的誇獎，都沒有用。

自我評價是什麼？就是心中的客體關係中，「內在的父母」對「內在的我」的評價。其基礎就是，我們童年時父母對我們的評價。

曾奇峰說，父母分三種：第一種父母，是無論你做什麼，他們都批評你；第二種父母，是無論你做什麼，他們都忽視你；第三種父母，是無論你做什麼，他們都鼓勵你。當然，最好的父母就是最後一種。

心理師這樣說

性格如何決定命運

性格決定命運，這是我們耳熟能詳的一個格言。學心理學越久，我就越相信這句話。那麼，性格如何決定一個人的命運？

性格，是通俗的說法，換成心理學專業說法，即人格。所謂人格，作為後精神分析學派的客體關係理論認為，即一個人內在的客體關係。形象表述出來，即一個人的「內在小孩」與「內在父母」的關係。

也就是說，性格是一種關係。這可能會讓人發暈。性格，譬如自信、自卑、倔強等等，怎麼會是一種關係呢？

先講講自信。自信，通俗理解，就是自己相信自己。然而，從邏輯上講，不存在

A相信A這回事，存在的，只能是A相信B或B相信A。

那麼，什麼叫自信？簡單來說，是自己內在的一部分相信自己內在的另一部分。套用客體關係理論的話，準確地表達，即一個人的內在小孩對獲得內在父母的愛充滿信心。

所謂自卑，也即一個人的內在小孩對獲得內在父母的愛沒有信心。所謂倔強，就是一個人的內在小孩對內在父母說，憑什麼！

內在小孩與內在父母的關係模式，形成於一個人的童年，主要是六歲前。這個模式形成後，以後的人生裡，我們就會不斷將這個模式呈現在現實世界中。所以說，內在的客體關係模式決定了一個人的人生。簡而言之，即性格決定命運。

所以說，精神分析學派有決定論的色彩，而且是童年決定論。決定論聽起來有些悲觀，但它絕非說，你的客體關係模式就不可改變了，它當然可以改變，改變的辦法，就是認識你自己。

09

教育是為了孩子，還是為了大人

一切為了孩子！

這句很流行的口號，看上去好像是我們教育的實質。

孩子開始上學的壓力

前不久，和幾個朋友吃飯，其中三個朋友的孩子都是剛讀小學一年級，他們的共同感受是，孩子上學這件事讓整個家庭瀕臨崩潰，所有人的情緒都因為要跟孩子「一起上學」而不同程度地陷入了歇斯底里的狀態。除非家長能從其中醒悟，否則後果不堪設想。

這三個朋友中有兩個有一天突然明白，這樣下去不行，於是才多少從這個狀態中脫離了出來。

譬如，他們三個都有相同的遭遇。他們每天都收到群組裡老師的訊息，不僅告知你的孩子表現如何，也告知班裡其他孩子表現如何。讀到這樣的訊息，他們的心立即揪了起來。

一個朋友說，有一次收到訊息，看到女兒一科考了九十二分，她想，嗯，還不錯啊，但隨即看到，全班的平均分是九十八點五分，她一下子覺得被打擊了，回到家後該好好教訓了一下女兒。

因為不斷這樣教訓女兒，女兒的脾氣變得越來越壞，最後孩子奶奶終於受不了了，她教育我這位朋友說，她實在看不出九十二分和九十八分有什麼分別，小孩子很容易馬虎，馬虎一下幾分就沒有了，要是孩子每次都考九十八分、一百分，這才是問題，那時你得擔心孩子的天性到底到哪兒去了。她有點下通牒式地對兒媳說，以後絕不能因為這樣的事教訓孩子了。

婆婆的話很給力，我這位朋友也反思了一下，覺得自己也的確是敏感了，從此對女兒的教訓少了很多，而女兒的壞脾氣立即有了好轉。

雖然經常和朋友們聊到現在學校的事情，但幾乎每一次聊這樣的話題都會覺得崩潰，因為總能看到令我震驚的做法。

有時候，我給一些企業講課，說到工作壓力的話題，我會半開玩笑半認真地說，你們該覺得慶幸，因為你們的工作壓力很難比得上現在小學一年級的孩子，你最多早起晚睡，但他們每天的學習時間要遠勝於你，而且根本沒有放鬆與娛樂的時間。

譬如這三位朋友，他們的孩子不過是讀小學一年級，但每天回到家裡至少要做兩個小時的作業。

並且，做兩個小時還是最快的，據他們瞭解，孩子的不少同學要做四個小時甚至更多。

監督孩子做作業，則成了家庭的噩夢。一個朋友說，孩子沒上小學前，他和妻子的感情很好，極少吵架，下班回家後很能享受家庭生活。但孩子上小學後，夫妻吵架的次數越來越多，有一天他們幡然醒悟，發現吵架的原因多數都與監督孩子做作業有關，於是決定將監督孩子做作業的事情交給專業機構。

其他兩個朋友也說，他們也做過這個打算。現在很流行這樣的機構（補習班），有的是老師辦的，有的是家長辦的，也有很商業性的，就是把幾個或十幾個孩子弄到一起做作業，每個月交幾百乃至上千元就可以。

把孩子弄到這樣的機構，夫妻之間就不必因此而吵架了。並且，父母也不會因此而與孩子發生衝突了，圍繞著做作業產生的矛盾，主要放到了這種專業機構裡，孩子可以憎恨這個機構，而不必憎恨父母了。

這樣的機構估計也可以打著「一切為了孩子」的口號。然而，這些環節中，到底有哪一個環節真的是為了孩子呢？這些不過是大人的遊戲，而孩子不幸成為實現大人、業績或物質利益的工具，但大人從孩子身上榨取了利益，並給孩子製造了難以承受的痛苦後，還強調一句說「一切為了孩子！」這是何等的卑鄙。

機構（補習班）並不是孩子利益的代表，孩子只是被強迫代表了而已。

請回到「真正為了孩子」的原點

「一切為了孩子！」家長們非常喜歡使用這個口號，好像這也是教育的一個實質。對此，我一個朋友有很經典的說法。她說：懷孕時，只希望孩子正常就好了，別是怪胎就行；生下來，只希望孩子健康就好了，別總生病；孩子逐漸長大，看著小小的他，只希望他開心就好了，其他一切都不重要；進入幼兒園，比較心開始升起，希望自己家孩子比別人家孩子出色；從此以後，一發而不可收拾，希望孩子在人生每一步都比別人家孩子更出色一些。

我正在看一本美國人寫朝鮮戰爭的書，作者講朝鮮戰爭前期的美軍總司令麥克阿瑟，說他是母親的一個「傑作」，母親那麼努力地教育兒子繼承父業，讓他成了既傑出又超自戀的五星上將，不僅是要兒子證明自己是最強的，更要證明，她這個母親也是世界上最出色的。

如果一切順利還好，像麥克阿瑟，他雖然因自大犯了挺多錯誤，但同時也有許多輝煌的戰績，他算是證明了自己，也證明了母親的價值。假若突然間，孩子生了重病，無論身體上還是精神上，父母的意願一下子又跌回原點——希望他健康快樂就好。

還有一個朋友，富有而優秀，她也希望兒子比自己更爭氣，於是給了孩子蠻多壓力。但前不久突然查出，二十多歲的孩子竟然已患有癌症，她很崩潰，一下子覺得富有和優秀沒有了任何意義，怪自己這麼多年給了孩子太多壓力，並想，要是一開始沒給孩子壓力多好，那樣他就不會過得那麼壓抑了，或許也就不會得癌症了。要是能再次選擇，孩子哪怕只是平庸，但平平安安地度過一生該多好。

其實，這個想法也是偽命題，並非世界的這一邊是優秀而高壓力，另一邊是平庸而輕鬆。實際上，真正的輕鬆總是伴隨著能力的解放，才會帶來真正的優秀。

我們社會的大人們，好像普遍都不明白這一點，和家長與老師們探討所謂的教育時，他們普遍抱有一個成見：孩子要麼在巨大壓力下成為卓越人才，要麼終日無所事事而成為庸才。

教孩子學會快樂的重要性

最近，我正在看荷蘭心理學家羅伊．馬丁納（註1）的一本好書《改變，從心開始》。在書中，馬丁納講到，快樂有三個層次：競爭式的快樂、條件式的快樂和無條件的快樂。我們社會的教育體系，無論是學校還是家庭，其實都停留在競爭式的快樂這一層面。

所謂競爭式的快樂，即一定得我比你強，這樣才快樂，否則就痛苦。比方說自己孩子考上中山大學，這本來是一件很好的事，很值得開心，但一聽說別人家的孩子考上了北京大學，你的快樂一下子消散了，轉而生氣自己的孩子為什麼就不如人家孩子爭氣。

我第一次深刻領會到競爭式的快樂，是因一個朋友。她對我說，她實在沒法明白，人與人交往時，除了比較還能做什麼。

馬丁納引用了一個寓言故事來說明競爭式的快樂。

兩個商人緊挨著開了商店，經營範圍類似，他們唯一的快樂就是比對方強一點。一天，一個天使來到一個商人面前說，對我許願吧，你的任何願望都可以實現。不過，你的對手可以得到的會比你多一倍。

這個商人最初很沮喪，但突然間開心起來，他對天使說，請弄瞎我一隻眼睛吧。

這個故事說明競爭式快樂的可怕之處。陷在競爭式快樂中的人，勢必會被魔鬼的這一面所折磨。譬如多名高中生對我說，他應該能考上一所不錯的重點大學，但一想到他的同學中有人能考上清華、北大，就快樂不起來。

抱持這種觀念，意味著這些高中生也被我們社會的教育給異化了。所謂條件式的快樂，馬丁納說，這裡面去除掉了競爭的成分，這是很客觀的快樂。先設定一個條件，只要這個條件得以滿足，你就會很快樂。

譬如你的願望是賺到多少錢就獲得經濟上的自由，當這個願望實現後，你很快樂，而不會沉浸在「比爾．蓋茨比我有錢多了」的痛苦中，這就是條件式的快樂。

無條件的快樂，馬丁納稱為「至樂」，處於這一層面的人，不需要外界的任何條件，就能感覺到快樂與祥和。這是很美的狀態，他寫道：「毫無條件地生活，就是接受自己是個可能犯錯的血肉凡軀，並歡迎改變、死亡和受苦。處在至樂中，無論舒服還是痛苦，我們都欣然接受；我們不執著於結果，而能享受和體驗充實的人生；我們對於沿途的幸福安適與種種經驗充滿了感恩之心，而能心平氣和地對待他人和自己……。」

第三個層面的快樂，並不容易活出。儘管有些父母能夠給予孩子一些無條件的愛，但整體上，幾乎沒有誰能從父母那裡得到如此豐厚的饋贈，從小就澈底沉浸在無條件的至樂中。想獲得這種快樂，我們都需要自己去學習。

不過，至少我們可以意識到，快樂有這三個層次，比「別人家的孩子強」只是最低層次的快樂，而我們考試教育的核心邏輯，就是在追求競爭式的快樂，不僅教育系統的官員和老師如此，家長們也如此，而這些大人們也試圖讓孩子相信，這就是一切。

擺脫競爭式的快樂

其實，我們反過來可以從孩子的身上學習到，快樂其實是很簡單的。孩子想吃糖，吃到了就很快樂。他要玩遊戲，玩時就很快樂。他們有競爭式的快樂，但這絕非就是一切，假若大人不強烈地參與其中，傳遞「別的孩子」比你更值得愛這種信息，那麼孩子對競爭式的快樂不會太痴迷，他們只要得到自己想要的，那就很快樂了。

可以說，孩子可以因為一切事情而快樂，他們對身邊的一切都抱有一種天然的好奇心，如果沒有受到干擾，孩子能夠專注地去做他們想做的事情，這種專注本身就是一種至樂。

但長大了，我們好像都忘記了那些簡單的快樂，只剩下了一種快樂——人群中的快樂。尤其是，在人群中我要成為最被贊許的，否則我就不快樂。

條件式的快樂和至樂能點燃我們的生命，讓我們覺得不虛此生，但假若只剩下競爭式的快樂，你會時時感覺身處地獄中。

更要命的是，在目前的教育體系中，是大人們在享受競爭式的快樂，而孩子是他們實現自己這一最低層次快樂的工具，他們美好的生命，消耗在如此沒有意義的事情中。

最近，多個高中生都對我說，武老師，我非常排斥大學考試，我討厭大學考試中藏著的那種味道，好像這是天底下唯一重要的事情，好像我生命的意義就只能體現在大學考試中。

他們的生命當然遠不止此。假若自己生命的意義就是給別人提供競爭式的快樂，那就會產生巨大的無意義感。

我有一個可怕的預言——假若我們的教育體系不發生根本性的轉變，而是壓力繼續升級，那麼被當作工具的孩子們會以他們的生命抗爭。最後孩子們的自殺率會高到讓整個社會恐懼，那時大人們才不得不改變自己的邏輯。

那個富有而優秀的家長，她寧願在健康和優秀之間為孩子選擇健康。但我想說，如果家長一開始就選擇保護孩子，免於目前教育體系的傷害，那麼最終會發現，他們收穫的並非是平庸，而是孩子的才能得以巨大釋放，並且孩子的生命一直處於快樂之中。

家長不能指望老師或教育體系先發生改變，若真愛自己的孩子，需要發揮自己的勇氣與智慧，與「一切為了大人」的變態做法抗衡。

家長是最容易打破這個扼殺孩子的鏈條：你可以對孩子說，孩子，從現在開始，請享受生命，而不必非得等考上明星大學才開始。

註1　羅伊・馬丁納（RoyMartina），身心靈治療大師。已撰寫數十本關於健康、生命活力、靈性成長、減重與營養方面的著作，比較有名的像由胡因夢翻譯的《改變，從心開始》。

10

有個脾氣太暴躁的父親，這不是你的錯

我們都是極其「自戀」的，周圍發生好的事情，我們認為是自己導致的；發生壞的事情，也往自己身上攬。

好的父母，會用愛和耐心幫助我們理解，什麼是我們該負責的，什麼是不該我們負責的。由此，我們慢慢走出這種自戀。但是，假若父母說，是的，那些所有的壞事情，的確就是你導致的，這個孩子就無法走出壞的自戀。

不幸的是，這樣的父母並不罕見，很多父母對無辜的孩子發了一通脾氣後會理直氣壯地說，這一切都是你的錯！

武老師：

你好！我是一名來自廣州的女孩，今年二十歲，我心裡有一個難題，從小一直困擾我，幫我解答一下可以嗎？

這是一個家庭問題，我媽媽是商場的服務員，爸爸是一名技工，家庭收入一般。問題是，爸爸經常無端地開口就罵人，事情的起因都是很小的瑣事。於是家裡總是烏煙瘴氣，我小時候如此，現在還是如此，每個星期至少有兩個晚上爸爸會破口大罵。

這種感覺真難受，媽媽不敢回嘴，我也不敢說什麼，只有讓他罵，直到他自己停下來為止。我的工作很累，每天回到家裡也不能清靜，想搬出去又擔心媽媽沒人照應。大多數時候我是爸爸罵的對象，他總說是我在找罵，是我害了他，我每天都在想，這究竟是不是我的問題呢？

請幫幫我，我覺得自己快瘋了。

阿惠

而我想和阿惠說。你有這樣一個爸爸，真是一件無奈的事情。如何處理自己與這樣一個爸爸乃至整個家庭的關係，則是一個很大的難題。許多人處理不好，最終嚴重損害了自己的心理健康，從而一生都生活在陰影下。

幸好，我們可以有很多方法，從而讓自己盡可能地少受這樣一個老爸的不良影響。下面我們就談談這些方法。

把他的責任還給他

首先，我要強調一點：爸爸這樣罵你，一定不是你的錯！這是很重要的一點。不過，我知道正常的旁觀者會感到莫名驚詫，難道這還需要強調嗎？一個整天無端辱罵妻女的男人，當然是他自己有問題，這難道還需要做什麼澄清嗎？

答案是：的確需要澄清！需要強調！

有太多的案例說明，當父母無端辱罵兒女，並斥責兒女應為他們的失敗、苦惱、憤怒和失控等負責時，他們總是會成功的。

他們之所以會成功，是因為當一個人還是孩子的時候，他必定是非常自戀的，他認為是自己導致了周圍的一切，應該為這一切負責。

譬如，一個女孩三歲時，爸媽離婚了，她會以為是自己不好，所以爸媽才離婚。相應的，如果身邊發生了好事，小孩子也一樣會天真以為，是自己導致了這種好事的發生。

這種好事壞事都往自己身上攬的特點是天生的，所有孩子都這樣。不過，好的父母會幫助孩子明白，什麼事情真是他導致的，而什麼事情不需要他負責。但糟糕的父母則相反，他們喜歡推卸責任，既自戀又弱小的孩子無疑是最佳對象。

所以，如果你的父母是好的，我們會逐漸地走出自戀，但如果碰上喜歡推卸責任的父母，我們就難以走出這種自戀的陷阱，等成年之後仍然會習慣性地以為，的確是自己不好，所以父母辱罵自己是對的。

阿惠，你的情況正是後者。爸爸二十年如一日地責罵你，這使得你一直沒機會從消極的自戀中走出來。不過，你正在甦醒。你理性上已意識到，爸爸的責罵和指責是沒道理的。把他的責任還給他！下次他再這樣做，你起碼可以從心裡對自己說一句：這是你的問題，不是我的問題。

認識，並接受真相

心理健康的基石是直接面對自己人生的真相，而不是盲目樂觀。

為什麼呢？因為，我們的「心理自我」就是以我們的過去為基礎的。與弗洛伊德齊名的美國心理學家羅傑斯則稱：一個人的心理，就是由其所有的體驗組成的。這些人生的真相，一旦發生，就已注定不可改變。你若想否認這些事實，其實就是在否定自己，我們要學會承認過去，不和過去的任何事情較勁。

阿惠，我想你首先要承認兩個真相：

第一，你的父親很糟糕。

第二，你改變不了你的父親，你也改變不了你的母親。在家庭系統中，你是一個無能為力的小女孩。

承認這兩個真相無比重要。很多優秀女性，就是因為不願意承認第一個真相，同時總懷著要改造男人的夢想，結果會莫名其妙地愛上「壞男人」。因為只有「壞男人」才需要改造，而「好男人」不需要改造，所以她們只對「壞男人」感興趣。

這種「改造夢想」也是扎根於童年時的自戀。前面我們談到，小孩子是自戀的，如果爸爸脾氣暴躁，一個小女孩不會認為這是爸爸的錯，相反地，她會認為是自己令爸爸這麼暴躁。那麼相應地，她會想，如果她做了一些正確的事情，那麼爸爸就會被改造過來，變得不那麼暴躁。

不幸的是，小女孩的這種改造注定是無望的。因為，這不是她的問題，而是爸爸自己的問題，所以爸爸當然不會因為女兒做了什麼，而變成一個好爸爸。

一次努力無效，小女孩會做第二次努力。第二次努力無效，她會做第三次努力……這樣不斷遭受挫折，最終她放棄了這種努力。但是，她的這種改造夢想並未消失，只是被壓抑到潛意識深處了。等長大了，這種夢想就會經常被一個像爸爸的「壞男人」喚起。畢竟，她不再是以前那個弱小的小女孩，她現在比以前有力量多了。於是，她再一次渴望去改造一個「壞男人」。

恨就恨，但不要報復

正是因為這種誘惑，一些女孩會對素未謀面的重刑犯產生感情，譬如重慶一個女孩，就嫁給了一個重刑犯，而在決定嫁給他之前，他們甚至未曾謀面。

要想告別這種「改造夢想」帶來的誘惑，就要承認我前面提到的那兩個人生真相：爸爸的確很糟糕；我對爸爸無能為力。

面對第一個真相時，你會恨爸爸，會為之痛苦，可能會嚎啕大哭。這時，你只管把自己交給情緒，想恨就恨，想哭就哭……情緒是怎樣，你就怎樣。只有等你內心鬱積的那些情緒宣洩出來後，你才真正有可能告別這一悲慘的事實。

不過，這並不是說，如果你恨，就採取恨的行動，譬如報復爸爸。假若這樣做，那證明你還是渴望去改造爸爸，或改造你的家。你還是在糾纏，而這一切都是徒勞無功。

相反，等情緒宣洩出來後，你要把注意力從父母身上移走，回到你自己身上來。父母你無法改變，但你可以改變自己。你越不期望改變爸爸和媽媽，就越有可能改變你自己，你的力量就會變得更強，改變自己也更容易。當然，也是因為那個最簡單的道理：改變別人永遠是最難的，你只有可能改變自己。

放棄保護媽媽的想法

你不能改變你爸爸，也不能為你的媽媽負責。

這是一個很容易被忽略的真相。因為爸爸那麼糟糕，媽媽顯然也是一個受害者，難道我不能去保護媽媽嗎？

我建議你不要再想著去保護媽媽。

在整個家庭系統中，不管孩子是不是家庭的中心，他們其實都是最沒有力量的人。因為，即便他處於家庭的中心，父母在乎他都勝於在乎對方，那也不是他努力的結果，而是父母把他置於這種位置，而這種位置其實很不利於他成長。

阿惠，至於在你這樣的家庭，你的影響力更加微弱。你以為可以保護你的媽媽，這其實還是源自童年時的那種自戀，這也讓你以為你能影響你的父親，但這麼多年的事實證明這是徒勞的。

並且，媽媽身上的力量其實強過你，而爸爸的怒氣也主要習慣性地集中在你的身上，如果你離開了這個家，你爸爸未必會把本來發給你的怒氣轉移到你媽媽身上去。

這是一個很簡單的道理：你現在雖然二十歲了，但你爸爸可能仍按照以前你五、六歲的時候那樣責罵你。但他不會那樣對待你的媽媽，成年人折磨成年人是有風險的，而折磨孩子則相對需要付出很少的努力。

更重要的是，你是父親主要的折磨對象，你是家中主要的受害者，而這個家庭系統不能保護你，那麼你首先要考慮的，是要離開這個家庭系統，先保護你自己這個受害者。

11

孩子當不了家庭的保護神

「當父母的關係出現問題時，孩子會傷害自己，目的是拯救父母的關係，」心理醫生李凌說，「但做父母的，會因為不理解這種行為而斥責孩子幹了壞事。結果，孩子傷害了自己後，再一次被父母傷害。」

案例：「你們再吵架，我就不上學了」

為了說明這個道理，李凌講了發生在自己家裡的一件事情。西元二〇〇四年，他和妻子不斷吵架。忽然有一天，七歲的兒子小李對他說：「不要再吵架了。如果你還和媽媽吵架，我就不上學了。」兒子的話讓李凌「感到無比震驚」，他的第一反應是「孩子這麼小，就學會威脅爸爸了」。於是，李凌回答說：「好啊，你不上學最好了！」

這個回答讓兒子一下子呆住了，他問：「爸爸，你不是一直說，上學是好事嗎？」「對你是好事，對爸爸不是，」李凌回答說，「你不上學，用的錢就少了，對我當然好，但對你不好。」「那麼，爸爸，我不會不上學。」兒子收回了他的「威脅」。看起來，這是一次完美的家庭教育：兒子發出威脅，但被父親巧妙化解，最後承諾繼續做正確的事情。

但李凌繼續說，如果溝通只到此為止，這對兒子絕對是一個傷害。他說，兒子其實在做絕大多數孩子都會做的事情——父母關係出現了問題，孩子想透過犧牲自己挽救這個關係。「孩子是善意的，」李凌說，「我那時不懂，誤以為是威脅。但幸虧，我們的溝通沒有到此為止。」當兒子收回「威脅」後，他百感交集，抱著兒子放聲痛哭，一邊哭一邊對兒子道歉：「兒子，是爸爸不對，爸爸不該和媽媽吵架，爸爸對不住你。」

李凌說，這個道歉很重要，這會讓兒子感受到，爸爸雖然沒有接受他的錯誤做法，但接受了他的善意。

像這樣的例子，在現實生活中不勝枚舉。伯特．海靈格說：「孩子是家庭的守護神。」當父母關係出現問題時，孩子主動去做一些自我傷害的事情，以拯救父母的關係。並且，他們自我犧牲的策略常取得成功：父母將注意力轉移到他的身上來，不再去理會他們自己的問題。

而對於家庭，海靈格形容說，健康家庭宛如平地，孩子會成長為挺拔的大樹，而有問題的家庭宛如懸崖，孩子會成長為奇形怪狀的樹。孩子這樣做，目的只是為了保持家庭的平衡。

每個家庭都勢必會產生一些問題，再完美的父母也會出現矛盾。那麼，當孩子這個家庭的守護神在這種時候去做自我犧牲時，父母該怎樣對待呢？

李凌認為最重要的一點是，理解並接受孩子的善意，讓他知道，爸爸媽媽懂他的意思。同時要告訴孩子，爸爸媽媽的問題是他們自己的問題，不關你的事情，「我們會努力解決，你要相信我們，你的犧牲行為對我們解決問題並沒有幫助」。

這樣一來，孩子既感覺到了父母的理解，同時又明白他的犧牲行為是錯誤的，就會放棄這種錯誤的努力。

案例：女兒用生病平息了家庭衝突

大多數的父母，某一方為了在婚姻戰爭中得到盟友，會主動將孩子拉進問題的漩渦。小雨是一個很可愛的女孩，清秀、聰明、懂事，在一所明星中學讀高一，但她從國三起就有了一個毛病：不斷洗手，一天平均洗上上百次，即便把手洗至出血也無法停止。此外，她還失眠，學習成績也不斷下滑。

小雨是在作家庭問題的守護神，只不過，她是被媽媽拉進來的。國三時，她媽媽懷疑爸爸有外遇，並不斷向小雨傾訴自己的苦惱。這可能與小雨媽媽的承受能力有關。媽媽很小的時候，小雨的外公就去世了。

一開始，媽媽和爸爸鬧得不可開交，但小雨病後，這場家庭戰爭暫時停止了，他們都轉過來關注小雨。

父母的衝突，孩子不必負責

按照海靈格的說法，小雨媽媽的做法是「聯結」。父母一方主動將孩子拉進他們的衝突，而他們這種不成熟的願望一定會得逞。當碰到像小雨這樣的個案時，海靈格會第一時間告訴他們，父母的問題是父母的，他們不需要與父母「聯結」在一起。

譬如，一位個案告訴海靈格，他媽媽一直向他強調，她是因為他才不和他爸爸離婚的。對此，海靈格澄清說：這不關你的事，她並沒有告訴你整個事件的全部真相，她留在你父親身邊，是因為她接受了自己行為的後果。她是為他們雙方做這些的，你並沒有參與他們的決定和協議。

但同時，海靈格也建議個案學會真正的尊重。他說：如果你能明白她接受了自己行為的後果，那才是對你父親和母親最大的尊重。

如果父母關係出了問題，作為孩子，他們最好尊重父母面對他們自己的問題，不要讓父母無視或扭曲問題，對整個家庭並無益處。當然，幼小的孩子是無法自己學會這一點的，但做父母的可以和孩子認真地做溝通，告訴他：他們理解他的愛，但同時希望他尊重他們自己的問題。並且，無論他們怎麼處理自己的關係，仍然會一如既往地愛他。

心理師這樣說

對孩子的自我犧牲精神，海靈格描述說：孩子們的愛是無限的，通過受苦而和自己的父母聯結在一起，對他們來說，是一個巨大的牽引。如果一個母親情緒低落，她的女兒也會情緒低落。如果一個父親酗酒，孩子也會不由自主地用某種方式模仿父親的遭遇，可能會在生活中處處失敗。

但是，成熟的愛是要求孩子逐漸放棄幼稚盲目的愛，學會像成人那樣去愛。成熟的愛是要求孩子們從家庭的牽連中釋放自己，不再重複那些有害的事情。那麼，他們就能實現父母對自己深層的期待與希望。孩子越好，父母也越好。

黑暗不等於壞，只要有愛照到你內心那一塊田地，
那一塊田地就會變得美好。
猶如純美公主的一吻，會讓可怕的野獸瞬間變成王子。

第4篇

面對你內在的小孩

01

你的感受被清晰感知，就形成了「自我」

「存在等於被感知」，美國心理學家萊因（註1）如是說。

這個定義的意思是，我的感受被你感知到，我才發現自己原來是這般存在著。簡單說來，一個人的存在感，來自於他的感受被另一個人看到。

一些人有清晰的自我，他不在乎別人的評價；另一些人沒有清晰的自我，很在意別人的評價。實際上，我們都很在乎別人如何看自己。區別僅僅在於，有清晰自我的人，通常是有好的父母，特別是好的媽媽。你的感受被好媽媽感知到了，於是，就有了存在感，並在這個基礎上形成了所謂的自我。沒有清晰自我的人，沒有實現這一步，所以，他畢生都在用直接或扭曲的方式希求被別人看到。

甘露露（中國知名的裸體模特兒）的媽媽雷女士在她的一張照片中，赤裸著上半身，拿手與胳膊摟住豐滿但不誘人的胸部，神情非常滿足，非常自得。她自己做的事情，和她讓女兒做的事情，表面上是用性感引誘人，其實都是在追求一個很原始的渴望——看著我！看到我！這個原始的渴望被過度地滿足了，所以她很自得。以前沒有被媽媽與其他親人看到，現在希望被萬千人乃至無數人看到。

心理諮商的價值，也在於來訪者的感受被看到。不過，評價不是看到。看到，必須是心對心，感受對感受，是心靈的呼應，而不是頭腦對心，更不是藥物對心。雖然藥物會作用於你因渴望感受被看到而不得、而恐懼、而絕望、而憤怒的種種感受，但因它看不到，所以治標不治本。

自我不被感知常見的原因

存在等於被感知。相對的，無存在感，就源自於感受沒被感知。這有多種原因，常見有：忽視、原始融合焦慮、雙重矛盾、僵屍化。

一、忽視

忽視很簡單，最初就是媽媽或最關鍵的撫養者，沒有精力、沒有興趣或沒有能力看到你。要麼你在嬰幼兒時總是孤獨，要麼那個你在乎的人儘管在你身邊，但她只有頭腦沒有身體、沒有心，甚至連頭腦都沒有，所以「看見」一樣沒有發生。

極端忽視，會導致極端的不存在感，它集中體現為一種致命的羞恥感——生而為人，對不起。從來沒有被愛看見，於是存在本身就是錯誤。

二、原始融合焦慮

日本電影《令人討厭松子的一生》中，松子的作家男友八女川站在疾駛而來的列車前自殺，遺言是「生而為人，對不起」。這也是作家太宰治自殺的真實遺言。極度可怕的忽視，會導致一個極度矛盾的狀態：我無比渴望被你看到，不被看到等於死，可被看到的那一剎那，我也覺得要死了。

對此，通俗的說法是：我不能愛上你或接受你的愛，因為那樣我就沒有自我了。

萊因將此稱為「吞沒焦慮」，這與我文章中常見的「吞沒創傷」不是很一致，無妨稱它為「原始的融合焦慮」。「原始的融合焦慮」是指一個人害怕與他人、他物甚至他自己的聯繫，因關係意義上的連結會讓其擔心失去自己的身份和自主性，這種懼怕所產生的焦慮即「原始的融合焦慮」。

簡而言之，有此焦慮的人，會感覺哪怕輕度的關係，都會吞沒掉他可憐的自我身份。

關鍵原因是，他的自我太可憐、太脆弱了。之所以可憐與脆弱，是他的感受很少被感知。那很少被感知的感受，湊成了一個脆弱的自我。這種自我，非常渺小與卑微，其他任何一個事物都遠比自己要高大。所以，建立關係就意味著，要被那個高大的別人所吞沒，而自我就煙消雲散了。

本質上，融合意味著小我的死亡，但一般的過程是，有一個清晰的小我，支撐著自己與別人建立關係，不斷在關係中感受彼此，信任越來越深，突然間感受到彼此，並在那一刻放下防禦，小我死亡，而最親密的關係建立，一個包含著「我與你」的關係性自我建立了。

若沒有這個相對健康的自我支撐著，而直接去建立關係，那種湮滅感就太強了，令人不敢嘗試。

原始的融合焦慮會帶出很嚴重的問題，有這種焦慮的人，他只能感覺到極端情形，要麼建立關係而失去自我，要麼澈底孤立，不存在中間地帶。

因這種焦慮，一個人會寧願被憎恨被攻擊，這時如果他進行反彈，就意味著一個自我疆界建立了，反彈時的感受——主要是憤怒等負性情緒，也構成了他滋養自我的養料。相比起被憎恨被攻擊，被愛反而是可怕的，因愛會導致被淹沒被毀滅。有此焦慮的人，容易夢見被埋葬、被淹沒、被流沙活埋、被火燒成灰燼，或被水淹沒。甚至，被精準地理解也是可怕的，因被理解也意味著被吞沒被窒息。與理解和愛相比，他們寧願被誤解被憎恨，在孤立中，他們的小我反而有一定程度的安全感。

所以，要與有此焦慮的個案相處，或與有此焦慮的人相處甚至相愛，尺度非常難把握，最好是和風細雨地逐漸接近，接近時一直保持某種程度的距離。與他們交往，愛與理解發生時，反彈也會發生，有時反彈會非常激烈乃至可怕。你會覺得，對他們表達愛與理解，好像他們感覺受到了極大冒犯似的。

在我看來，根本上還是那種原始的羞愧。因沒有被愛照見過，所以內心是一片黑暗。他們將這種黑暗理解為，真實的自己是壞的，而如此壞的自己竟然還渴望被看到被理解，何等可怕。

沒有人會愛自己、會在意自己，可自己還是如此渴求！

這是關鍵一點——讓有此焦慮的人意識到，黑暗不等於壞，只要有愛照到你內心那一塊田地，那一塊田地就會變得美好。猶如純美公主的一吻，會讓可怕的野獸瞬間變成王子。

三、雙重矛盾

再談談雙重矛盾。它的意思是，你既不能做A，也不能做-A。萊因則將雙重矛盾稱為雙重束縛，準確的表達是，表面上，父母或親人希望你做A，但你真做了，他們不高興。內心裡，他們其實是希望你做-A，但你若做了-A，他們可能會更不高興。

譬如，媽媽張開雙臂歡迎你，你撲上去，但你感覺到她分明在推開你。若你不撲上去，她會斥責你。雙重矛盾的源頭，是一個人內心的分裂，也即意識與潛意識的分裂。意識上，他們處於A端，可潛意識裡，他們處於-A端。處於A端時，頭腦接受，但身體和心難受；處於-A端時，身體和心順暢了，但頭腦不接受。

雙重矛盾會給其他人造成極大困擾，特別是孩子與配偶。孩子對事物本來有準確的感覺，他感覺到事情的真相是-A，但既不會被父母確認，也不會被外人確認，父母和外人都說，事情明明是A嘛！你怎麼這麼不懂事。

就像很多人在社會上是一個無可挑剔的好人，但在家裡，卻是一個暴君。但別人見到你都說，啊，你爸媽啊，他們可真是好人啊，你真幸福啊。但你真實的感受是無比痛苦的。

暴君還好，因為他畢竟做了明顯錯誤的事，讓你還會有明確的認識。可是在很多華人家庭裡，父母的暴行往往會被說成「打是親，罵是愛」，但暴行太多了，最終還是會讓孩子認定父母是錯的。有時，比暴行更嚴重的是隱蔽的攻擊。隱蔽的攻擊，攻擊者不會承認，旁觀者也看不到，受害者甚至都難以訴諸語言。譬如，許多人，表面上對人很好，可一轉身，卻會小聲咒罵。

四、殭屍化

殭屍化，意思是，父母希望你一動都不要動，你的活力僅體現在執行父母的意志上。他們希望你只是他們手腳的延伸，而不要有任何自由意志。之所以如此，是因父母有可怕的不安感，他們要掌控一切，任何一個小小的失控，都會讓他們覺得掉入了深淵，所以他們要不惜一切來打壓你的自由意志，將你推向僵屍境地。

忽視、雙重束縛和殭屍化，以及其他破壞你感受的招數，在父母與孩子的關係上，在婚戀關係上，在工作以及社會中都可能存在，都會破壞一個人對自己感受的信任。這些招數很複雜，而你的招數可以很簡單——信任你的感覺。

存在性的安全感

若你夠幸運，有一個好媽媽或好的撫養者，你的感受不斷被碰觸被確認，你會形成一個豐盛而靈動的自我。若缺乏這份幸運，你要花很大努力，朝向這一目標前進。你也可以自己去認識並確認自己的感受，特別重要的是，無論如何，都要勇敢地投身於外部世界，讓豐富的事情激活你的感受能力，以此不斷碰觸自己的感受。若這一點特別艱難，找一個好的心理醫生是很好的辦法。勇敢地去愛是必不可少的。愛，特別是愛情，能全方位激發你的種種感受。

不管是先天運氣，還是後天努力，有豐富感受並被確認的人，都會形成所謂的「存在性安全感」，萊因描繪說：具有存在性安全感的個體在這個世界上是真實的、活生生的。他們能感覺到內在完整的自我身份和統一性；具有時間上的連續性；具有內在的一致性、實在性、真實性以及內在的價值；具有空間的擴張性。

這雖不是很有詩意的表達，但若能活出這種感覺來，那將是很有詩意的境界。

願你能活出這種感覺。

註1　JosephBanksRhine（西元1895—1980年），美國心理學家。

02

真假自我的身心不分離

英國心理學家溫尼考特（D.W.Winnicott）（註1）提出了真自我與假自我的概念。這首先在與媽媽的關係中形成，而後擴展到其他所有關係中。

假自我的身心分離

有真自我的人，他的自我圍繞著自己的感受而構建；有假自我的人，他的自我圍繞著媽媽的感受而構建。後者的悲哀是，他自動地尋求別人的感受，圍著別人的感受轉，他為別人而活。

英國另一心理學家連恩（註2）則說，有真自我的人，他的身體和他的自我是一起的。有假自我的人，他的身體和別人的自我在一起。結果是，有假自我者，他的身體與他的自我分離，而去尋求與別人的自我結合，更容易被別人的自我所驅動，而不是被自己的自我所驅動。何等可悲。

假自我會導致一個常見的現象——遲鈍。即當身體遭遇到一些刺激時，反應總是慢一拍，不僅如此，感受也不夠清晰與鮮明。

遲鈍只是一個表面反應，更深的邏輯是，假自我者將身體與「我」分離，並將真自我割裂到一個與身體無關的空間，所以身體的傷害也不容易讓他們有切膚之痛。

連恩講了一個例子。一位男士，一天夜裡路過一條小巷，迎面而來的兩個男人在擦身而過的一瞬間，突然揮起棍子向他打來，他吃了一驚，隨即釋然。他想，他們只是打我一頓，這不會給我帶來真正的傷害。

這個例子中的「不會給我帶來真正的傷害」，其意思是，身體不是他的「自我」的一部分，所以不會傷到他的自我。這位男士是精神分裂症患者，所以他的例子或許極端了一些。但講到遲鈍的話，相信太多人深有體會。一位女士，在擁擠的公車上被人踩了一腳，她當時沒什麼感覺，等下車時才發現，這一腳把她踩得很厲害。

所以說，遲鈍是身心分離的結果，沒有「自我」的關注，身體的感覺變得不敏感了。

真自我與外面真實世界的結合

不管一個人的假自我多嚴重，他仍然會尋求真自我。或者說，每個人內心都有一部分是留給最真實的自己的。然而，身心分離導致的結果是，他們的真自我與身體沒有連結。可以說，假自我者，仍在尋求為真自我留一塊純淨天地，常用的辦法是，他的真自我與哲學、理論或純粹精神結合在一起，完全不沾染俗世的身體。但身體是真實的，身體才能與外部世界建立聯繫。所以，這個純精神性的真自我，得不到身體的滋養，淪為虛幻。

萊恩對此論述說：

當自我放棄自己的身體和行動，退回到純粹的精神世界時，最初可以感覺到自由、自足和自控。自我終於可以不依靠他人和外部世界而存在了，自我的內心充實而豐富。

與此相比，外部世界在那兒運行著，在自我眼裡是多麼可憐。此時，他感覺到自己的優越性，感覺自己超然於生活。

自我在這種退縮和隱蔽中感到安全。然而，這種狀況不能長久維持。內部真實的自我得不到外界經驗的確認，因此也無法發展自己，這導致持續的絕望。最初的全能感和超越感現在被空虛和無能所代替。他渴望讓真實的自我進入生活，同時也渴望讓生活進入自己的內部。但這時，假自我者會感覺到內在純精神性真自我的死亡，因而會產生深深的恐懼。

「存天理，滅人欲」，這句話太極端了些，但貶低個體的身體而崇尚外在的道德規範，一直是儒家文化的主旋律。在這樣的主旋律中，明代的思想家王陽明和他的心學是非凡的存在。王陽明知行合一，因他證到天理即人欲，「我」心即天理。他首先提出身心合一，他的身體不是父母、聖人、帝王或他人的奴隸，而是他自我的一部分，是身心靈共同體的一部分。他的心學沒傳播開，因忠孝兩全才是中國一直以來傳承的文化。

懷有美好理想或純淨精神的人，一定要問問，你的身體在哪裡？若所謂的純淨精神不能和你的身體合一，而只存在於你或一、兩個知己知道的幽靜之處，那麼你很可能是活在虛假中。

追求真自我的自由

一位網友在我的微博上留言說：我一直覺得只要掌控了一個工作上很難的東西，就能得到澈底的自由。那個「很難的東西」就是我純淨的精神吧？很怕萬一不關注美好的理想，身體就跟著死亡了。

這段話很經典，他的假自我，是用來應對工作的。萊恩說，假自我者總有一種感覺，外部世界不友好甚至很殘酷，所以必須辛苦地應對，不管人還是事。

他的真自我，不是那個「很難的東西」，而是「澈底的自由」。

這份澈底的自由，不能從現在追求，而要一直將精力放到掌控那個「很難的東西」上，這導致代表著「澈底的自由」的真自我，從來都是一個虛幻的存在，得不到滋養。

一直記得曾看過一段很有智慧的話：

> 人生由幾百、幾千乃至幾萬個大大小小的選擇構成，等你老了，回顧一生的時候，你發現最虧待的，恰恰是你自己，那你這一生，就白活了。

這是存在主義哲學式的話語，萊恩也是一位存在主義心理學家，而存在主義一直強調這樣的人生哲學：我選擇，我自由，我存在。

願你從現在開始，從那些看似瑣碎的時刻開始，活出你自己。

心理師這樣說

聖人情結

有真自我的人，他的身體服務於他的自我；有假自我的人，他的身體服務於別人。如果自己的身體服務於自己的欲望，簡直就像一種罪過。

然而，依照萊恩的說法，有假自我的人，會給自己的真自我一個空間，但因與身體以及現實沒有連結，真自我就容易成為純粹精神性的存在。純粹精神性的真自我，也即沒有私慾的自我。

這種心理投射到社會上，即一個值得我們敬仰的人必須是泯滅了自己欲望的聖人，他的動機都是為他人。

註1 唐諾・溫尼考特（DonaldW.Winnicott，西元 1896 — 1971 年），原本是一名小兒科醫師，後成為專門研究兒童心理學，成為兒童精神分析大師，著有：《從小兒醫學到精神分析》、《給媽媽的貼心書》、《塗鴉與夢境》、《遊戲與現實》、《二度崩潰的男人》。

註2 R.D. 連恩（R.D.Laing，西元 1927 — 1989 年），英國存在主義心理學家。反對當時社會對於精神病患的強制性治療方法，主張以同理與悲憫的態度對待精神疾病的臨床治療，代表作有《分裂的自我》等。

03

喚醒你心底沉睡的活力

是創造性，而不是其他，讓個體覺得生活是有意義的。順從帶給個體一種無用感，並讓個體產生諸如「沒有什麼事情是重要的」、「生活是沒有意義的」等想法。創造性的生活是一種健康狀態，順從對生活來說是疾病的基礎。

——英國心理學家溫尼科特

二〇一二年度，你最大的收穫是什麼？我問自己。腦海裡第一時間出來的答案是，那三個夢。不是我的兩本新書，不是工作室的發展，不是我上過的什麼課程，也不是我第一次去了西藏，而是那三個夢。

印象深刻的三個夢境

那是西元二〇一二年夏天的一天，應該是六月，一天晚上我接連做了三個夢。先說說夢境。

【第一個夢】

高中同學聚會，我去晚了，等到了，聚會已散。我隱約知道，我是有意晚去的，因為我覺得，我的高中同學們不喜歡我。

【第二個夢】

一個三十多歲的男人，有點胖，身高約一百六十五公分，一確認妻子愛他，就大哭，一邊哭一邊喊：「我要去新疆！我要去新疆！」他數次確認妻子愛他，也數次大哭。

【第三個夢】

這個世界是有毒的。夢一開始，一個畫外音說：夢中是一個灰色調的世界，到處毒氣彌散，飛鳥中毒，落在地上死去，河裡也零星漂浮著中毒死去、肚子翻白的魚。到處是斷壁殘垣，像我的農村老家，但破爛很多，而一截塌了一半的矮牆上，爬著絲瓜藤，藤中，藏著一顆人頭。

接著，出現了一個精神病男子，而畫外音說，整個世界的毒，都來自他，那顆人頭，也是他砍下的。他高高瘦瘦，高約一百七十七公分，很結實，因精神病的影響，腦子是壞的，總是痴笑著。

不過，他卻是一個強大的男子，想做什麼就做什麼，毫不猶豫。雖然智商有問題，但因心中無障礙，他總能輕鬆達到目的。譬如，他想見周杰倫，得知周杰倫到村裡來開演唱會後，他直接去了周杰倫所住的酒店。說是酒店，其實不過是土磚搭建的房子，結構有點複雜。到了酒店，他拿了（真不叫偷，他沒有偷的概念）一套服務員的衣服，坦然換上，又推了一輛房務員的送貨小車，到了周杰倫所住的院子。周杰倫正和幾個人聊天，他就站一旁看著，傻笑著。別人覺得他有點不對勁，但沒有人去趕他。

離開周杰倫住的酒店，他去了一個廣場，那是我童年時村裡的一個曬穀場，有幾百坪大小。乾淨的曬穀場上，幾個三、五歲的小孩在玩，他加進來一起玩，很快帶他們跳舞。

他們跳得越來越投入，越來越熱烈，突然間，一個怪異而強大的能量場形成，包裹住男子和那幾個小孩。一個小女孩感覺不對勁，她發現自己起了性慾，她惶恐、大哭、想逃離，可這個能量場宛如銅牆鐵壁，她出不去。廣場邊上的大人也感覺到了怪異，他們想衝進來解救孩子，可進不來。關鍵一刻，曬穀場邊出現了一個二十來歲的和尚，他氣質安靜，又一臉正氣。他打坐、運氣，接著來了一聲獅子吼，破了這個邪異的能量場。

這一晚上的夢，是我三十多年有記憶以來情緒最濃烈的夢。第二天，和女友開車去上班，她發現我頭上有了白髮，一數，有五根。

對我的白頭髮，我很清楚。因為我中學時長過六根白髮，並且就是從國一到高三，一年一根，十分精準，上大學後，再沒長過一根。但這一個晚上，就冒出了五根白髮，讓我多少體會到，所謂一夜白頭是怎麼回事了。

夢境的分析：自卑感的形成

這三個夢，我都是做了一個後就醒來，醒來時有強烈的情緒。這時，我都是按照我在《夢知道答案》一書提到的方法進行自我解夢，即身體保持不動，不主動想什麼，而是讓感受和念頭自然流動，看看會自動發生什麼。

第一個夢很好解，說的就是我在人際交往中的自卑感。西元二〇一二年四月，我回石家莊參加了高中同學畢業二十週年聚會，本來還計劃五一假期去北京大學參加本科同學入學二十週年聚會，但作為宅男，接連參加兩場大聚會，很耗神，所以找了一個理由，也是意識上的真實理由——要寫《為何家會傷人》一書的升級版，推掉了本科同學聚會。這個夢讓我知道，寫書不是真正的理由，真正的理由是自卑感，我覺得自己在同學中並不受歡迎。

第二個夢，則幫我深入理解了我的自卑感到底是什麼。這個夢，一開始讓我有些費解。我想，夢裡那個胖子是誰？那是我嗎？我身高一百七十七公分，情緒表達不自然，而他身高一百六十五公分，想哭就哭想笑就笑……但隨即明白，他是我，他是我的一個子人格，是我主人格的對立面，也即榮格所說的陰影。

他哭什麼，為什麼而哭？對於這一點，我第一時間想到的是，媽媽說過，我一歲四個月前一直在哭，必須抱著，否則一放下就哭。因奶奶不幫我們家帶孩子，所以媽媽就一直抱著我，為此乾脆不去工作幹活，成了我們村幾乎唯一的全職媽媽，受盡旁人白眼。到了一歲四個月的時候，突然就不哭了，同時也學會了走路。

我想，一歲四個月前的哭，就是第二個夢裡男人的哭。嬰兒時的哭，是因為渴望與媽媽建立連結，連結就是愛，這個連結整體上沒形成，但一直都有希望，所以一直哭，用哭聲來表達對愛的渴求。最後，突然不哭了，而那意味著對渴求連結的絕望。

心理學裡有一個說法越來越深入人心：媽媽要陪孩子到三歲，三歲前不要有長時間的分離。之所以如此，是研究發現，在良好的養育環境下，孩子到三歲時才能形成客體穩定和情感穩定的概念。客體穩定，即我看不見媽媽，但媽媽是存在的。情感穩定，即媽媽有時對我不好，但我知道，她對我的好是恆定存在著的。孩子有了這樣的概念，才能承受與媽媽的分離。否則，他會將短暫的分離視為永遠的被拋棄。

如孩子三歲前，媽媽與孩子有兩星期以上的分離，就會造成不可逆轉的被拋棄創傷。孩子形成的被拋棄創傷，不會因媽媽回來而自動化解，媽媽必須做很多努力。很多媽媽沒修補的概念，或修補時因碰到了孩子的保護殼，而很快失去耐心。結果是，這些孩子的被拋棄創傷一直留在心裡。

所以，有心理學家說，如果孩子三歲前，媽媽與孩子有了兩個星期以上的分離，那麼，請存下未來讓孩子看心理醫生的錢吧。

用這個標準來衡量下華人家庭。試想，如此多的人之中，有多少人是幸運兒，在三歲前一直和媽媽在一起，而沒遭遇兩星期以上的分離呢？

我是一個幸運兒，沒和媽媽怎麼分離過，喝母乳喝到四、五歲，沒挨過父母一次打一次罵，僅有一次爸爸不耐煩地吼了我一句，我還哭著找媽媽去告狀。為何作為這樣一個幸運兒，我的夢中和生活中，仍顯示有嚴重的被拋棄創傷呢？

這涉及到母嬰關係的質量。

英國客體關係理論大師溫尼考特觀察了約六萬對母嬰關係，他提出一個概念：足夠好的媽媽。意思是，若媽媽足夠好，一個孩子就會形成基本健康的心理。足夠好的媽媽有一個條件：原始母愛貫注。

所謂原始母愛貫注，即媽媽對孩子有心靈感應能力。他發現，許多媽媽在懷孕最後幾個星期，和孩子出生後的幾個星期，對孩子會非常敏感，能感應到孩子的需求和內在的心聲。當看到原始母愛貫注就是心靈感應時，我不禁驚嘆一聲，天啊，這是要讓媽媽成為神一樣的存在嗎？這句驚嘆，也是我第二個夢的答案所在，也即，儘管我在中國已是幸運兒，沒遭遇過嚴重分離，但我仍無緣得到溫尼科特所說的原始母愛貫注。

這有兩個看得見的原因。

第一，因長期遭爺爺奶奶和叔伯聯手欺負，還曾被村幹部在大喇叭上點名廣播，說我爸媽是不孝子，他們都陷入嚴重抑鬱狀態，特別是媽媽，只要稍有衝突，她就會被氣得躺在炕上不能動彈。我多次進行自我催眠時，都看到媽媽有氣無力地躺在炕上，而幼小的我驚慌地這樣碰碰她，那樣碰碰她，希望她能給我一些反應，媽媽會掙扎著有些回應，但有時連回應都做不了，最後我無助地躺在她身邊，依戀著無助的媽媽。

第二，媽媽那邊的親戚，都不習慣表達情感，就好像一表達感情，就會不好意思似的。因這兩個原因，我想我也沒得到溫尼考特所說的原始母愛貫注。

心理師這樣說

足夠好的媽媽與原始母愛貫注

溫尼考特提出了很多重要理論，而他最廣為人知的概念，就是足夠好的媽媽。足夠好的媽媽的關鍵，就是敏感，溫尼考特稱「一個真實的母親對嬰兒能做的最好的事情就是足夠敏感」。他認為，嬰兒最初追求全能自戀感，即，他想怎樣事情就會怎樣發展。譬如，他餓了，媽媽的乳汁就會送上來，他冷了，就有媽媽的懷抱，他想玩，媽媽會陪著他……實際上，這樣的描繪遠不足以表達嬰兒的全能自戀感。嬰兒甚至覺知不到他與媽媽的分別，他和媽媽一體，他和世界一體，所以，世界、媽媽與他的心意是相通的，而且完全按照他的心意運轉。

足夠好的媽媽，能夠很好地滿足嬰兒對全能自戀感的追求，而一旦這種感覺得到了很好的滿足，嬰兒就可以接受生命中的挫折，接受媽媽、世界和他不是一體的事實。

要做到足夠好的媽媽，細緻的照料很關鍵，而與照料至少同等重要的，是溫尼考特所說的原始母愛貫注。即，嬰兒出生前後的數周時間內，媽媽對嬰兒全神貫注，她全然關注新生命，而她的自我、個人興趣、生活節奏和自己關心的東西都退到背景中去了。她的所作所為都是為了適應嬰兒的願望和需要。

原始母愛貫注是一種很特殊的狀態，不能持久，一般持續幾周，並且「母親一旦從這一狀態中恢復就不易回憶起」。

夢的解析：對愛的渴望

第二個夢，還讓我想到初戀。初戀開始是單戀，曾有三年時間，每天晚上做同一種噩夢：在各種各樣的場合找她，但找不著。

西元二〇一三年春節後，我想買二手房，也已看中，剛好中國五項大陸房地產市場調控的政策宣布，說二手房交易，要交百分之二十的增值稅。二手房是賣方強勢，這部分增值稅自然要買方出，看到這個條款，我又急又怒。結果，當晚又做夢，夢見去找初戀，還是找不到她。醒來納悶，這種夢已很久不做，這怎麼了。隨即想到那二十%增值稅帶給我的情緒，然後明白，這兩者有同樣感覺——我最想要的美好事物，是得不到的。

初戀，是那時最想要的；房子，是我現在最想要的，當我升起強烈欲求時，這種愛而不能的夢就會襲擊我。

第一個夢顯示的是躲避同學聚會背後的那種自卑感，第二個夢揭示的，也是自卑感。自卑感，貌似都是因某種條件而自卑，但其實所有的自卑，都是在愛面前的自卑。

每個人第一個最想要的都是母愛。若孩子時不能得到足夠好的媽媽的愛，就會形成程度不一的自卑感。自卑一旦形成，就會導致一個矛盾：渴望愛，但當愛真降臨時，卻又會焦慮緊張到極點。

第二個夢中，那男子一感覺到妻子的愛，會大哭，會喊著去新疆，就是這一矛盾的表達。確認妻子的愛了，但隨即不安，要逃離，要逃到「心」的疆界。

愛是什麼？愛存在嗎？每個人都會思考這個問題，法國著名哲學家雅克．德希達（註1）甚至說：所有的愛都是不可能的。他的意思是，你要放下對絕對之愛的渴望，才能看到真實的愛存在。

在這個問題上，溫尼考特給出的答案是母親與嬰兒的心靈感應，而我最喜歡的說法，是以色列哲學家馬丁．布伯的「我與你」。布伯說，當我在關係中放下了所有的期待和設想，不再將你視為我的目標或實現目標的對象，我就可能在某一瞬間與全然的「你」相遇。

不過，馬丁．布伯說的「你」，是上帝。他的意思是，若我突破「我」這個概念的框架，即可能在某一瞬間，我的神性與你的神性相遇，從而構建了「我與你」的關係。若將溫尼考特的原始母愛貫注和馬丁．布伯的「我與你」結合在一起，那就可以說，心靈感應，即是遇到上帝。

基督教說，信上帝才能得救。溫尼考特的心理學說，心靈感應的發生，才能讓嬰兒構建真正的安全感。原來，這是一回事。

文章寫到這裡，說實話，已超出我的設想。我事先並未想到，這篇文章會談到，心靈感應就是遇見上帝。

這就是文字或真正思考的力量。真正的思考，是一個單獨的生命，它走到哪裡，是思考者控制不了的，只能服從。

夢的解析：原始的生命能量

第三個夢是怎麼回事？如果說，心靈感應的愛就是上帝，是天堂，這個夢所看見的，就是地獄。

西元二〇一二年六月做了這三個夢，當時只以為是自己內心的圖像，真沒想到，這就是我所生活著的現在中國的真實景況。夢中，空氣有毒，河水有毒，色調是灰蒙蒙的，不正是當下中國的真實寫照嗎？它怎麼如此逼真地存在於我的心中？並且，還是我創造的？

以前，我的夢中常出現惡魔，它們是一種原始的、不能溝通的、只是一味搞破壞的形象，譬如一個夢中，一個有無窮力量的巨人，沒有目的地行走著，揮舞著一個巨大的流星錘，砸毀它經過的一切建築。

現在，這個夢則清晰地顯示，惡魔，就是我自己。夢中的精神病男子，身高和我一樣，瘦而結實的身材，也是我高三至研三的身形。並且，他的容貌，正是我的容貌。

以前夢中惡魔的那種原始形象，還是我意識不可直接解讀的，雖然意識上知道惡魔就是我內心的一部分，這個夢則讓我無法否認，惡魔就是我自身。

這是多麼難接受的一點。現實中，我一直視自己為好人，而從有記憶起，我就是一個超懂事的小大人，小時候不給父母添麻煩，大了不給別人、公司和社會製造麻煩，不自覺地都要想著付出，沾一點便宜就愧疚，如果不是學心理學，我勢必會成為一個超級好人。然而，這個夢卻對我說，你是魔鬼！

不過，事情不能就此結束，還要繼續思考：這個魔鬼，到底是什麼？這個精神病男子，他不用做什麼就讓整個世界中毒，並帶來魚、飛鳥和人的死亡，就像死神，而他還帶來了性。這不正是弗洛伊德所說的死本能嗎？也可以說，他身上流動著原始的性與攻擊——弗洛伊德所說的人類兩大驅力。

佛洛伊德的女弟子梅蘭妮．克萊恩（MelanieKlein）說，嬰兒先天處於可怕的心理狀態，也即被死本能糾纏的狀態，是母愛，讓一個嬰兒的內心得以轉變。

不過，曾找克萊恩做過多年治療的溫尼考特，在這一點上有自己的意見。他認為，嬰兒可怕的偏執分裂狀態，是護理環境失敗的結果。也即，沒有原始母愛貫注，沒有足夠好的媽媽，嬰兒會墜入到孤獨與黑暗中。

若依照溫尼考特的理論，我的第三個夢是第二個夢的結果，因第二個夢中不能相信愛的存在，從而跌入到第三個夢的地獄之中。

但在克萊恩看來，我第三個夢更原始，第二個夢中若確認了愛，是可以救贖第三個夢的。誰對誰錯？或許，這個理論上的分歧並不重要，重要的是他們的觀點有一致性：若無足夠好的母愛，一個人的內心就有很大一部分墜入到黑暗中。

不過，這部分黑暗並非全是缺點。那位精神病男子，雖智商不高，但有強大能量，做事絕不拖泥帶水，什麼目的都可達到。

這與現實中的我截然相反。現實中，我是好人，智商尚可，但強大這個詞與我沒有關係，我多數時候消極而被動，做事總拖泥帶水，考慮太多。如果我有精神病男子的這些特質該多好！再進一步說，如果我能擁抱第三個夢的黑暗，該多好！

比起前面兩個夢，第三個夢的意象要豐富很多，解析起來也很有價值。

先說說那顆人頭，頭即頭腦，即理性，即思考，即超我，而精神病男子恰恰就像是有身無頭，他智商低，且從不思考，他只是第一時間做自己想做的。他是我的本能，我的欲望，我的本我，它的自由展現，必須在無頭的情形下才可以實現。

所以，這顆人頭是精神病男子砍下的，也是我砍下的，必須砍下人頭，精神病男子所代表著的本能力量才能湧出。

再說說周杰倫。他的歌我沒感覺，但他的人我喜歡，覺得他自在，有自我力量，而本能也沒壓抑。再者，他大有名氣。而我，是小有名氣，夢中接近他，意味著我想向他靠攏。但這一部分，我通常並不怎麼承認，我總覺得，名氣是我專心寫專欄自動帶來的，而不是追求來的，我無欲無求。如此可看到，我否認自己對名氣的欲望。

其實，在現實中，我否認自己的所有欲望，即精神病男子代表的那一面。

曬穀場是夢中最生動的一幕。瘋子和幾個三、四歲的小孩跳舞，引導出他們強烈的性能量，這能量都形成一個電影「大武當之天地密碼」裡天丹運行時的那種氣場。三、四歲的小孩，按佛洛伊德的理論，正處於伊底帕斯期，剛有了性意識，並且是指向自己的異性父母，而與同性父母競爭。伊底帕斯期若不能過渡好，會導致種種性問題，常見的是壓抑。

夢中，性能量先讓一個小女孩不安，而後讓曬穀場上的大人恐懼，最終出現了一個二十來歲的小和尚，才破了這個性能量場。

這是夢的結束。也許，這正是我童年的終結。精神病男子所代表著的原始能量，經過種種掙扎，最後，回歸到代表著無欲無求，並且無害的小和尚這一經典形象中。

小和尚的形象，確實是我多年來的形象。中學和大學拍的照片，我臉上有一種義正辭嚴的味道，而心中，則是落寞與無欲。這絕非是什麼心靈的力量降服了本能，而是理性的力量壓制了本能。甚至可以說，是理性克制住了生命之水的自然流淌。

概括來說，第三個夢，揭示的是我的原始能量，是如何被看待，又是如何被馴服的。第二個夢，講的是愛。第三個夢，講的是原始的生命能量。

將兩個夢結合起來看，可得出一個結論：若沒有愛，原始的生命能量，會被視為可怕的魔鬼，但若有愛，原始生命能量被照亮，那麼，這就是生命本身。

原始的生命能量，佛洛伊德稱之為力比多（libido），而溫尼科特則稱為活力。力比多一詞非常有力，而且有一種原始的感覺，但活力一詞更能說明問題。

溫尼考特認為，若有一個高質量的母子關係，兒童的活力會被接納，於是得以伸展。兒童認識到，他的活力不會傷害這種關係，不會被母親所討厭，相反會促進母子關係。

於是，他就不必壓抑自己的活力，他的行為，都是很自然地出自內心，都是自發性的，而不是讓媽媽高興。並且，孩子深信，他自發性的行為，是有益於這種關係的，所以就能以人性化的方式呈現。

相反，若母子關係缺乏質量，特別是媽媽不能接納孩子的活力，看不到孩子的感受，而希望孩子順從自己，那麼，孩子的活力或者說生命能量之流，就被阻斷了。孩子發現，他的活力，會傷害與母親的關係，那麼，他會發明種種策略來壓制自己的活力。

家庭與母親的覺醒

具體說明回到我自己身上，我沒挨過一次打，沒挨過一次罵，每一次重大的人生選擇，父母從不干預，他們也不會否定我的感受。不過，我患有嚴重憂鬱症的媽媽，沒有精力呵護我的活力。我最原初的那些活力，也即種種欲求和聲音，對媽媽會是一個挑戰。再大一些，當我帶著活力在世界上——也即我的村子裡——衝撞時，若帶來麻煩，那也會是在村裡處於弱勢的父母難以應對的。

至少，媽媽到現在還會常說一句話——「安靜。別吵了。」她說這些話時都不會使用感嘆句，而像是陳述句。

溫尼考特認為，活力是每一個生命與生俱來的，它要向外界伸展自己，索求存在空間。媽媽要肯定孩子的活力，而不是壓制。但流傳的育兒經中，教導父母打擊孩子活力的聲音比比皆是。譬如新浪微博上流傳這樣一段文字：

> 從孩子出生開始，父母就要訓練他們使其有能力對自己的欲望說不，並且願意順服父母。孩子們要懂得，這個世界不是圍著他們轉的。孩子在年幼時的意志若沒被降服過，他就會以為他應能得到任何他想要的東西。最終，他就會產生一種受害者的心理：他永遠沒錯，別人要為他的痛苦負責。

這樣的文字之所以產生，在我看來，也是害怕我第三個夢的東西。活力，即欲望，源自我們共同的生命之河。如果孩子發現他能通過活力，先與媽媽，而後與爸爸，乃至更多親人甚至整個世界建立關係，那麼，他的活力或欲望就會成為流動的生命之水。

相反，若他的活力或欲望總被否定，那他要麼成為我夢中的和尚而無欲無求，要麼乾脆就做一個黑暗的人，讓自己的欲望以黑暗的方式表達出來。

任何一種帶有心靈感應的愛，都可以讓阻斷的生命之水重歸流動，特別是愛情。心理學有一個概念叫「體重的心理平衡點」，其意思是，若無重大的心理事件發生，一個人的體重會一直保持相對的穩定。

對此，我有深切的體會。有十年時間，我的體重一直保持在六十公斤左右，最高不過六十二公斤，最低不過五十八公斤。為了增肥，我試過多種方法，都無效。但有了一段很好的戀愛後，再用以前用過的方法增肥，一個月內竟然長了約七．五公斤。

以前雖然知道戀愛讓我體重的心理平衡點得以打破，但不知為什麼。今天再想起增肥一事，我想，是戀愛讓我的生命之水在一定程度上流動起來，而終於滋養了我。

這和三個夢中的道理是一樣的。若第二個夢中的愛得以確認，第三個夢就不會如此黑暗了。這三個夢是我的大夢。大夢，也即超重要之夢，這種夢意味著，一個人不僅碰觸到了個人最深的無意識，也碰觸到了社會乃至人類的一些共同的無意識。

我想，第二個夢的缺憾和第三個夢的黑暗，也是華人的集體無意識。這有很大的合理性，因為，在強調重男輕女的華人家庭，有許多孩子並沒有得到高質量母愛，這導致許多人會有我第二個夢的缺憾，並且更嚴重。因這一缺憾，太多人的欲望只能藏於黑暗中，而一旦追求欲望時，就以黑暗的方式呈現。

最容易的一點就是，一個又一個的母親覺醒，一個又一個的家庭覺醒，家庭支持母親，而母親支持孩子，讓孩子三歲前體驗到，他的欲望是很好的活力，是被接納、被祝福的。

註1　雅克·德希達（JacquesDerrida，西元1930—2004年），法國哲學家、西方解構主義代表人物。代表作有《書寫與差異》、《論文字學》、《播撒》等。

04

碰觸你的內在小孩

父母能給孩子最好的禮物，就是愛與自由。

愛，這個含混的詞，大家都能接受。畢竟，太多父母覺得，自己怎麼對孩子都是愛。可自由呢？每當我講課時談到要給孩子自由，總有人問我，那孩子要殺人放火怎麼辦？這並非是對我的質疑，而是這些大人真的焦慮，若給孩子自由，孩子就會做出破壞性的事情。

這是怎麼回事？簡單說，可以理解為，問這個問題的人，他們內在有一個充滿破壞欲望的小孩，他們一直花力氣控制這個內在小孩，而一旦放開控制，他們就擔心這個內在小孩驅動自己做很多可怕的事情，如殺人放火。

然而，這個可怕的內在小孩是怎麼形成的？諮商師個人的突破性成長，會帶來個案的突破性變化。這個道理，在我身上一一被呈現。

探究母嬰時期的關係

西元二〇一二年六月底，我做了那三個讓我一夜長五根白髮的夢之後，我的諮商也常常進入到一種很深的境界，簡而言之，在我的諮商中，個案開始很容易地去碰觸到自己的內在小孩。第一個突破性的個案，是在我做那三個夢後不久，發生在一位男性個案的身上。那次諮商，他的問題是，妻子想要孩子，而他抗拒。兩人為此吵了一架，第二天他在諮商中談起了此事。

為什麼他不想要孩子？他說，有兩個原因。

第一，他感覺在和妻子的關係裡，他是個孩子，而妻子是媽媽的角色。他很依戀這種關係。但妻子說了，她討厭這種感覺，如果他們真有了一個孩子，她就會丟開他不管，把精力都放到孩子身上。也就是說，如果真有孩子了，他就被「老婆媽媽」給拋棄了。

第二，他感覺和妻子還不夠親密，他們的關係有問題，總激烈地吵架，他覺得還沒到要孩子的時候，他還沒準備好。

這兩個理由聽上去合情合理。我們是視訊諮商，他講得投入，我聽得投入。專心聽他講的時候，突然間，我有了奇異的感覺，覺得書房的空氣變了，有了一層詭異的色彩蒙在每一件物品上，我的身體也有了說不出的感覺，像恐懼，但恐懼又不足以表達出那種感覺。有點像自己見了鬼一樣。

我將這種感覺告訴他，但沒對他說像見鬼一樣之類的話。聽我描述這種氛圍時，他突然身體僵直坐在他的椅子上，充滿恐懼地對我說：「我看見了！我看見了！」

我問他看到什麼了。他的身體和聲音都顫抖著說，看見一個嬰兒。並且，一股冷氣從他尾椎升起直衝到後腦，他的身體不能動彈了。

諮商中有時會碰到這種情形，一種可怕的意象將個案嚇到，令他的身體僵直在那兒，不能動彈。這時，我深信這是非常有道理的，所以不會慌，而是先和自己身體保持連結——即感受自己的身體並覺知自己的感受。然後，引導對方做感受身體的練習。

練習的步驟可以從頭到腳，也可以從腳到頭。我一般喜歡從腳到頭，先讓個案感受雙腳放在地上的感覺，假若時間充裕，可以一點點感受每一個腳趾，再到腳心、腳後跟、腳踝……然後到小腿。這樣一點點地感受整個身體。同時，保持很自然的呼吸。

這個辦法非常有效，既可以讓個案鎮靜，也可以讓他放鬆下來。果不其然，這樣進行了約十分鐘後，他的身體可以動彈了。

這時，我問他，他看到的嬰兒是什麼樣好的。

他仍心有餘悸地說，一個很小的嬰兒躺在那兒，渾身散髮著藍光，那種感覺就像日本第一恐怖片《咒怨》中的那個鬼小孩。他試著去碰觸這個嬰兒，而就在他的手將碰觸到嬰兒那一剎那，嬰兒發出「嗷……」的一聲貓叫，就像《咒怨》中那個鬼孩的叫聲。這讓他感覺很恐怖。

我接著問他，如果你是這個嬰兒的話，你覺得他的感受是怎樣的？他體會了一會兒說，有兩個感覺。第一，很絕望，這個嬰兒覺得沒有人愛自己；第二，怨氣沖天，他想毀了這個沒有人愛他的世界。我又問他，那你想對這個嬰兒說什麼？

聽我這麼說，他的眼淚一下子流了下來。他說，我想對他說：「抱抱，讓我抱抱你。」這一刻，他瞬間明白，這個嬰兒，就是他自己。並且，是他最深的自己。

這次諮商讓我想，莫非我第三個夢的精神病男子，和他這次的鬼嬰兒意象，其實也就是說，我們都是最初的母嬰關係出了問題，都不能在嬰兒時與媽媽構建很好的連結，結果導致我們內心中都有嚴重的缺失。

練習碰觸你的內在小孩

當時，這還是一個假想式的推理。但很快，其他一些個案的進展驗證了這個推理。譬如，一位女性個案，她在懷孕時做了一個夢，夢見了一個四歲左右的恐怖小孩，一樣是覺得沒有人愛自己，渾身散髮著藍光，在詛咒這個世界，恨不得讓整個世界消失。

後來，我在微博上發起了一個調查，讓網友們練習做「碰觸你的內在小孩」：閉上眼睛，安靜下來，先花五分鐘感受身體。足夠放鬆後，想像一個嬰兒在你身邊……他會在哪個位置？他是什麼樣子？什麼神情？看著他，他會和你構建一個什麼樣的關係？

有人的意象很好，他們看到的嬰兒很快樂很滿足，譬如：

- 看到一個嬰兒吃飽喝足、心滿意足，趴在我身旁地毯上，抬著頭調皮地眨著眼睛和我逗著玩。
- 我躺在他右側，一個眼睛大大、咧著嘴笑的男嬰，光著身體穿著尿布，好可愛的樣子，忍不住親了又親，逗他玩，哈哈！好喜歡他！把他抱在懷裡，將他當作上帝給我的禮物。

- 她躺在我右側，咿咿呀呀手舞足蹈，不時看我一眼，眼神平靜，很愉悅。

有人的意象一般，譬如：

- 她在我右後側，像小貓一樣，靜靜拉扯我的胳膊，想讓我注意她。
- 剛出生的粉色嬰兒趴著睡在我旁邊，我想去擁抱他，但是又不敢，怕傷害他吵醒他。

有人的意象中，他與嬰兒的關係不怎麼樣，譬如：

- 我的臉，在冷笑。
- 在我的右側，他一動不動地睡在棉被裡，只露出一張小紅臉，閉著眼睛，面無表情，似永遠睜不開眼睛。我的嬰兒好像沒有呼吸。我看到他，不知如何是好。
- 那嬰兒在我腹部右側，非常哀傷和恐懼，看到我靠近，就向後退，充滿怨恨，而我發現自己也並不愛他或她。我很想轉身離開，因為這樣的關係怎麼都是痛苦的。

有人的意象就很恐怖：

- 總是無法做類似的練習，開頭居然睡著了……回過神來卻又無法想像一個嬰兒，只看見一個塑膠娃娃在對面，我害怕……再想就是真實的孩子模樣了，或許因為孩子正在身邊睡？
- 我發覺小嬰兒躺在我身邊，很無助很可憐，她很難受卻不說話，我特別特別想去抱抱或親親她，為什麼我現在一想到這幅畫面就想掉眼淚？

- 我的第一反應是日本的恐怖片，然後就不敢想下去了。我是不是有什麼問題啊？
- 好瘦小、好乾癟的孩子，看到他就心疼得想哭。非常安靜地蜷縮在那裡，好想給他一個溫暖安全的懷抱。
- 好害怕，救救我，內在的小孩在右邊，好像泡在深淵裡一樣，身體的被硬生生挖去一半，好冷啊。
- 身邊有一個嬰兒，這個場面讓我不寒而慄，像是日本的恐怖片，我不敢細想。
- 那個小嬰兒傻呆呆地坐在椅子上，一動也不敢動……。
- 一個很沒有安全感的嬰兒，感覺媽媽會殺了他，或會摔他，怎麼辦呢？
- 老師啊，我實在不願意說，我看到旁邊一個四肢扭曲的怪胎嬰兒啊，我好害怕都不敢看啊。一秒鐘就睜開眼了。
- 我一閉上眼睛聯想，就浮現出《咒怨》裡那張臉，非常恐怖。
- 我看到的嬰兒在我右側懸浮，有藍綠色冷光包圍，她自己的手腳抱著自己，沒有表情，閉著眼，我好奇地看她，她不理我，我和她說哈嘍，她乾脆轉過身去睡覺。好冷漠的感覺。
- 她把自己全部包裹起來，充滿拒絕、防衛和攻擊，好像我讓她非常不安全，同時感覺腹部很不舒服，我該如何做？這也是我與母親的關係。
- 試著想像了一下，是一個面目猙獰的嬰兒，先是越爬越遠，後來到我身邊咬我的胳膊。我很害怕，但是我感受到了她的恐懼，對她說：對不起，對不起，曾經我是那麼想殺死你，請你原諒我。

- 我的媽呀，我感覺到的躺在我身邊的嬰兒已經死了，全身紫黑色，四腳朝天，哦，不，四肢朝天。

有人則是根本不敢做這個練習，一位網友說：好害怕！不敢想！光說在微博上的調查。覺得內在小孩恐怖或與之關係差的佔了多數，並且恐怖的佔了有三分之一。

我辦過四次六天的課程。每次的第一天都講母子關係，而當天晚上很多人會夢見去尋找一個小孩。並且，很有意思的是，無論男學員還是女學員都夢見去找男孩。

在帶一個總共二十五人的學習小組時，我也帶領大家做了這個練習。擁有一個健康活潑的內在小孩的學員，佔少數，而多數是不怎樣的，有三分之一的內在小孩很不怎麼樣。

根據對他們的瞭解，我判斷，他們看到的嬰兒，的確是他們的內在小孩，也即他們自己嬰兒時的樣子。

譬如，一位年輕女子說，她看到的嬰兒，臉是不完整的，身體也不全。那是因為，她在嬰兒時很少得到媽媽的關注。正如我在本書一開始講到的，媽媽看見了嬰兒，嬰兒才知道自己是存在的。媽媽很少看見她，所以她的內在小孩是殘破不全的。

殘破不全的內在小孩，也就意味著，她的自我形象是破碎的。這種感覺很不好受，為了對抗這種破碎，這位女子從很小的時候就發展出一種策略——努力成為一個完美的女孩。

這是很常見的自我保護方式，而這也的確在相當長的時間幫助了她。不過，這種完美形象，會成為一堵牆，擋在她和最親近的人之間，阻礙她構建最親密的關係。不過，她在一次痛哭中，讓純粹的悲傷、自由的淚水，在相當程度上化掉了這堵牆。此後，她覺得自己真實了很多，也自在了很多。

內在小孩的恐懼

這是碰觸真實自我的必然結果。碰觸真實的自己，特別是內心最深處的內在小孩，可能很恐怖，可能很痛苦，但卻會讓我們變得真實。

有時這種碰觸會非常艱難。我一位好友，他做類似練習時，因為恐慌至極而不敢做。那是因為，他的媽媽在五十來天的產假結束後，就開始上班，而此後他有很長一段時間，就獨自待在家裡。鄰居後來對他媽媽說，那時他的哭聲之慘烈，讓他們都害怕。

依照心理學的理論，讓這麼小的孩子獨自一人待著，是最惡劣的做法，他很可能得最嚴重的心理疾病，譬如思覺失調症、躁鬱或憂鬱症等。事實上還好，我沒在他身上發現這種可能性，但是，他的確是將自己防禦得特嚴密，這導致他不能構建穩定的親密關係。

一位網友在我微博上說，她常做一個夢：她很幼小，躺在床上，旁邊有隻巨大的老鼠，她害怕至極，擔心老鼠咬她，她的手還會摳旁邊的牆，黃土被她摳了下來。後來她瞭解到，她在生命最初的幾個月，就是這樣獨自躺在床上長大的，床旁邊是土牆，有時會有老鼠出沒。

華人社會的產假一直很短，最初只有四十、五十天，後來也不過三個來月，而依照心理學的理論，孩子至少要讓媽媽帶到九個月，才能保證這個孩子有一個最低的心理健康基礎。想像一下，如果有無數孩子以及無數成人，在嬰兒期都是獨自長大，那該多恐怖。

不僅城市如此，農村也一樣。我河北老家農村的長輩們說，他們那時孩子太多，帶不過來，就是將孩子放在炕上自己待著，而大人們去田地裡幹活，常常孩子就這樣自己待著，一直到能走路。

難怪做「碰觸你的內在小孩」練習時，會有那麼多人有非常恐怖的意象，而這種恐怖中均有兩個元素：

一、沒有人愛這個嬰兒；

二、這個嬰兒想毀滅這個沒有愛的世界。

第一個元素，會讓一個人形成很深的絕望感和飢餓感，絕望是因覺得愛是不可能的，飢餓是因為渴望愛。這兩點相互作用，就會在內心中形成一個黑洞。有這個黑洞的人會知道黑洞的存在，而且會覺得黑洞永遠無法填滿。

第二個元素，會讓一個人有可怕的憤怒與怨恨，我曾夢到的揮舞著巨大的流星錘砸毀一切建築物的巨人，就是這種可怕的憤怒與怨恨的表達。

《咒怨》中的鬼小孩，我那位個案感覺到的鬼嬰，就是更具體形象的表達，沒有血色的臉，是缺愛，而泛著藍光與可怕的叫聲，是可怕的憤怒與怨恨。如此可怕的內心，我們能怎麼面對？簡單的答案是：將這一切壓抑到潛意識中去。壓抑到最嚴重的地步，就是澈底切斷與自己內在小孩的連結，好像它的特質在自己身上都不存在了。然而，我們又會尋找一切機會，試著與它建立連結。

內在小孩的壓抑與連結

看到我內心有一個飢渴而恐怖的內在小孩後，我很快也明白了，我為什麼幾次戀愛，找的都是小女孩一樣性格的人。特別是現在的女友，她對自己的欲望非常執著，對金錢非常在意，個性也豐富多變，攻擊性也很強，在捍衛她和我以及親朋好友的利益時果斷有力。這種個性一開始吸引了我，但在一起之後給我造成很大困擾。我經常想，為何她就這麼自私，這麼不考慮別人，欲望這麼多！

做了那三個夢後，我找到了答案。我成為一個無欲無求的和尚，但卻與自己的原始生命能量切斷了聯繫。結果是，我過於理性，有些刻板。這都是佛洛伊德說的超我在主導一個人。我從有記憶起，我就是一個小大人形象，感覺是，我從來沒有過童年，只是偶爾有孩子氣的畫面。

我女友則一直就是個孩子，她活在自己的欲望中，這讓她看起來有些自私，但其實，真到了要關心人的時候，她比我更溫暖，也更有力度。認識她的時候，她已二十四歲，但看上去就像

十七、十八歲。我和她在一起，她向我要的是穩定感，她的內心太多動蕩了，而我向她要的是孩子氣。我的內心太成人、太僵化、太刻板了。但我總對她有不滿，希望她放下一些欲望，更能為別人考慮。直到做了那三個夢，明白我與自己的活力嚴重切斷了聯繫後，我才懂得，我是通過選擇像小女孩一樣的她，試著與自己內在的小孩恢復聯繫。

體悟到這一點後，對她的不滿一下子少了很多。

我和她這種搭配，在現實中很常見。一個理性而刻板的無欲無求的好人，找了一個感性、靈活而總覺得不滿足的壞人。好人缺乏活力，缺乏積極性，而壞人雖然活得痛苦，不能像好人那樣對太多事都若無其事，但壞人有活力，他們解決問題的能力，常常勝於好人。

這是我個人的故事，當然也是太多人的故事。我們的家庭和社會也有種種複雜的機制，輔助個人一起壓制他們可怕的內在小孩。

譬如，華人家庭中，大人對孩子的活力有一種普遍的恐懼，孩子無論做什麼，大人們都忍不住想限制他。你這樣做不對，那樣做不好，你要聽父母的話，父母讓你做什麼你就做什麼。就是，孩子的自發行為，很容易遭到父母等大人的種種限制。

我想，這很可能是源自大人們恐懼自己內心這個恐怖的嬰兒，覺得這個恐怖嬰兒的自發行為會引向絕望與破壞，所以要限制他、疏導他。

至於我們的社會，更是有一整套思想和種種方式，來束縛、管理一個個個體的活力。這一整套思想就是以儒家為代表的思想。

美國學者孫隆基在他的著作《中國文化的深層結構》中說，中國人常會身心分離。特別重視身，講究安身立命，特別在意身體健康。但是，中國人的「心」，卻必須為別人的「身」服務。並且，也只需為對方的「身」服務，做到這一點就已經很好了。

05

愚孝是怎樣煉成的？

你過去一定是拼命地努力去做一個你母親可以輕視且折磨的孩子，因為你一直都害怕如果不這樣做，你對她來說根本就是不存在的。

——謝爾登・卡什丹《客體關係心理治療》（註1）

西元二〇〇八年初，網路論壇「天涯雜談」上有一則貼文「北大博士毆打岳母，六次驚動警方！」，稱北京大學佛學博士孟領毆打岳母，這個貼文只在第一頁贏得了一些同情，因明眼人很快看出這個文章漏洞百出，於是網友們很快變成一邊倒地同情孟領與妻子，並攻擊其岳父母與小舅子。

事情的基本脈絡是：孟領的岳父母要讓女兒為兒子買房，女兒答應了，但買房有困難，結果岳父母看中了女兒的大房子，最終起糾紛，而糾紛時不是女婿對岳父母動手，而是相反……。事情的關鍵是孟領的妻子對自己父母過於順從。

孟領曾以網名「言有盡意無窮」在天涯雜談上發表了《關於騰房案的幾點聲明》一文。文中有如下一段話：

我妻子很愚孝，這是此事之所以戲劇化和極端化的原因之一，也是我們難以及時處理家庭危機的原因之一。直到二〇〇八年一月十九日污蔑我的貼文出籠，我妻子才算真正認識了她的父母。這不能怪她，誰願意早早地接受根本不被父母疼愛的現實呢。

什麼叫「愚孝」？即孩子會不惜犧牲自己、自己配偶和孩子的利益，而一味地對父母做出極大的犧牲。

並且，很有意思的是，「愚孝」經常會以一種戲劇性的方式出現：父母對一個孩子進行似乎沒有饜足的索求，同時卻對另一個孩子給予無限的付出。

北大佛學博士一事有類似的嫌疑。孟領在接受媒體採訪時稱，他岳父母之所以想佔有女兒的房子，是為了把房子留給兒子。

孟領的說法是否屬實，尚需進一步確認，但「向一個孩子狂索求，向另一個孩子狂付出」這樣的故事，在我同樣發表在天涯雜談的「謊言中的No.1：沒有父母不愛自己的孩子」一文中，可以找到大量例子。例如，一個網友在我這篇文章中留言說：

> 我的父母都重男輕女，因此，從小我在家沒有得到過重視和愛，那是給弟弟的，留給我的只有輕蔑和侮辱。我清晰地記得一些事，它們使我現在仍感到心寒。
>
> 父母已經把他們的所有財產轉到弟弟名下，母親說我如果也想得到他們的東西就是不要臉，

女兒應該去繼承婆家的財產。

但是，他們遇到任何麻煩困難都不會忘記我，知道我不好意思不孝順他們，從不忘記可以從我這裡索取。

從內心講，我願意付給他們撫養費，如果他們臥病在床，我可以請人照顧他們，但是我沒有感情給他們。他們也沒給過我，看到弟弟對他們並不怎樣孝敬，我很難過。可是即使如此，他們也明顯地偏袒弟弟。

為什麼一些父母會對一個孩子沒有饜足地索取？這可以在孟領岳父寫給女兒的一封信中找到答案。在這封信中，這位退休的英語老師寫道：從生命的價值觀來看，你永遠欠我們的，還不起。我們住你的房，你還欠我們的。彷彿是，僅僅因為生下了孩子，一些父母就認為孩子永遠欠自己的，所以就可以大肆索取了。

但是，這些被過分索取的孩子，難道就不知道父母的行為過分嗎？為什麼他們反而會對只知索取的父母進行無限付出的「愚孝」呢？

最簡單的答案是，這是他們能親近父母的唯一有效方式。

迎合者的武器是內疚

我在「支配與服從：病態關係的雙重奏」一文中，談到了四種病態的維持人際關係的方式，分別是權力的遊戲、依賴的遊戲、迎合的遊戲和性感的遊戲。

權力的遊戲和依賴的遊戲，我已經詳細分析過，而「愚孝」者所使用的即是第三種病態的方式——迎合的遊戲。

所謂迎合的遊戲，概括成一句話：我為你做了這麼多，你必須愛我，否則你就是不愛我，你這個大壞蛋。

不過，迎合者通常只意識到自己在付出，在奉獻，而意識不到「否則」的威脅性信息。如果你和迎合者交流，你會發現，他們似乎是那種能給予無條件的愛的人，因他們在頻頻付出後，經常會表示，他們的奉獻不需回報。

但實際上，迎合者會不自覺地使用一些辦法，提醒接受者：「你欠我的。」卡什丹在他的著作《客體關係心理治療》中談到了這樣一個例子：

海瑞因塔是一個中年單身母親，有兩個十多歲的孩子。她每天要開車接孩子上學和放學，當孩子坐上車後，她一定會提醒兩個兒子鎖好車門。然而，當孩子們試圖這樣做時，卻發現車門已關好。

這位媽媽在做什麼？她為什麼會多此一舉？

對此，卡什丹的解釋是，這是迎合者的經典行為模式。鎖好車門是意識層面的奉獻，海瑞因塔以此顯示，她是一個無微不至的媽媽，而提醒孩子們去鎖車門則是潛意識驅使的，她潛意識裡希望孩子們發現，媽媽已做了奉獻。

歉疚感可能是我們最不願意面對的一種感覺，尤其是，有人替我們做了我們本可以輕鬆做到的事情後，還巧妙地想給我們留下歉疚感，這會令我們感到非常憤怒。

然而，迎合者不僅在助人時細緻入微，也非常謹慎小心，他們會向你很卑微地表示，他們只是想幫你而已，不需要任何回報，你不必有壓力。

面對這樣的人，一開始我們很難能表達憤怒，我們甚至會因為自己心中的怒氣而感到內疚：「我怎麼能對這麼好的人生氣？」

不過，如果這樣的事情越來越多，你的憤怒會越來越難以遏制。於是，你要麼向別人表達怒氣，要麼乾脆遠離這個迎合者。

海瑞因塔的兩個兒子就是這樣做的，他們成了問題少年，常在學校和社會上製造一些麻煩，而這是他們表達憤怒的方式，這憤怒本來是要對媽媽表達的，但媽媽這麼好，他們怎麼可以生媽媽的氣，於是他們把憤怒發洩到別處去了。

並且，他們和媽媽的關係也越來越疏遠，這疏遠是為了減少媽媽迎合自己的機會，那樣就可以少一些歉疚感了。

迎合者幹嗎要這樣委屈自己？

這也是支配者為什麼鍾情權力、依賴者為什麼喜歡依賴的原因。我們都想與別人親近，但很多人只學會了一種與別人親近的方式，支配者學會了權力的方式，依賴者學會了示弱的方式，而迎合者學會了奉獻的方式。

更糟糕的是，因為迎合者只相信迎合的方式，所以當對方疏遠他時，迎合者在恐慌中會對付出更加執著。但他越付出，對方越想逃離，由此成了一種惡性循環，最終迎合者最在乎的關係反而斷裂了。

這就是海瑞因塔和她兩個兒子的互動過程。在她沒有改變迎合的行為方式前，她越努力，孩子們就越想遠離她。

父母越冷淡，孩子越迎合

不過，迎合的遊戲並不是永遠無效的，實際上，在迎合者的童年早期，這是他們能靠近父母或其他養育者的唯一方式。

我在天涯雜談的「謊言中的No.1：沒有父母不愛自己的孩子」貼文中，有很多個可以稱為「愚孝」的迎合者，幾乎都是女士，而且其父母都重男輕女，會對男孩百般溺愛，對她則嚴重忽視。對這樣的女孩而言，她們最容易靠近父母的方法就是去奉獻，或者為父母奉獻，或者為兄弟奉獻。

現實生活中我見到的這種例子也不少。我的好友、三十一歲的茜茜就是一個典型。茜茜是家裡最小的孩子，上面有兩個姐姐和一個哥哥。按說，她作為老小應該最受寵，但事實恰恰相反。原來，媽媽懷孕時，很想要個兒子，也覺得這次肯定會是個兒子，沒想到生下來卻是女兒。因為這個原因，媽媽和爸爸一直對她有點視而不見，但對其他三個孩子都堪稱溺愛。

在這個家庭中，茜茜很小就變得極其懂事，生爐子、買菜、擇菜、做飯和打掃衛生等家務成了她的例行工作，而姐姐和哥哥從來都不必做這些。她變得這麼勤快，部分原因是父母希望她這麼做，而主要原因則是茜茜自己的選擇，她只有通過迎合的方式，才能獲得父母一點可憐的關注。

不過，這種主動奉獻中藏著渴求——「請你們把愛分給我一點吧」，也藏著憤怒——「我做得這麼好，你們還不愛我，你們太壞了」。

這是她的想法。對父母而言，因為她的生命分量很輕，所以，她的奉獻很少會引起父母的歉疚感，他們反而會覺得這一切都是理所當然，當茜茜偶爾不想再這麼做時，他們會覺得不適應，會訓斥她甚至打她，而對茜茜而言，更可怕的是，父母會對她更加視而不見。

所以，如果父母對一個孩子越冷淡，這個孩子越容易成長為迎合者。

愚孝源自於不甘心

導致迎合的核心原因是恐慌，迎合者之所以只奉獻不索取，是因為他們擔心一旦開始索取就會令關係疏遠，甚至斷裂。

等長大後，孩子與父母的力量對比已發生改變，而且孩子的世界已打開，他擁有了很多其他關係，對父母已不再依賴。但是，作為一個迎合者，他心中的恐慌並未消失，他仍認為奉獻是能與別人拉近關係的唯一方式。

並且，自幼以來對父母持續了很久的渴望——「請你們把愛分給我一點吧」——因為一直沒有實現而變成了一個魔咒，導致一個人會一直執著在這個沒有實現的願望上。為了實現這個願望，他願意在成年後做出更大的奉獻。渴望實現童年一直沒實現的願望，就是「愚孝」的核心原因。

於是，我們會看到大量的這種例子：那些最被父母忽視的人成家後，常常嚴重犧牲配偶和自己孩子的利益，對父母百依百順，而父母卻總是把他們奉獻出來的錢財再轉送給他們一直溺愛的其他孩子。

這時，作為奉獻者的這些人，會對父母有很多不滿，但當父母繼續向他們索取時，他們卻發現，好像控制不住自己的行為，仍然是一邊抱怨一邊繼續做出無益的奉獻，而他們最常抱怨的是：「我比他們更能幹、更孝順，為什麼父母就不能在乎我更多一點？」

也就是說，「愚孝」者們還在尋求這樣一個結果：父母終於發現他更值得愛，於是改變態度，愛他勝過其他孩子。

這種奇蹟有時候會發生。一些垂垂老矣的父母終於對他們一直溺愛的孩子失去了信心和耐心，而將希望轉移到了那個一直被他們忽視的孩子身上。

但更多時候，一個家庭系統的行為模式永遠都沒發生改變，愚孝者不管怎麼奉獻，也仍然得不到愛，而被溺愛者仍然是繼續被溺愛。

所以，明智的愚孝者，應當放下改變父母的渴望，接受無論如何父母都不會更愛他的事實，一旦接受了這個痛苦的事實，愚孝行為就可以終止了。

奉獻的結局是被忽略

相對於改變而言，更常見的事情是，愚孝者把他們的迎合遊戲帶到人生的每一個角落，一旦他們喜歡上一個人，他們就會祭出他們的法寶——奉獻。

由此，會引出一些奇特的事情。

茜茜對我回憶說，她談過幾次戀愛，而且令她不解的是，這幾次戀愛都是一個模式：男人對她一見鍾情，但開始她總是不在乎他們，而他們很熱情，但一旦她喜歡上一個男人，決定和他好好談戀愛，她就會對他「百分百的好」，可是過不了多久，這個男人就會提出分手。

一開始，她說，這些男人真賤，得不到的就是好的，而一旦能得到了，他們就反而不珍惜她了。後來，她明白，不是這麼一回事。事實是，她的關係模式有問題。男人一開始追求她時，她會對他們毫不客氣，而一旦她接受一個男人後，就變得過於容忍，不管那個男人多麼過分，她都會視而不見。

可以說，她的關係模式是「『內在的父母』嚴重忽視『內在的小孩』」；當男人追求她時，她以「內在的父母」自居，而將「內在的小孩」投射到對方身上，於是對他很不客氣，但一旦她決定接受一個男人了，關係就會反過來，她開始以「內在的小孩」自居，而將「內在的父母」投射給對方。既然她童年時與父母的關係是極力討好父母，那麼她現在談戀愛時也一樣是極力討好男友。

但問題是，因為父母不在乎她，所以她的奉獻行為引不起父母的歉疚，但男友在乎她，所以她的奉獻行為會給男友產生很大的歉疚感。於是，她的男友會對她產生莫名其妙的憤怒，並不由皇地會疏遠她，一如海瑞因塔的兒子們對媽媽的態度。

對這一點，我也小有體會。每次見她時，我都感覺好像掉進了一個溫柔的陷阱，這個陷阱裡的每一個細節都是她設定好的。她很善解人意，會做出很多對我有利的小事情，而同時又表示，我不必在乎，因為這實在沒什麼，她不會給我帶來任何麻煩……。

總之，好像不管走向任何一個方向，都是她安排好的，而儘管她說她什麼都不在乎，但好像我還是要說一點感謝的話比較好，可好像她也表達了，我不必表示感謝，那麼，我該怎麼辦？很自然的，我的方法是忽略她。儘管第一次見面我對她印象很好，很想和她做好朋友，而她也很渴望和我做朋友，但我卻很自然地找到了很多理由，遲遲沒有再見她。

例如，一天晚上十二點時她忽然有了一個重要領悟，然後發了一條長長的訊息和我分享她的感受，但過了沒一會兒，她又發來一個訊息說，她的這個領悟不重要，她因為打擾我，有點惶恐，請我不用回覆。

作為迎合者，她為我考慮了所有可能性，而既然我怎麼做都是她的意志，那我只好表達我自己的意志——什麼都不做。

註1　謝爾登．卡什丹（SheldonCashton）美國心理學家。著有《互動心理學》、《變態心理學》等。

06

華人家庭中的輪迴鏈條

【一】

結婚時，選擇的標準，不是情慾與激情，更非愛與戀，而常常是安全感，不僅長輩為兒女選擇時如此，年輕人自己選擇時也常是如此。結果是，婚姻相對穩定，但缺乏情感。夫妻關係是家庭的定海神針，而這一個基石，普遍沒打好。

【二】

婚後，因沒有感情的滋養，也因為女性更缺乏安全感，導致妻子一方感覺到孤獨，於是去抓住丈夫，去控制丈夫，而丈夫則覺得，本來就缺感情基礎，更不願被妻子緊緊抓住，那會讓他重溫幼時被媽媽吞沒的噩夢，所以丈夫要選擇逃走，逃走的方式可以是工作、愛好或者其他女人。

【三】

妻子感覺到更加孤獨無助，但她越想抓，男人跑得越遠。等有了孩子後，妻子終於發現，孩子可以在極大程度上彌補她內心的空洞，於是，她開始抓孩子。並且，最好是個兒子，那麼，兒子不僅彌補了情感空洞，還在相當程度上彌補了情慾的空洞。結果，她把兒子抓得更緊。

兒子被媽媽抓得很緊，那女兒呢？若媽媽內心比較健康，則可能給予同樣待遇，也會被媽媽抓住，但若是一個重男輕女的家庭，則女兒容易成為媽媽的「被討厭的內在小女孩」的投射對象，被媽媽厭惡乃至虐待，於是，造就了一個同樣沒有安全感甚至內心空洞更大的女性。

丈夫逃離妻子時，會愧疚與不安，也擔心後院起火，當發現兒女可以填補妻子內心的空洞時，他也會將兒女推向妻子身邊。所謂的戀母情結出現了變型，爸爸甚至不與兒子競爭，而是迫不及待地將兒子推給妻子，這樣他就自由了。於是，他也參與造就了另一個自己。

過去主要因重男輕女，現在則主要因男人想逃離媽媽的潛意識的動力，導致做父親的男人不僅逃離妻子，也逃離女兒，與女兒的關係也很疏遠。這導致女兒即便在母愛一環上有所改善，但在父愛一環上仍相當欠缺，於是女性對得到異性的愛更為絕望一些。

總結一下，即男孩得到母愛表面過多但質量堪憂，普遍存在著嚴重的被吞沒創傷，這導致男孩不能表達情慾，並且會比較被動；女孩則得到母愛和父愛都比較少，容易有嚴重的被拋棄創傷，而她們雖也有被吞沒創傷，但比較少，所以相對男孩要主動很多。

【四】

這樣的男孩女孩長大了，男孩抗拒表達情慾，抗拒親密，同時被動；女孩則不知情慾是何滋味，並因被拋棄的創傷，而對親密有強烈渴求，但又覺得得不到，所以會找容易掌控的男人，也即被動的男人。於是，又重複了輪迴的第一個鏈條——夫妻之間缺乏情愛。

【五】

妻子想抓丈夫，丈夫想逃，這還不夠，更要命的是，婆婆也想抓兒子，而對於媽媽，兒子意識上還不能逃離。於是導致一個獨特的現象：兒子必須和媽媽黏得緊一些，不能逃離；兒子和妻子疏遠，卻成了可以接受的現象，唯獨妻子不能接受，但只能獨自品味。

【六】

結果，婆媳關係就成了華人家庭的主要戰爭，目的是爭奪被動的兒子，至於公公，已成了這個家庭中可有可無的一個注腳，沒有人爭奪他。除非他生命寬廣而精彩，否則他在家庭中就是一個零。

【七】

婆媳關係中，誰都贏不了，媽媽畢竟不能得到兒子的情慾，妻子也得不到，但男人的情慾總要去找一個地方安放，於是，妓女或小三，就成了一個平衡物而廣泛存在於重男輕女最嚴重的地區，而做小三的女子，也常是在自己原生家庭中得到愛最少的女子。這也是華人家庭中的一個獨特現象。

更神奇的是，我聽到一些故事，故事中的小三，甚至是媽媽為自己兒子找的。

【八】

若公公和岳父，在大家庭中還發揮著巨大作用，甚至成為家庭問題的直接製造者（有外遇不算，必須是主動衝突），這是因為，他們執著於權力感，不容別人挑戰他們的權力，但他們不會製造特別複雜的情感關係，而只是一味要求別人服從他，這形成不了特別複雜的輪迴。

以上這些，只是我聽到的數千個故事的一種經驗總結，不代表真理，也不會自以為是非常全面的說法。歡迎其他朋友提供你們的想法。

雖然在專業上我有自己的夢想，但我並不太想發明什麼新的具有中國特色的療法，我只想弄明白，華人的家庭和愛情是怎麼回事。

看到一個網友說，作家莫言只是寫了中國的一些真實故事，竟然被認為是魔幻現實主義，其實沒有魔幻，只是純粹的現實。我寫的也只是純粹的現實，儘管有時被認為是魔鬼般的現實。

輪迴中最遺憾的是，沒有愛情。和一個朋友深聊，她明白，已三十六、三十七歲的她都沒嘗試過什麼叫情慾，遑論愛情。我則常想，若人生重來多好，要求不高，就從大學開始吧，十八歲的年齡，但有三十八歲的智慧，一定會有綻放的青春。

大學時，一友人愛用花園的意象來看人，對我的看法是，花園裡到處是花，但還沒開放就已枯萎了。說的真準確！

寫這番話時剎那間明白（也許是投射），富豪們徵婚時為什麼總想找沒有戀愛經驗的處女，除了以往說的佔有欲，還有幻想人生重來的念頭吧。

愛情象徵著美好，情慾點燃的是生命活力。哪怕愛情中不斷受挫，但生命會是豐盛而綻放的。沒有體驗過愛情，貌似像是外部世界缺了一塊，其實是內心的火焰從未被點燃過的遺憾。所以，在愛中的，大膽地去愛吧，哪怕被玫瑰刺得鮮血淋漓。

活出你的愛，活出你的生命。

07

有關愛的六個謊言

謊言（一）：沒有父母不愛自己的孩子

這是天下無數謊言中的No.1。

這個謊言如此絕對，以至於很容易被駁倒。實際上，我們只需要找出一個例外就可以駁倒這個斷言，而這樣的「例外」又實在是太多太可怕了。譬如：廣州花都區的女孩阿俊，被母親割掉雙耳；復旦大學研究生ZLL，因虐殺幾十隻貓而轟動一時，但他虐貓的另一面卻是愛貓，而這種「我愛你，所以虐待你」的變態心理，卻源自父親對他的苛刻和虐待，譬如多次因小事暴打他，還常將其關在家門外過夜。

儘管發生這麼多父母虐待孩子的案件，仍有許多人認為，「沒有父母不愛自己的孩子」是成立的。他們不講邏輯漏洞，而強調說那些案件是特例。一個朋友對我說：「父母不愛孩子的，我估計是千分之一。」

持有這種觀點的人，可以上中國入口網站百度的「爸爸吧」、「媽媽吧」、「父親吧」和「母親吧」去看一看（方法很簡單，打開www.baidu.com後，點擊「貼吧」，然後單獨輸入爸爸、媽媽、父親或母親就可以進入相關貼吧），你會發現，以愛的名義虐待孩子的父母，或者不屑於借用愛的名義而直接虐待孩子的父母，實在太多太多，而對父母彷彿有刻骨仇恨的孩子，也一樣太多太多。

我自己收到的信件中，至少有二十％的信件談到了父母對自己的身體虐待或精神虐待，也有部分信件是做父母的意識到了自己對孩子的虐待，但他們控制不住自己，於是寫信向我求助。

這是一個必須面對的事實。現代的臨床心理學家普遍認為，一個成年人的關係模式，在很大程度上是他童年關係模式的再現。假若一個人沒有什麼理由地殘忍虐待甚至殺害其他人，那麼可以基本推斷，這個人曾被殘忍虐待過，譬如虐待小保姆蔡敏敏的珠海女雇主魏娟。

從這個角度上看，最終展現在一個成年人身上冷酷的惡毒，可以回溯到他的童年關係，而且多數可以回溯到他與父母的關係。復旦碩士 ZLL 在虐貓的時候，不過是把父親對待他的方式轉移到了貓身上而已。

並且，這個事實還有非常重要的意義。很多人控制不住自己，或者冷酷地對待自己的配偶和兒女，或者殘忍地對待社會上的其他人，一個很重要的原因，是他們無法面對自己有一個「壞父親」或「壞母親」的事實。

我們的社會特別講孝道，即便父母虐待了自己，我們也要認為父母是對的。但是，這種理性上的接受不能遏制住他情感上的仇恨，而父母是不能恨的，所以他們把這仇恨轉嫁到配偶、兒女或其他人身上了。

這種轉嫁機制，是很多惡行的基礎。經常有人給我寫信說，他想殺人，他想傷害別人。假若你和這樣的人對話，他們一開始會對你說，那些人如何如何對不起他，但隨著聊天的深入，他最終會承認，最對不起他的不是那些人，而是他的父母或其他「至親至愛」的人。

在我們這樣一個特別講孝道的社會，「沒有父母不愛自己的孩子」會成為一個巨大的魔咒，讓我們寬恕那些虐待甚至殺死孩子的父母，也讓我們看不到惡最初是如何產生的，從而讓我們整個社會都不能面對相反的事實。

在這一點上，我們需要向歐美國家學習，他們有一個較成熟的社會體系來監控父母對待孩子的方式以及剝奪嚴重不合格的父母的撫養權。

心理師這樣說

切記：要成為好父母也是需要學習的

父愛和母愛是偉大的，這是整個人類不斷繁衍並傳遞愛的最基本、最重要的渠道。但是，這遠不是說，一個人有了孩子就自動成了好父母。

真愛並不是一個簡單的事情，我們必須意識到這一點，並不斷檢討和反省自己對待孩子的具體方式。「沒有父母不愛自己的孩子」是一個懶惰的邏輯，是父母們為自己開脫的最佳藉口，假若你特別迷信這句話，你對待孩子的方式就一定需要檢討。

謊言（二）：我愛你，所以你要聽我的

這是我們社會最典型的一個愛的謊言，父母們用這個謊言控制孩子，老師們用這個謊言控制學生，男人用這個謊言控制女人，女人也用這個謊言控制男人。

這個謊言是我們的一個集體無意識，它源自我們共同的一個經歷：當一至三歲的孩子蹣跚學步並開始探索世界時，大人們忍不住要替孩子們完成任務。譬如，孩子跌跌撞撞地拿玩具時，大人們遞給他；孩子四處爬來爬去時，大人們因擔心而制止他；孩子快樂地玩耍並大喊大叫時，大人們警告他們小聲一點。

總之，大人們為了安全，為了「愛」孩子，嚴重妨礙了孩子探索世界的努力。並且，等孩子長大後，我們變本加厲地這樣做。譬如，幫孩子解決一切難題，替孩子作所有的決定，當孩子拒絕接受時，就以「愛」的名義強迫孩子接受。家長們在這樣做，老師們也在這樣做。

這樣做，是在扼殺孩子的生命。

因為生命的意義在於選擇，當一個人不斷為自己的人生作選擇時，那麼不管這些選擇是對

是錯，他的生命都會因為自主選擇而豐富多彩，而他的心理能量都會不斷增加。只有作過選擇，一個人才算活過。

假若這個人的一生中都是別人在替他作選擇，那麼他的生命就沒有意義，不管別人給了他多少東西，不管那些選擇從理性上看多麼「正確」，他都會因此而虛弱無力。

以愛為名替孩子作選擇，這會有極大的迷惑性。父母覺得自己做得對，孩子也不知道該怎麼反抗。但是，父母和孩子都會因此苦惱，父母發現，他們必須一直為孩子操心，而孩子則會經常感到「悶」、「煩」，甚至會有窒息感，就彷彿有人在掐著自己的脖子一樣。

這種窒息感不難理解，因為父母替孩子作所有的決定，就是在從精神上掐死孩子的生命。並且，這種「掐」看上去是非常善意的，父母這樣看，孩子也這樣想，社會也這麼以為。理性很容易欺騙人，但情感不會騙人，被「掐」得厲害的孩子常常做出一些極端行為，來表達他們的真實情感。

現在，父母替孩子決定生活、老師替孩子決定學習的情況愈演愈烈，而孩子們的反抗也越來越強，其常見方式是網癮和叛逆，而極端方式則是自殺和殺人。

中國廣州近兩年屢屢發生中學生和大學生自殺事件，而且沒有清晰的自殺原因，看上去完全莫名其妙。我自己的理解是，他們多數是被這樣「掐」死的。

極端情況之下，他們也會直接攻擊「掐」他們的人，這是廣州董姓大學生弒父的心理原因，也是一些中學生因老人勸誡自己好好學習而情緒失控並暴力襲擊老人的原因。

這兩年中學生和大學生自殺的新聞越來越多，很多在學校裡做諮商的輔導老師也說，學生們的心理問題越來越嚴重，而這兩年明顯嚴重惡化。出現這種情況的根本原因可能是家長和老師這些大人們替孩子作選擇的情況太嚴重了，孩子們的生命正被嚴重扼殺。

心理師這樣說

切記：放手，給孩子自主的空間

如果你真愛孩子，請尊重他們的獨立空間，請放手讓他們自主選擇，請不要從精神上扼殺他們。

謊言（三）：我愛你，所以我們不分離

大人常藉著愛的名義，而強迫孩子和自己黏在一起，這也是親子關係中常見的謊言。

一個媽媽寫信說，兒子上中學後，再也不肯對她說心裡話了，她沒有辦法知道孩子想什麼，很焦慮。我回信說，這是青春期的必然特點，孩子必然要刻意與父母保持一定的距離，那樣才能保證自己的獨立空間，做父母的沒必要去做孩子肚子裡的蛔蟲，什麼都要知道。

結果我收到這個電子郵箱發來的第二封信。原來，這位媽媽不會用電子郵箱，前面那封信是兒子幫她發的。這次是兒子自己寫來的，他贊同我的說法，「但是媽媽不願意接受」。

這就很簡單了，和孩子黏在一起不分離，這不是兒子的需要，而是這位媽媽的需要。其實，她大可以承認這一點，對兒子說，「我需要你，所以請你離我近一些，和我說說心裡話」，而不必借用「我是為了你好」這種愛的謊言。

父母和孩子黏在一起，通常情況下，都不是孩子離不開父母，因為獨立成長是源自生命的衝動，除非這個衝動遭到嚴重破壞，否則進入青春期的孩子不會樂意整天和父母黏在一起。

父母嚴重地黏孩子，會造成很多惡果。最常見的是會阻礙孩子向外發展的動力，孩子為了滿足父母的需要，而停止了獨立成長，甚至都拒絕談戀愛，因為他們會覺得那是對父母的背叛。

心理師這樣說

切記：請回到愛孩子的初衷

做父母的，應經常問自己一句：這樣做，真的是為了孩子嗎？還是為了我自己？

謊言（四）：婆媳關係

這個詞語本身就是一個謊言，因為它聽上去是婆婆和媳婦的二元關係，卻忽視了本質——這是婆婆、媳婦和兒子的三角關係。

這個三角關係的核心是兒子，而不是婆婆和媳婦。從這個角度看，婆媳關係是一個再糟糕不過的詞語，因為這給了兒子一個藉口，讓他從容地說，這是兩個女人的事情，他可以做的事情不多。實際上，他才是核心，才是解決問題的關鍵，如果他袖手旁觀，那麼所謂的婆媳關係是很難處好的。

這個三角關係，看上去是華人傳統的大家庭觀念所導致的結果。因為大家庭觀念，我們習慣在結婚後，把男方的老人接來一起生活。這樣一來，媳婦和兒子的這個新家庭，就和原來的大家庭攪在一起，從而很容易出問題。

因為傳統上，媳婦的角色是最不重要的，她是大家庭的「外來者」，一開始必然難以融進大家庭的體系。

但是，現在的家庭中，媳婦和兒子差不多同等重要，她一樣要承擔經濟壓力，一樣要去外面奔波，而且一樣擁有很多資源，她必然認為，這是她的家，而不是婆婆的家。如果婆婆認為，這是自己的家，並忍不住要在這個家中做主，就勢必會起衝突。假若兒子上了「婆媳關係」這個詞語的當，不積極調解，那麼這個家庭很容易支離破碎。

不過，問題的實質還不是大家庭，而是伊底帕斯情結，即戀母情結——反過來說是戀子情結。伊底帕斯情結是奧地利「精神分析之父」佛洛伊德提出的，但心理學界普遍認為，華人的伊底帕斯情結更嚴重。

因為，傳統華人家庭是失衡的，親子關係是核心，夫妻關係是配角。在這種模式下，母子關係幾乎必然重於夫妻關係。也就是說，對於一個媽媽而言，兒子是她最重要的情感寄託，丈夫最多排在第二位。

這樣一來，兒子一旦結婚，就意味著做媽媽的將失去自己最重要的情感寄託，這種巨大的喪失恐怕沒誰願接受。不甘之下，婆婆免不了展開一場和兒媳的爭奪戰。

必須強調的是，婆媳關係成為中國最典型的家庭問題也有一個前提：公公婆婆和兒子兒媳一起生活。相反，假若是岳父岳母和女兒女婿一起生活，那麼婆婆和媳婦之間的麻煩將被岳父和女婿的困擾所取代。

因為，夫妻關係是親子關係的配角，這一傳統不僅造成了媽媽戀子，同樣也造成了爸爸戀女。一個女子因和父親的關係太緊密，並且和父母一起生活的時間超過丈夫，最終可能令丈夫離她而去。

大家庭並不是問題，假若大家庭尊重小家庭的獨立性，並且，公公婆婆彼此相愛，他們的夫妻關係重於親子關係，那麼即便公公婆婆和兒子兒媳住在一起，婆媳關係也不會成為問題，因為婆婆失去的只是自己生命中第二重要的人，那是可以承受的。同樣的，岳父岳母假若彼此深愛，那麼，他們和女兒女婿住一起也不是問題。

心理師這樣說

切記：兒子，不該是你的最愛

婆媳關係是一個謊言，三角關係才是真相，而作為三角關係核心的兒子，是調解婆媳關係的最佳人選，假若他不想自己的家庭四分五裂，他擔負起責任來，積極地去調解母親和妻子的關係，而不是逃避。如果你是長輩，則請記住「孩子不該是你的最愛」，配偶才是你最重要的愛人。

謊言（五）：嫉妒

婆媳關係是一個煙幕彈，掩蓋了真正的問題。同樣的，「嫉妒」這個詞語也常是一個煙幕彈，掩蓋了真正的問題。所以，嫉妒也是一個愛的謊言。看上去，嫉妒也是一個三角關係，「我」因為「你」垂青另一個人，而吃起了另一個人的醋。但實際上，嫉妒常是一個藉口，目的是為了控制情侶、傷害情侶。或者從根本上說，是為了轉嫁自己的自卑感。

中國轟動與論的社會事件，殺人犯邱興華就是典型的嫉妒狂，他認為妻子被道觀主持熊萬成摸了一下，因此殺了十個人，後來還計劃再殺十個人，其中包括妻子。表面上看，這個系列殺人案起因是嫉妒。邱興華說，熊萬成高大帥氣，而他矮小猥瑣，妻子當然會喜歡熊萬成，並因此沒有反抗熊萬成的「性騷擾」。

但實質上，嫉妒只是邱興華的虛晃一槍，其實質是在通過嫉妒轉嫁他的超低價值感。邱興華的妻子說，她丈夫是最近一年多時間才變得特別愛吃醋的，經常會無端猜疑她和其他男人有染，有時因此暴打她。也恰是在這一段時間內，邱興華接二連三地遭遇挫折，最終，基本失去了養家糊口的能力。

瑞士心理學家維雷娜．卡斯特（VerenaKast）（註1）說，嫉妒狂的自我價值太低，他們因此很需要用嫉妒將這種不好的感受轉嫁出去。對他們而言，嫉妒的意思就是：不是我搞砸了我的生活，而是你把我的生活搞砸的。

並且，因為根本不願意面對超低的自我價值感，他們甚至都不能承受戀人對自己的直接否認，而非得需要一個三角關係，即：不是我讓你不喜歡，而是另一個人讓你不喜歡我。這樣一來，就有了兩個人去承受他轉嫁而來的自卑感。

在第一個謊言中，我們講到，將童年與父母的關係中產生的恨轉嫁到其他關係上是最常見的惡行。嫉妒也是這個道理，那些常吃妻子醋的男人，你可以在他和母親的關係上找到答案；那些常吃丈夫醋的女人，你可以在她和父親的關係上找到答案。

此外，嫉妒狂常強迫情侶斷絕一切關係，最終只與他一個人交往。這常是因為他曾被父母嚴重「拋棄」過，所以他現在要讓她斷絕一切可能的三角關係，從而牢牢地控制住這個新的「父母」，以防自己再被拋棄。並且，他會用強大的意志實現這一點，有時會使用暴力，從而給情侶造成巨大傷害。

這是心理上的「刻舟求劍」，雖然現在的船已不是原來的船了，但他還是忍不住要在現在的船上尋找答案。

心理師這樣說

切記：嫉妒成性，請回頭看看你的原生家庭

如果你嫉妒成性，那麼請你提醒自己，這極可能是你的問題，不是情侶的問題。並且，不要從現在的親密關係上找答案，而應該從原生家庭的童年關係上找答案。

同樣，如果你的情侶嫉妒成性，那麼請你懂得，這不是你的錯，你再怎麼嚴格要求自己，都無法遏制他的嫉妒。

所以，不要因為他的要求，而一一斷絕你的社會關係，那會嚴重傷害你自己，並且也於事無補。假若嫉妒成性的他使用過暴力，那麼絕對要注意保護自己，因為他幾

乎必然會再次使用暴力。

此外，也請理解他，明白他是因為自我價值感太低才這樣做。

謊言（六）：愛，是為了幸福和快樂

這是關於愛情的最大的謊言！

愛情，尤其是激情式的愛情、讓你非常有感覺的愛情，其真正動人之處，並非是幸福和快樂，而是強迫性重複。什麼時候會有激情式的愛情誕生呢？答案是，當童年時的現實關係模式和理想關係模式同時再現時。

我們不會平白無故地對一個人產生強烈的感覺，那感覺一旦產生，就必然有其道理。用一句話來說，就是你的靈魂深處認為，那個人是「答案」，既是讓你強迫性重複的答案，也是解開你的強迫性重複的答案。

譬如前面提到的嫉妒狂，他童年時被母親嚴重拋棄過。等長大後，他會對一個特別像母親的女子產生強烈的感覺，但等建立關係後，他會要求這女子斷絕一切社會關係，只和他一個人在一起。

這樣做有雙重含義。第一是強迫性重複，找到了一個像母親的女子；第二是治療強迫性重複，他強迫這個像母親的女子無條件地拋棄其他所有人，自己再也不可能因為其他人而被拋棄，這就好像是治療了他童年的傷痛。

但問題是，這樣做是「刻舟求劍」，他在現在的船上的位置，找不到以前失去的答案。他最終會因此而發狂，從而對這女子產生激烈的恨，但這恨意，其實本來是針對他母親的。所以，無論他怎樣對這女子洩恨，都無濟於事。

最終，這女子因為無法忍受他，而離開他。結果，他童年的命運，再一次被重複。他一邊感到受傷，一邊也會因此而自得：看吧！我早料到，女人不是什麼好東西，一定會不忠於你。其實，這個結果也是他所推動完成的。

強迫性重複有很大的誘惑，這也恰恰是激情式愛情的誘惑。本來，一次激情式的愛情，是治療自己童年創傷的最佳機會，因為它會完美地再現童年關係模式的絕大多數感覺，可以讓自己借此意識到自己的諸多問題，然後才有可能去解決它們。

不過，很多人在激情式愛情中拒絕反省，認為愛情中的問題一定是對方的問題，就像童年時，他完全無能為力，所以只好歸咎父母一樣。因為這種心理，很多人在激情式愛情中得不到治療，最終只是一次簡單的強迫性重複。

但是，激情式愛情——也即強迫性重複的誘惑是無窮的，那些沒有在激情式愛情中成長的人，反而會迷上激情式愛情，而不斷按照一個或兩個模式一次次地陷入新的愛情中去。

比較經典的例子是美國前總統克林頓（BillClinton）。媒體找出了他數十個情人的照片，從相貌看基本可以分為兩類，一類像希拉蕊（HillaryClinton）這樣的女強人，一類像陸文斯基（MonicaLewinsky）那樣的傻女孩。

不僅如此，即便走入婚姻的愛情也並非是因為幸福和快樂才走到一起的，強迫性重複的威力非常強大，我們經常可以在自己和別人的生活中發現，某某娶了一個「媽媽」，而某某嫁給了一個「爸爸」。

這種強迫性重複的魅力，絕對強過幸福和快樂的誘惑。又如，美國一女子嫁給了一個死刑犯，這種選擇也是強迫性重複。因為，她爸爸是「壞蛋」，她童年時和其他有「壞蛋」爸爸的女孩一樣，希望能改變爸爸，讓爸爸愛自己、好好對自己，但這種改造失敗了，爸爸絲毫沒改變，還是虐待她。

於是，她將這種改造夢想壓在內心深處，等長大後，再看到一個特別像爸爸的「壞蛋」男人，就會心旌搖曳，動心得不得了。

但這動心，並非是因為看到了幸福和快樂的可能，而是看到了完美的強迫性重複的可能——她可以再次在一個「壞蛋」男人身上實施她的改造夢想，而且因為這男人正在監獄接受改造，所以這個改造夢想看上去彷彿很容易實現。

因為這種心理，美國很多死刑犯反而在監獄裡當了新郎，而且還常有幾十個女子一起爭奪嫁給他的資格呢。

心理師 這樣說

切記：明辨愛的真假

特別動心的時候，要提醒自己，這未必就是幸福。相反，這倒很可能意味著危險，意味著你渴望重複過去的災難。

不過，即便是災難，也不必太否定自己的情感，因為，假若一次激情式愛情是壞的強迫性重複，那很可能也是你靈魂的需要。並且，你也的確有可能在這次壞的強迫性重複中得到部分治療。但是，這有一個前提，是你必須反省，必須主動藉由這次強迫性重複理解你的人生。

關係，尤其是親密關係，是心理活動和心理需要的核心。愛，則是親密關係健康流動的最高原則。

我們都懂得這一點，但可惜的是，有太多的錯誤假借了愛的名義，結果使得關於愛的謊言在這世界上大肆橫行，最終令我們部分失去了判斷愛和恨的能力，讓我們不懂得自己的愛與恨，也不懂得分辨別人的愛與恨，許多被愛的謊言嚴重傷害的人，乾脆最後就再也不愛了，因為他們的一生中，被「愛」傷害了太多太多。

為了真愛，我們必須懂得「假愛」，假若你因某個親密關係而傷痕累累，那一定不是愛讓你傷痕累累，而是「假愛」害你傷痕累累。「假愛」背後可能是麻木，也可能是恨，我們必須懂得這一點，才不會對真愛失去信心。

註1　維瑞娜．卡斯特（VerenaKast），瑞士心理學家。蘇黎世大學心理學教授。代表著作：《童話治療》、《我們心中的陰影》、《無聊的需求與意義》。

08

華人的情感模式

華人的情感模式普遍都是在「找媽媽」。男人找老婆就像是在找媽媽，只要一個女人給他溫暖的感覺，讓他放低戒備，覺得自己像小孩兒，那他很容易就被收服了。

女人同樣也是如此，她們渴望寬厚無私的愛和照料。無論是蘿莉找大叔，還是通常婚戀標準中讓女人放心的忠厚男人，其實都是「媽媽」——一個被閹割的、具有母性的男人。

為什麼我們處理不好親密關係？

聲稱最重視孩子的華人父母，實際是最容易忽略孩子的。父母有一個十分陳舊的觀念，認為孩子小的時候怎麼對他都無所謂，越大就越應該重視、尊重他。嬰幼兒時期不親密，長大後又瞎親密，處理不好愛與自由的關係。

孩子在三歲到六歲之間是十分脆弱的，成年後很多問題的根源都來自這個階段。精神分裂症等嚴重的人格障礙則源於六個月之前的嚴重心理創傷。所以，孩子越小就越需要媽媽的關注和愛，在嬰兒一歲之前，怎麼愛他都不過分。

新的精神分析理論認為，母親對於孩子未來的情感方式和生活的幸福是起決定作用的。三歲之前，父愛可以不存在，爸爸的作用只是支持媽媽，給媽媽安全感，而不是直接發揮作用。但是，產假只是給媽媽一個身體恢復的時間，家庭中的老人又習慣把孩子從媽媽身邊「搶走」，社會與家庭一起製造了母親與孩子的分離。

在一個有男權傾向的社會，媽媽作為外來者進入一個家庭是孤立無援的，爸爸把自己的父母放在第一位，兒女放在第二位，情感上，媽媽永遠是最末位的。當母親有了兒子，她便將自己對丈夫的欲望轉移到兒子身上，兒子總是害怕被母親的愛所吞沒，於是便有抗爭，抗爭的結果是，將逃離媽媽的欲望轉移到自己老婆身上。在父權色彩濃重的地區，一般男人不會離婚，老婆就是媽媽、是責任。

從心理分析的角度看，妻子是合法的性伴侶，男人對眾所周知的性愛有羞恥感，因為這令他想到對母親的情慾。所以，很多男人會在妻子之外找另外一個女人來談情說愛。這樣，被丟在家裡的妻子、一個缺愛的媽媽所生的孩子裡，男孩會與來自母親的情慾糾纏，而女孩，則容易成為媽媽「被討厭的內在小女孩」的投射對象。

通常我們第一個愛上的都是自己的媽媽，如果與媽媽的親子關係構築得不好，成年之後，就很難處理好與另一半的親密關係。童年的內心模式在成年就會呈現出來，這樣就形成一個輪迴。

為什麼蘿莉愛大叔？

蘿莉總是嘟著嘴要吃奶的樣子，她們渴望被包容，需要安全感，但是同齡人只有活力、熱情。大叔就是媽媽，一個沒有乳房的「媽媽」。大叔都是被閹割的，如果面對成熟的女性，他們會自卑於自己的男性力量，但是蘿莉讓大叔有了用武之地——「餵奶」。

按照正常的心理發育，如果女孩在原生家庭中從父母那裡得到了足夠多的愛，那麼到了大學畢業的年齡，應該尋找激情和獨立的情感。如果這個時候有個人對你說，你不用工作，每個月給你多少錢，我來照顧你，正常女孩一般都會拒絕的，因為她不想被約束。但是愛大叔的蘿莉只是生理年齡到了，心理年齡還停留在拉著爸爸的手探索世界的階段。

其實每個時代的華人女性都有大叔情結，華人總體上是個男權社會，女性缺乏安全感，無論是在家庭還是社會，相對於她們的兄弟，根本上得到的關注和愛更少。

我有一個個案跟我講過，在有些重男輕女現象比較嚴重的地區，有一些女高中生與大叔在一起，不是要大叔的錢，只是希望從這些大叔身上獲得一些關注和愛。她們往往是多子女家庭中被忽略的孩子，與大叔的關係中，還會重複她們之前被忽視的關係模式——那個男人有自己的家庭，不會將所有的關注傾注在她一個人身上。

很多大叔在小時候便是懂事、少年老成、不用父母操心的好孩子，小孩子的那一部分天性被過早丟掉了。他們與蘿莉在一起，在「餵奶」的同時，也滿足了一部分回到童年的幻象，是對自己的一種補償。

為什麼會有小三？

小三有三種類型：一種是想要物質上的滿足，另一種是想要贏，最後一種是做小三上癮。小三成癮的女人一般都比較會折騰，但是一旦男人為她放棄家庭轉向她，她馬上就跑開了。因為她們只想構建三角關係，她們通常受戀父情結折磨，小時候在與媽媽的競爭中失敗了，長大後要修正這個錯誤。但是，又不能完全把「爸爸」奪走，因為這樣會得罪「媽媽」，會讓自己很羞愧。

我一位朋友，才二十四歲，已做過十次以上小三了，與她在一起時間最長的一個男人對她說，曾經考慮過與妻子離婚，然後跟她結婚，但是後來發現，幸虧沒有離婚，因為她對他老婆的興趣大過他本人。這個女孩開始並不明白自己為何陷入這種情感模式，後來看小說《道德頌》受到了啟發，小說的女主角認為三個人的關係比兩個人的關係有趣得多，可以時刻處於戰爭狀態。她懷了那男人的孩子，但最後把孩子打掉了。她一直以為對手是一個強大的女人，後來發現，這個女人已經奄奄一息了。然後便有了勝利者的失落，為了應對自己的愧疚，就把腹中的孩子打掉了。

我還有一位朋友，有過三段第三者戀情，每一次都是在男人表示很愛自己妻子或者女朋友的狀況下愛上對方的。因為她認為男人很愛「那個女人」，她就可以爭一下，而且相信這個男人一定可以更愛她。她的邏輯在別人看來很奇怪，但是繼續考察她與男人的交往模式就可以看到某種合理性，比如，她對於男人的需求比較低，只要過節假日來看她就可以了。她處於愛的絕望中，將戀父情結一直維持在沒有實現的狀態，接受了競爭不過「媽媽」以及得不到「父愛」的事實。

在廣東潮汕和客家地區，有比較典型的重男輕女現象，很多家庭為了要一個男孩，之前生了好幾個女孩，當這個男孩出生後，家長又把所有的注意力集中到男孩身上。這個地區有很多男人包二奶，而且總有看起來無怨無悔的女孩投入這樣的關係。她們來自重男輕女的家庭，都不習慣於獨享一個男人，覺得分得一份愛情就滿足了。所以，這些地區就有這種奇特的現象：女人無論受多大的委屈都不離婚，而另一部分女人甘願去做二奶。

真正很愛自己的女人是沒有辦法與他人分享另外一個男人的。在三角關係中，得利的是男人，痛苦的是兩個女人，如果男人有足夠的同理心，應該不會去構築這種讓人痛苦的關係。

為什麼好男人總是被「壞女人」搞定？

華人男性有一些是那種沒有力量的老好人，沒有活力。傳統意義上的「好女人」是道德高尚但乏味的，而且在家裡又總是暗示、攻擊、指責別人道德低下。與男人一樣，這樣的女人也是沒有活力的。但是，充滿欲望的女人是有活力的。比如田樸珺（女演員，嫁給地產大亨王石），媒體上關於她的報導讓我們看到一個積極主動、欲望強盛的女性。她跟鄧文迪（新聞媒體集團創辦人梅鐸的第三任前妻）很像，都是可以很直接地向男人示好、撒嬌的，她們會凶悍地對待對方，也會凶悍地維護自己的利益。

人類在尋找另一半的時候往往是在找一種圓滿，將自己沒有的那部分補足。這是無意識的，而且帶有普遍性。所以，我們可以看到很多好男人都被「壞女人」搞定了，因好男人渴望擁有壞女人身上的那份活力。

為什麼不能亂性？

一些女人用身體與男人做交易以換取她們想要的地位、發展機會。但是她們並不是都能貫徹好所謂的遊戲規則。無論是中央編譯局女博士與局長的緋聞，還是那些出來爆料的官員情婦。她們都輕視了自己對感情的態度，以為利用身體達到目的就行了。但是實際上，一旦陷進去，與對方發生性關係，就會對對方產生依賴，雖然那不一定是愛，但是當對方與她斷絕關係時，就會有一種強烈的被拋棄感。人是情感動物，得到的愛越少，愛的空洞就越大，一旦與人建立關係，就害怕被拋棄。

現在人們認為愛、性和婚姻是可以分開的，人對感情是有需求的，但是不能用錯誤的方式來實現。我曾經在婚戀網站上看到過一個經歷了三百次一夜情的男人的自白，他說，自己每經歷一次為了性而性的關係，就會對人性有一次更深的失望。人們經常過高估計自己，以為自己會很瀟灑，其實情感是最玩不起的。就像波蘭著名導演奇士勞斯基在電影《十誡》中所說的，深情是存在的，而且深情不可褻瀆。

為什麼沒有人可以愛？

人的內心既有對愛的渴望也有對愛的絕望。當愛的渴望級別很高時，就很容易建立親密關係，但是如果愛的絕望很深，也不渴望，就很容易成為橡皮人，也就是我們在現實中看到的超級宅男和超級剩女。很多人會認為剩女是擇偶標準太高，其實是她們害怕去愛，害怕渴望得不到滿足後的痛苦。不讓情感發生，就不存在失望了。根據我接觸的個案，只要是想結婚的都結婚了，在這一點上，真的可以心想事成。

有人說，愛情發生的概率很低，這反映了他內心的局限，因為對愛絕望，範圍才會那麼狹窄。一個圓有三百六十度，有的人非得在三百六十一度上找愛，那他永遠找不到；有的人有三十六度，那麼他就有十分之一的可能性；有的人能在一百八十度上找到，那麼他就有一半的機會。真正的愛是活出來的，幸福不在於找對一個人，就像美國人本主義心理學家羅傑斯所說，愛是深深的理解與接納。兩個人的關係越來越深，就不容易審美疲勞。

前人有總結，一對相愛的男女，通常會經歷三個階段：第一個階段，一加一等於一，你跟我想像的完全一樣，這是激情期。心理學上說，這是情結與情結對上了，其實你看不見我，我也看不見你，但是，你和我頭腦中想象的一模一樣。彼此都活在幻覺中。第二個階段，一加一等於零，我的人生痛苦一切都是因為你。婚姻戰爭中最常見的問題就是試圖改造對方，當筋疲力盡，發現對方完全是另外一個人時，還願意接受那個真實的他，才是愛。也就是進入第三個階段，一加一等於二，你是你，我是我，但是我們在一起。

為什麼婚姻沒有安全感？

中國人有七成至八成的婚姻都是建立在安全感基礎上，婚姻安全的最高境界是彼此成了親人，因為親人是不會離開你的，想起他就很親切，但實際上也很少想起他。

關於安全感，中國人有單一的物質化界定，比如房子、車子。沒有房子就不能結婚，所以說，丈母娘推動了中國的房價。愛情還是物質，這種選擇題的出發點就是錯誤的，為什麼不能先有愛情然後再有物質條件呢？甚至總是在勸那些在婚姻關係中沒有愛情的人，別貪心，不可能得到一切。他們一定不會將愛情放在特別重要的位置，但是，真正能夠製造安全感的只有愛。

願你從現在開始，
從那些看似瑣碎的時刻開始，活出你自己。

爲何家會傷人

讓愛不再是負擔

作　　者：武志紅
主　　編：黃佳燕
封面設計：@Bianco_Tsai
內頁編排：王氏研創藝術有限公司
印　　務：江域平、黃禮賢、林文義、李孟儒

出版總監：林麗文
副總編：梁淑玲、黃佳燕
主　　編：高佩琳
行銷企劃：林彥伶、朱妍靜

社　　長：郭重興
發行人兼出版總監：曾大福
出　　版：幸福文化出版
地　　址：新北市新店區民權路 108-2 號 9 樓
網　　址：https://www.facebook.com/happinessbookrep/
電　　話：（02）2218-1417
傳　　真：（02）2218-8057

發　　行：遠足文化事業股份有限公司
地　　址：231 新北市新店區民權路 108-2 號 9 樓
電　　話：（02）2218-1417
傳　　真：（02）2218-1142
電　　郵：service@bookrep.com.tw
郵撥帳號：19504465
客服電話：0800-221-029
網　　址：www.bookrep.com.tw

法律顧問：華洋法律事務所蘇文生律師
印　　刷：通南彩色印刷有限公司

初版一刷：2021 年 10 月
初版五刷：2022 年 02 月
定　　價：490 元

國家圖書館出版品預行編目資料

為何家會傷人 / 武志紅著 .-- 初版 .-- 新北市：幸福文化出版社出版：遠足文化事業股份有限公司發行 ,2021.10
ISBN978-986-5536-98-5(平裝)
1. 家庭關係 2. 親子關係

544.14　　110014522

原著作名：为何家会伤人
作者：武志红

幸福
文化